ars vivendi

Friedhelm Kröll
Die Archivarin des Zauberers
Ida Herz und Thomas Mann

ars vivendi

Die im Innenteil abgedruckten Bilder stammen aus dem Privatarchiv von Frau Traudl Kuppe-Loew, Stuttgart, bei der wir uns für die freundliche und prompte Unterstützung dieses Buches herzlich bedanken.

Das Umschlagbild zeigt Thomas Mann (rechts) mit seiner Frau Katja Mann (Mitte) und Ida Herz (links) beim Teetrinken auf der Terrasse im Haus der Familie Mann in Küsnacht bei Zürich am 28.3.1934.

Originalausgabe

© 2001 by ars vivendi verlag, Cadolzburg
Alle Rechte vorbehalten
www.arsvivendi.com

Abdruck der Umschlagphotographie mit freundlicher Genehmigung von Keystone Zürich/Thomas-Mann-Archiv.
Abdruck der Bilder im Innenteil mit freundlicher Genehmigung von Traudl Kuppe-Loew, Stuttgart.
Abdruck des Dokuments aus der Ausbürgerungsakte von Ida Herz mit freundlicher Genehmigung des Politischen Archivs des Auswärtigen Amts, Berlin.
Satz: Eva Meyer, Nürnberg
Druck: Druck + Papier Meyer, Scheinfeld

ISBN 3-89716-229-6

Die Archivarin des Zauberers
Ida Herz und Thomas Mann

Inhalt

Statt eines Vorworts:
Nürnberg, Zufuhrstraße 15

»Assuan, den 27. Februar 1930 (...) Wir sind den Nil bis zum 2. Katarakt hinaufgefahren ins Nubische, bleiben einige Tage hier. Dann in Luksor, dann in Kairo und gehen zum Schluß nach Palästina.« Wer da, auf den Reisespuren des Poeto-Psychologen Gustave Flaubert (*Reisetagebuch aus Ägypten*), aus dem fernen Assuan einen freundlichen Gruß gen Nürnberg sendet, ist ein frisch gekürter Nobelpreisträger für Literatur. Zusammen mit seiner Frau Katia ist Thomas Mann auf Impressions- und Inspektionsfahrt für sein episches Großwerk, die Joseph-Bücher. Adressiert ist der Zeilen-Gruß an »Fräulein Ida Herz« in Nürnberg, Zufuhrstraße 15.

Die Gegend zwischen Plärrer und Kohlenhof, dort, wo heute die Straßenbahnlinien 4 und 6 sich hindurchschlängeln, rechts und links eher triste Bürohausfassaden, Gewerbe- und Service-Einfahrten, gemahnt nicht an einen Ort, der einmal mit den Verkehrskreisen der Weltliteratur verbunden war. Und doch ist es so, mag auch nichts darauf hindeuten, nichts mehr daran erinnern. Die gemessen an stadtgeographischen Kulturimages unscheinbare Adresse ziert viele Briefe, Ansichts- und Postkarten eines deutschen Poeten von anhaltender Weltgeltung.

Die erste Postkarte, zumindest handelt es sich um die älteste, die aufbewahrt ist aus der Korrespondenz zwischen Ida Herz und Thomas Mann, datiert vom 3. März 1924. Damals nahm man nicht an der patrimonialen Anredeform Anstoß, so daß Thomas Mann noch unbefangen und stilgerecht schreiben kann: »Sehr geehrtes Fräulein Herz«. Mit dieser Postkarte bedankt er sich für einen (leider nicht erhaltenen) Brief und dessen Beilagen, um sogleich zum folgenreichen Punkt zu kommen: »Ich bitte Sie mir anzukündigen, wann Sie in München sind«. Mit dem höflich-knappen Ausdruck der Freude, Ida Herz daheim im Münchner Haus begrüßen zu dürfen, wird die Eröffnung einer lebenslangen Brief-Freundschaft zwischen der »Tochter Nürnbergs«, wie

Thomas Mann Ida Herz späterhin einmal bezeichnen wird, und dem Sohn Lübecks besiegelt.

Was hat den damals knapp fünfzigjährigen Autor der *Buddenbrooks*, des *Tod in Venedig* und des eben erst abgeschlossenen *Zauberberg* bewogen, eine junge Frau von knapp dreißig Jahren in sein Heim, München, Poschingerstraße 1, einzuladen? Wo und wie sind die beiden, Ida Herz und Thomas Mann, miteinander bekannt geworden? Worin liegen die Beweggründe nicht nur für die Eröffnung, sondern für die erstaunliche Dauer der Brieffreundschaft, die bis zum Tode Thomas Manns im Jahre 1955, also mehr als drei Jahrzehnte, währt? Fingerzeige birgt der *Doktor Faustus* (1947). In seinem Epochenroman hat Thomas Mann der jungen Frau aus der Zufuhrstraße 15 als »Schildwache« des dem Wahnsinn anheimfallenden »deutschen Tonsetzers Adrian Leverkühn« gleichsam ein Denkmal gesetzt.

Die Nürnberger verweigern die Festivität einer Ehrbezeugung nicht, es sei denn, sie wissen nicht um die zu ehrende Person. Mag Ida Herz in der internationalen Sphäre der Archive und Kommentare zur Weltliteratur des 20. Jahrhunderts, insbesondere zur deutschen Exilliteratur, wohl bekannt sein, kein Biograph Thomas Manns, dessen Register nicht ihren Namen ausweist – in Nürnberg, ihrer Geburts- und Heimatstadt, unter der Kultur- und Schreibprominenz der fränkischen Metropole, löst der Name Ratlosigkeit aus.

Fündig geworden bin ich dagegen in der Nürnberger Stadtverwaltung. Dort, im Stadtarchiv Nürnberg, lagert die Meldekarte der Ida Herz: »Geburtszeit: 18. Okt. 94 (...) Geburtsort: Nbg. Wohnung: Zufuhrstr. 15 (...) Staatsangehörigkeit: Bayern«. Dahinter dann ein Zusatzvermerk mit der signierten Datierung 1.10.37: »Ausbürgerung«.

Das Jahr 1994 bezeichnet ihren 100. Geburtstag, aber ein gebührendes Gedenken an die am 12. Februar 1984 in London verstorbene, langjährige Brieffreundin Thomas Manns, eine unterm Hitler-Regime äußerst mutige Frau, hat es meines Wissens nicht gegeben. Dieses Vergessen steht in eklatantem Mißverhältnis zur Kulturbedeutung ihrer Gestalt in der deutschen Literaturgeschichte des 20. Jahrhunderts.

Es ist ihre Freundin gewesen, die renommierte Literaturwissenschaftlerin Käte Hamburger, Jahrgang 1896, Intim-
kennerin namentlich des »biblischen Werks« von Thomas
Mann, die in der *Frankfurter Allgemeinen Zeitung* vom 23.
Februar 1984 in einer kleinen Notiz ihrer gedacht hat:

> »Zum Tode von Ida Herz. Für Thomas Mann gelebt.
> Am 12. Februar ist in London fast neunzigjährig Ida
> Herz gestorben. Ihr Name ist auf eine besondere Weise
> mit der Thomas-Mann-Forschung verbunden und wird
> in ihr erhalten bleiben. In bescheidenen Zeiten, in
> denen auch Thomas Mann noch mit der Trambahn fuhr,
> sprach ihn auf der Plattform einer solchen die junge
> Verehrerin seiner Werke, Ida Herz, an, die eine tüchtige
> Buchhändlerin war. Woraus sich die nur allzugern
> erfüllte Bitte Thomas Manns ergab, seine Bibliothek in
> der Münchner Poschingerstraße zu ordnen, der Beginn
> der lebenslangen Freundschaft, die Ida Herz mit dem
> Hause Mann verband. Es war eine Freundschaft, die für
> die Thomas-Mann-Forschung fruchtbar geworden ist.
> Ida Herz sammelte alles, was, ihr erreichbar, sich auf
> Thomas Mann bezog, und baute im Laufe der Jahr-
> zehnte, zuerst in Deutschland, dann in London, wohin
> sie emigriert war, ein Archiv auf, das nach dem Tode
> Thomas Manns dem Züricher Thomas-Mann-Archiv
> einverleibt wurde.
> Ihre Tätigkeit in London, wo sie ihre buchhändlerischen
> und bibliographischen Kenntnisse verwenden und ver-
> mehren konnte, förderte auch das archivarische Unter-
> nehmen. Es kommt ein Briefwechsel hinzu, der allein
> 365 Briefe Thomas Manns enthält, die bis auf einige
> wenige bisher unveröffentlicht sind. Es ist unschwer
> sich vorzustellen, welch biographisches und werkge-
> schichtliches Quellenmaterial darin enthalten ist. Zeit
> ihres Lebens wurde Ida Herz denn auch eine Auskunfts-
> adresse für viele Thomas-Mann-Forscher.«[1]

Kurzporträts anläßlich ihres Todes sind auch in der englischen Presse erschienen. So in *The Times* vom 25.2.1984.

Daß dort hervorgehoben wird: »she rebelled against usual patterns of female domestic life«[2], sei nicht unvermerkt, weist diese Notiz doch auf die Eigenart der Verkehrskreise hin, in denen sie sich während ihrer Nürnberger Zeit bewegt hat.

Nicht über Nuremberg Affairs bin ich auf den Namen Ida Herz gestoßen. Vielmehr in Vorbereitung einer religionssoziologischen Studie zu Thomas Manns *Doktor Faustus,* seiner Archäologie des »Jahrhunderts der Extreme« (Eric Hobsbawm), blieb das Auge an ihrem Namen bzw. bei dem Zusatzvermerk: »Nürnberger Buchhändlerin« hängen. Zuerst habe ich ihre Gestalt im Kommentar zum Tagebucheintrag Thomas Manns vom 31.5.1944 entdeckt, einem der zahlreichen Einträge, die den Namen Ida Herz nennen:

> »*Herz*: Die Nürnberger Buchhändlerin Ida Herz (1894–1984), eine frühe Bewunderin der Werke TMs, lernte TM 1925 kennen und ordnete seine Münchner Bibliothek. Seither stand sie in regelmäßiger Verbindung mit dem Hause Mann. Sie war eine gewissenhafte Sammlerin aller TM betreffenden Schriftstücke, und TM selbst fügte ihrer auch Kuriosa umfassenden Sammlung im Laufe der Jahre viele Zeitungsausschnitte und Manuskriptabschriften hinzu (...)«[3]

Über das Stadtarchiv Nürnberg, sodann den Vorsitzenden der Israelitischen Kultusgemeinde Nürnberg, Arno S. Hamburger, desweiteren über das Zentralarchiv zur Erforschung der Geschichte der Juden in Deutschland, die Stiftung Neue Synagoge Berlin-Centrum Judaicum und The Central Archives for the History of the Jewish People führte der Weg zuletzt ins Thomas-Mann-Archiv nach Zürich, wo ich den Briefwechsel zwischen Ida Herz und Thomas Mann einsehen konnte. Ein Fund, den editorisch zu sichern ein Desiderat ist, worüber noch zu sprechen sein wird. Erst die Einsicht in den Briefwechsel, begleitet vom ungläubigen Staunen darüber, wieviel Wissenswertes er so nebenher über die Literatur, über Nürnberg und die Welt im 20. Jahrhundert enthält, hat den Ausschlag für die Erarbeitung der nunmehr vorgelegten

Publikation gegeben. Ohne diesen umfang- und aufschlußreichen Briefwechsel wäre das Vorhaben, Ida Herz in
Nürnberg der Vergessenheit zu entreißen, mehr noch ihre
literatur-, geistes- und regionalgeschichtliche Bedeutung
wenigstens im Aufriß zu würdigen, zum Scheitern verurteilt
gewesen. Denn die Spuren ihres Lebens in ihrer Heimatstadt
sind verweht, haben sich verloren, sind einzig in der lapi-
daren Registratursprache deutscher Behörden fixiert.

Auf den verlassenen Pfaden der Lebensgeschichte von
Ida Herz bin ich freilich, und dies sei mit Nachdruck betont,
auf eine Würdigung ihrer Person und ihres Wirkens
gestoßen, die eine zusätzliche Ermunterung gewesen ist,
diesen Buchessay niederzuschreiben. 1990 ist der Sonderband 1 der Reihe *Frauen in der einen Welt* erschienen. Es
handelt sich um den Begleitband zur Ausstellung »Flucht.
Vertreibung. Exil. Asyl. Frauenschicksale im Raum: Erlangen, Fürth, Nürnberg, Schwabach«, für den das Feministi-
sche Informations-, Bildungs- und Dokumentationszentrum
e.V. Nürnberg (FIBIDOZ) als Herausgeber zeichnet. In diesem
Band ist *Ida Herz. Bibliothekarin und Forscherin
(1894–1984)*[4] gedacht. Mit wenigen biographischen Stri-
chen und Dokumenten zwar, dies ist dem Charakter der
Publikation als Übersichts- und Sammelband fränkischer
Frauenschicksale geschuldet, aber mit der wünschenswerten
Pointiertheit der Erinnerungsarbeit. Der verdankt sich, daß
Ida Herz mit einer biographical note Eingang gefunden hat
in das zum Stadtjubiläum erschienene *Stadtlexikon Nürn-
berg* (1999).[5]

Es gibt historiographische Konstellationen, prototypisch
zu denken ist vor allem an die Erforschung der spätmittel-
alterlichen Inquisition, da sind Forschung und Biographik
auf die Dossiers der Täter verwiesen, weil anderes kaum
oder nicht zuhanden ist. Die Archive der Verfolgten aber
sind nur wahrhaftig zum Sprechen zu bringen, wenn sie
gegen den Strich der denunziatorischen Absicht entziffert
werden. »Aberkennung der Reichsangehörigkeit der Jüdin
Ida Herz« lautet der »Betreff«, wie es im Amtsdeutsch seit
alters heißt, in der Akte der Geheimen Staatspolizei / Staats-

polizeileitstelle Nürnberg-Fürth vom 11. November 1937. Dann wird sie, »wohnhaft zuletzt Nürnberg, Zufuhrstr. 15/IV«, in der den kommenden Massenmord wegbereitenden Sprache der »Nürnberger Rassegesetze« von 1935 biographisiert: »Ida Herz ist die Tochter der jüdischen Kaufmannsleute Moritz Herz und Lina geb. Besselau. (Bei der SS ist man offenkundig an das Doppel-S so gewöhnt, daß man dem Namen des Herz-Kompagnons noch ein s hinzufügt – F. K.) Als Angehörige der jüdischen Bekenntnisgemeinschaft ist sie demnach Rasse- und Bekenntnisjüdin. Ihre inzwischen verstorbenen Eltern zogen im Jahr 1890 in Nürnberg zu und gründeten hier die Fa. Herz u. Beselau, Darm-, Gewürz- und Fleischerutensilien.«[6]

1998 hat das Stadtarchiv Nürnberg eine höchst verdienstvolle, wenn auch nicht immer historiographisch stichhaltige Publikation zur Nürnberger Zeitgeschichte ediert: Gerhard Jochems Übersicht *Mitten in Nürnberg. Jüdische Firmen, Freiberufler und Institutionen am Vorabend des Nationalsozialismus.* Dank dieser Arbeit bin ich in der Lage gewesen, die Spuren und Zeichen von Ida Herz in Thomas Manns *Doktor Faustus* bis in die Zufuhrstraße 15, wo der Epiker einmal bei Ida Herz zu Gast gewesen ist, zurückzuverfolgen. Zugleich eine Reise in die allemal amüsante, so manches Mal auch kränkende Verwandlungskunst der »Bügelfaltenprosa«[7], als die Alfred Döblin Thomas Manns Stil einmal karikiert hat.

Die Zufuhrstraße ist eine lebendige Gewerbeader gewesen mit vielfältiger Regsamkeit des von Goethe so verehrten Handelsgeistes. In dem Hause, in welchem Ida Herz im vierten Stock gewohnt hat, betrieb zu jener Zeit ein B. Lehrburger einen Ansichtspostkarten-Verlag. Zudem befand sich in der Zufuhrstraße 15 eine Schuhwaren-Großhandlung. Entlang dieser Straße konnte der Besucher unter anderem eine Futterstoff-Firma, ein Gewerbe zur Verwertung von Lederabfällen, eine Firma für Holzriemenscheiben und eine Hopfenhandlung, deren es in Nürnberg damals viele gegeben hat, entdecken. Der Spähsinn des Poeten aus Lübeck aber dürfte so recht erst geweckt worden sein, als er in Nr. 6 die

Wollwaren-Großhandlung Lauchheimer, dann ein Geschäft für Kurz-, Weiß- und Galanteriewaren, endlich aber in Nr. 24 der Zufuhrstraße das Korsettgeschäft der Betty Ehrlich erblickt hat. Aber von Meta Nackedey und Kunigunde Rosenstiel, weibliche Schildwachen des deutschen Tonsetzers Adrian Leverkühn, wird noch zu reden sein, wenn die Einverwandlung der Ida Herz in die Komposition des *Doktor Faustus* zur Sprache kommt.

All dies, was Thomas Mann vor 1933 in der Zufuhrstraße gesehen und in seinen poetischen Gedächtnisfonds eingesenkt hat, worüber er zudem in Briefen, Karten, mündlichen Berichten und Erzählungen unterrichtet worden ist, so auch über die väterliche Darmhandlung Herz & Beselau in Nürnberg, Leonhardstraße 3, wird wenige Jahre später von den gierigen Nazi-Registratoren zu Arisierungszwecken als »jüdisch« diffamiert und als Beutegut erfaßt werden. Poesie mag künstlerischer Ausdruck sein. Kunst aber verdient nur dann diesen Namen, wenn sie die Spuren des Gewesenen, im unscheinbaren Falle des Lebens in der Zufuhrstraße die Spuren einer vernichteten Kultur, vor dem Vergessen rettet. Mögen sie im *Doktor Faustus* auch noch so versteckt eingearbeitet sein, geborgen sind sie. Dazu kommen die archivarischen Lebensleistungen der Frau, die Thomas Mann bewußt, denn er wußte um deren Flucht und Ausbürgerung, »Tochter Nürnbergs« heißt, die Herz-Collection, ihre Erinnerungen, ihr Briefwechsel mit Thomas Mann, ihre Schenkungen.

Die »Herz-Collection«

In dem viel zu wenig beachteten Aufsatz *Eduard Fuchs, der Sammler und der Historiker,* 1937 im Exil veröffentlicht, wirft Walter Benjamin zuletzt die Frage auf, ob die »den Namenlosen, und dem was die Spur ihrer Hände bewahrte, zugewandte Betrachtung nicht mehr zur Humanisierung beiträgt als der Führerkult«[1] gleich welcher Couleur, also einschließlich der heute sattsam mächtigen Prominentenverehrung. Eine nützliche Frage, um sich der materialen Lebensleistung der beharrlichen Frau aus der Zufuhrstraße zu nähern. Bedient haben sich die Werkdeuter und Biographen Thomas Manns stets gern aus dem Materialfonds, den Ida Herz über Jahrzehnte gesammelt hat; einen seriösen Dank abzustatten, hat kaum einer dieser prominenzfixierten Schreiber den Charakter gehabt. Im Gegenteil.

In den Beständen des Zürcher Thomas-Mann-Archivs findet sich eine ganz unspektakuläre, dafür aber sorgfältig aufbereitete Diplomarbeit aus dem Jahre 1965. Eingereicht worden ist sie von Anne-Marie Zimmerli zur Erlangung eines Diploms an der »L'Ecole de Bibliothécaires de Genève«. Vielleicht ist es die Verwandtschaft des Metiers, das die Studentin des Bibliothekswesens auf die Spur der Nürnberger Buchhändlerin und Liebhaberin von Büchern, Ida Herz, geführt hat. Jedenfalls hat Anne-Marie Zimmerli mit ihrer Diplomarbeit unter dem Titel *Cataloguement de la ›Collection Ida Herz‹ aux Archives Thomas Mann* wertvolle, weil systematische Einblicke in Entstehung und Konzeption des Privatarchivs von Ida Herz ermöglicht. Zimmerli ihrerseits hat auf die geistiger Arbeit förderliche Ordnungsliebe der Nürnberger Buchhändlerin zurückgreifen können. Mit dem Ableben von Thomas Mann im Jahre 1955 endet zwar nicht die Verwertungs-, wohl aber die Lebens- und Wachstumsgeschichte der Herz-Collection in ihrer ursprünglichen, intentionalen Gestalt. Denn die Besonderheit der Sammlung besteht darin, daß er selbst es gewesen ist, der wesentlich deren Anreicherung besorgt hat, indem er in unregelmäßigen Abständen über Jahrzehnte hinweg aus seinen Privatbeständen

Druckerzeugnisse aller Art – u. a. Presseartikel, Kommentare, Rezensionen – der Sammlung von Ida Herz hat zugehen lassen. Aus dem Jahre 1958 datiert ein maschinenschriftliches, 62 Seiten umfassendes Verzeichnis, das Ida Herz unter dem Titel »Thomas Mann Sammlung (Thomas Mann Collection)«, versehen mit dem Zusatz »Ida Herz. 208 Randolph Avenue, London W.9.«, mit akribischer Sorgfalt und forschungsfreundlicher Übersichtlichkeit erstellt hat. Verzeichnet ist ein Corpus von Materialien, die sie über drei Jahrzehnte lang rund um das Werk von Thomas Mann gesammelt hat.

Der Bogen spannt sich von Buch-Besprechungen und Karikaturen zu Thomas Mann über »Arabische und Hebräische Presse zum Besuch Thomas Manns im Jahre 1930« bis zu Radiotalks und »Persönliche Briefe und Karten von Thomas Mann an Ida Herz«. Die Herz-Collection enthält denn nicht nur Materialien zu dessen Leben und Werk, die – freilich mit einiger Mühe und Findigkeit – auch noch anderweitig zugänglich zu machen wären, sondern darüber hinaus Seltenheiten, die wahrscheinlich für immer verloren wären, hätte Ida Herz nicht den Geist und das Herz einer Sammlerin gehabt, eine Leidenschaft, die namentlich Walter Benjamin, der Liebhaber von Bibliotheken und Antiquariaten, von bibliophilen Kostbarkeiten, als Urgrund intellektueller Arbeit zu würdigen wußte.

Den Wert der Herz-Collection hat Thomas Mann wohl zu schätzen gewußt, dann zumal, wenn er in Nöten gewesen ist. Kalamitäten wie die Bitte um den Wiederabdruck einer Erzählung oder Novelle, deren Erst-Fassung zu seinem Schrecken nicht zuhanden war, kennzeichnen die Situation insbesondere während der Turbulenzen der ersten Exil-Wanderjahre in Frankreich und in der Schweiz. Thomas Mann fragt beispielsweise mit Datum vom 4. März 1935, noch wohnt Ida Herz in Nürnberg, ob sie ihm mit ihrer Collection behilflich sein könne bei der Suche nach der Erstdruck-Fassung der älteren Erzählung *Wälsungenblut*, 1905 entstanden, erst 1921 ob ihres delikaten Stoffes als Privatdruck im Phantasus-Verlag in München erschienen. Das »Fräulein Herz« kann ihm, wie noch häufiger vor- und nachher, behilflich sein. So schreibt Thomas Mann am 16. Juli 1929 an Ida Herz:

> »Als ich das letzte Mal in Berlin war berieten Fischer (Thomas Manns Verleger – F. K.) und ich uns darüber, ob ich nicht gut tun würde, noch vor dem Fertigwerden des ›Joseph‹ meine Aufsätze wieder einmal zu sammeln, denn *nach* dem Erscheinen des Romans, meinte Fischer, dürfte längere Zeit kein neues Buch herauskommen. Wirklich hat sich ja in Jahr und Tag an Artikeln und Reden eine ganze Menge wieder angesammelt (...) Für alle Fälle möchte ich das Material einmal zusammenstellen, habe auch damit angefangen, halte aber für leicht möglich, daß mir dies und das entgeht und habe zu Ihrer Umsicht mehr Vertrauen als zu meiner. Wollen Sie sich also der Mühe unterziehen und, zur Kontrolle, mit Hülfe Ihres berühmten Archivs, eine Liste anlegen? Ich wäre Ihnen sehr dankbar für die Hülfe, und es wird sich dann zeigen, ob die Substanz ausreicht. Auch die Titelfrage ist schwierig.«

Anne-Marie Zimmerli hat in ihrer Recherche zur »Collection Ida Herz« einen instruktiven Abriß von deren Entstehungs- und Weggeschichte gegeben, zugleich ein Kapitel zur Dramatik von Vertreibung, Flucht und Exil. Wer den Briefwechsel zwischen Ida Herz und Thomas Mann durchstreift, wird nachempfinden können, welche Bedeutung die Sammlung für die eifrige Sammlerin nicht weniger als für das Objekt der Leidenschaft, Thomas Mann und sein Werk, gehabt hat. Wenn dieser Briefwechsel zwischen 1924 und 1955 eine Konstante hat, dann die Collection, deren Erweiterung, Nutzung und turbulentes Schicksal während und nach der Zeit des Nazi-Regimes.

Es hat dem Poeten von Anfang an gefallen, daß eine Bewunderin seiner Werke ein Archiv mit Thomas-Mann-Materialien führt. Im übrigen wird ihn der Gedanke eines repräsentativen Archivs, zumal noch während der Zeit des Exils in den USA, einigermaßen beschäftigen. Daß die in Nürnberg unter der Obhut von Ida Herz privatförmig geführten Thomas-Mann-Archivalien für ihn mit Frühjahr

1933, als er weithin abgeschnitten ist von seiner Münchner Bibliothek, zusätzlich an Bedeutung gewinnen, liegt auf der Hand. Vor allem aber ist offenbar, wiewohl es bislang nicht die angemessene Würdigung gefunden hat, daß die Thomas-Mann-Forschung der passionierten Sammlerin aus Nürnberg Erhebliches zu verdanken hat, ist doch im Zuge des Zugriffs der Nazis auf das Haus der Manns in München und seit den schweren Bombardements von München im Jahre 1943 manches verschwunden. Alles in allem, ohne eine Grundeigenschaft der Sammlerin, nämlich ihre umsichtige Beharrlichkeit, hätte die Herz-Collection Hitler und Krieg nicht überstanden.

Mag sie zuvor schon begonnen haben, Veröffentlichungen von und über Thomas Mann zu sammeln und zu verwahren, die Geburtsstunde der Collection datiert in den Hochsommer 1925. Ida Herz weilt um diese Zeit in München, Poschingerstraße 1, um im Hause Mann die Papier-, Bücher- und Schriften-Berge zu sichten und zu ordnen. Bei dieser Gelegenheit fällt ihr waches, verliebtes Auge auf einen Koffer, worin Thomas Mann Zeitungsausschnitte über sich und sein Werk abzulegen und, pêle-mêle, zu verwahren pflegt. Autorisiert vom Hausherrn, durchstöbert sie den reichen Inhalt des Koffers – Zwischendurchnotizen im Briefwechsel deuten auf eine Art großen Überseekoffer hin. Als Ida Herz am 5. September 1925 ihre Arbeit in der Privatbibliothek Thomas Manns beendet hat, überläßt dieser ihr einen beträchtlichen Teil der im Koffer versammelten und neugeordneten Zeitungs-, Zeitschriftenausschnitte und Belegexemplare – vornehmlich solche »en double«. Er wäre nicht der »Zauberer«, wie vor allem seine Kinder ihn nannten, gewesen, hätte er dem Koffer nicht die poetisch-magisierende Bezeichnung »Die Truhe« gegeben. Zurück in Nürnberg erwächst auf diesem Grundstock während der folgenden drei Jahrzehnte jene Kostbarkeit von erheblichem Gebrauchswert, die Ida Herz als »Thomas-Mann-Sammlung« führt, gleichsam ihr gehegtes und gepflegtes Kind. Anne-Marie Zimmerli hat gute Gründe gehabt, »La Collection Ida Herz« ins Licht zu rücken.

In dem bedeutenden amerikanischen Magazin *The German Quarterly,* Fundgrube für kenntnisreiche Artikel über deutsche Literatur, Kultur und Mentalität, Ausgabe November 1965, referiert Ida Herz in der ihr eigenen, sich zurücknehmenden Sprache die Anfänge ihrer Thomas-Mann-Sammlung:

>»Im Jahre 1925, als ich Thomas Manns Bibliothek in seinem Münchner Haus organisierte und katalogisierte, begann ich, von ihm selbst freundschaftlich unterstützt, alles zu sammeln, was seit Beginn seiner schriftstellerischen Laufbahn an Erstausgaben, in Zeitungen, Zeitschriften und Büchern von ihm und über ihn, in deutschen und fremdsprachigen Ausgaben, erschienen war. Ich sammelte auch Bilder, Photographien, Karikaturen, überhaupt alles, was zu seinem Leben und Schaffen Beziehung hatte.«[2]

Kaum ist Ida Herz Anfang September 1925 zurück in der Zufuhrstraße, da erreicht sie mit Absenderdatum vom 15. September ein erstes Zeichen dafür, daß Thomas Mann es ernst mit der Förderung ihrer Sammlung meint: »Heute schicke ich Ihnen ein Exemplar der Lübecker Rede, die soeben in einem Lübecker Verlag erschienen ist, zur Komplettierung Ihres Archivs«. Ob es sich hierbei um den Vortrag *Goethe und Tolstoi,* geschrieben aus Anlaß der Nordischen Woche 1921 in Lübeck, oder um *Okkulte Erlebnisse,* gehalten im Dezember 1923 in der Aula des Lübecker Johanneums, handelte, ist nicht ersichtlich.

Wenn Thomas Mann es über längere Zeit hinweg versäumte, das stille, von der literarischen Öffentlichkeit unbemerkte Privatarchiv in der Zufuhrstraße 15 zu beliefern, ist Ida Herz Frau genug nachzuhaken und anzumahnen, so daß er um ein briefliches Versprechen nicht herumkommt, wie im Schreiben vom 28. Februar 1928:

>»Ihr Archiv vernachlässige ich insofern nicht, als ich in meiner Truhe ja alles aufbewahre, was an Kleinigkeiten von mir gedruckt erscheint. Ich bin gern bereit, wenn Sie wollen, Ihnen in einiger Zeit, wenn sich noch mehr angesammelt hat, diese Dinge summarisch zu schicken.«

Daß Kunst und Leben etwas mit pietistischer Buchhaltung zu tun hätten, und zwar ganz wesentlich, diese Einsicht hat der Lübecker einmal in eindrucksvoller Weise an Goethe gerühmt. So im vielzitierten Vortrag zu dessen 100. Todestag (*Goethe als Repräsentant des bürgerlichen Zeitalters*) am 18. März 1932 in der Preußischen Akademie Berlin:

> »Es ist dieser Zug von Sorglichkeit, womit der Zeitkultus, die Zeitheiligung, Zeitökonomie zusammenhängt, die jede Minute ausschöpft und sein Leben zu einem der vielfältig fleißigsten gemacht hat, die je geführt worden sind. Er hat die Minute verherrlicht in dem Stammbuchverschen für seinen Enkel, diesem Spruch, mit dem er eine sentimental-pessimistische Sentenz des von ihm wenig geachteten Jean Paul beantwortete:
> Ihrer sechzig hat die Stunde,
> Über tausend hat der Tag,
> Söhnchen, werde dir die Kunde,
> Was man alles leisten mag.
> Sein Acker die Zeit.
> Im Grunde kennt er kein Ausruhen.«[3]

Ida Herz, eine treffliche Beobachterin, hat die Beherzigung dieser Lebensmaxime am Goethe-Nachfahren Thomas Mann registriert; so in ihren *Erinnerungen an Thomas Mann, 1925-1955*, abgedruckt im Oxforder Magazin *German life & letters* vom Juli 1956, in deutlicher Anspielung auf den »Schatzgräber«, dem Lob des protestantischen Arbeitsethos: »Alles zu seiner Zeit – Feste und Arbeit – ›man wird gründlich aufräumen müssen‹«, zitiert Ida Herz Thomas Mann aus dem Gedächtnis,

> »damit der arbeitsame Alltag wieder zu seinem Recht kommen kann. Leben ohne Arbeit war für ihn undenkbar. Noch bevor das ›Finis‹ unter die letzte Zeile des Manuskripts gesetzt war, mußten neue Werkpläne bereitstehen«[4].

Dem Ethos arbeitsamer Beharrlichkeit ist auch das »Fräulein Herz« verpflichtet, wofür eben der kontinuierliche Ausbau ihrer Collection steht. Eine Frau mit langem Atem.

Am 4. Oktober 1930 erscheint Thomas Mann im mittelfränkischen Ansbach; Anlaß die 5. Jahrestagung der 1925 gegründeten Platen-Gesellschaft. Daß der Epiker zu dem Ansbacher Lyriker stets ein inniges poetisches Verhältnis gehabt hat, ist aus der Literaturhistorie hinlänglich bekannt. Ebenso, daß Heine Platen mit Sottisen und Polemiken bedacht hat – freilich nicht ohne Grund, denn der Ansbacher Dichtersproß hatte in übelster Weise seinem Antisemitismus freien Lauf gelassen und den Düsseldorfer Poeten als »Petrarca des Laubhüttenfestes« und als »Synagogenstolz mit Knoblauchgeruch« diffamiert.[5] Ida Herz, die Jüdin aus Nürnberg, war souverän genug, sich nicht in solche Niederungen hinabzubegeben. In der Ausgabe vom 10. Oktober 1930 der *Nürnberg-Fürther Morgenpresse* berichtet sie unter dem Titel *Thomas Manns Bekenntnis zu Platen* mit merklicher literarischer Kennerschaft über die Tagung, deren Glanzpunkt Thomas Manns Vortrag *August von Platen* gewesen ist.

Um die Zeit des Platen-Vortrags, der in der Presse einige Wellen schlägt, ist doch Thomas Mann inzwischen zum Nobelpreisträger gekürt, stattet er Ida Herz einen Besuch in Nürnberg ab. Zum ersten Mal sieht er mit eigenen Augen die Collection. Weil vorzüglich geführt, bekräftigt er seine Absicht, das Herz-Archiv in Zukunft regelmäßiger mit Zeitschriften und Zeitungsartikeln zu beschicken. Bis in den Anfang des Jahres 1933 hinein trägt Thomas Mann Sorge, in seiner Münchner »Truhe« Material zu sammeln, um es für Sendungen nach Nürnberg bereitzuhalten. Mehr noch, am 13. Januar 1933 schreibt er an Ida Herz, der Truhen-Inhalt sei wieder »gefüllt (...) und wenn Sie einmal kommen, will ich Sie gern mit der Truhe allein lassen«. Die unbewußte oder bewußte Zweideutigkeit, die sich in der Wendung »mit der Truhe allein lassen« verbirgt, dürfte Ida Herz zu diesem Zeitpunkt noch kaum aufgegangen sein.

Dann die Zäsur vom 30. Januar 1933, die förmliche Installierung des Hitler-Regimes. Am 10. Februar 1933, dem 50. Todestag Richard Wagners, meldet sich Thomas Mann, ohne zu wissen, daß es sehr lange dauern würde, bis er nach Deutschland zurückkehren kann, für gut eineinhalb Jahrzehnte

zum letzten Mal in Deutschland zu Wort. Der Ort: das Auditorium Maximum der Universität München. Nicht der Vortrag *Leiden und Größe Richard Wagners* ist der Skandal, als
der er in der deutschen, insbesondere in der Münchner Presse
grell hingestellt wird, sondern das beschämende Echo in der
gebildeten Musikwelt, allen voran bei einigen Komponisten
und »stabführenden Frack-Primadonn[en]«[6], wie Dirigenten
im *Doktor Faustus* späterhin beim ironischen Namen
genannt werden. Tags darauf verläßt Thomas Mann
Deutschland, um den Wagner-Vortrag in Amsterdam, Brüs-
sel und Paris zu wiederholen – der unvorhergesehene
Anfang eines jahrelang dauernden Exils. Trotz dessen
Unwirtlichkeit und Wirren insbesondere während der ersten
Zeit wird die Beziehung zwischen Thomas Mann und der
Nürnberger Herz-Collection nicht abreißen. Auch Ida Herz
ahnt nicht, daß jene Wagner-Vortragsreise der Abschied
Thomas Manns von Deutschland sein wird. Am 22. Februar
1933, kaum zwei Wochen nach dem Münchner Eklat,
schreibt sie an ihren Epiker, zunächst wehmütig an das Jahr
1925 erinnernd, als sie in dessen Münchner Haus die Bibliothek besorgte: »Von Ihrer großen Reise, die hoffentlich nicht
zu anstrengend, nur befriedigend-erfreulich war, hoffe ich
Sie gesund zurück.« Sodann die kleine, nichtsdestoweniger
pointierte Mahnung: »Haben Sie an mein Archiv gedacht?«
Dieses Anmahnen wird um so verständlicher, als es um diese
Zeit nicht leichter geworden ist, ausländische Presse zu beschaffen.

Ein Jahr nach dem Putsch der Reaktion gegen Preußen
am 20. Juli 1933, so, als sollte der Jahrestag, wie es Nazis
zukommt, in gebührender Brutalität gefeiert werden, erscheint die SA überfallartig in der Zufuhrstraße. Eine Terror-
aktion gegen die Nürnberger Juden ist im Gang. Ida Herz
kommt glimpflich davon. Ihr Privat-Archiv bleibt
verschont. Aufgeschreckt von den Ereignissen trifft sie
umgehend Vorsorge für ihren gehüteten Schatz, ihr Lebenswerk. In der kleinen Erinnerungsschrift *Ein Roman wandert
aus* von 1956 berichtet sie über ihre Sicherungsbemü-
hungen:

»Nach dem Überfall der S.A. am 20. Juli 1933 ließ ich durch einen gemeinsamen Freund M. Frey (es handelt sich um den ersten Legationssekretär der französischen Legation in München – F. K.) fragen, ob ich einen Teil meiner Thomas-Mann-Sammlung im Hause der Legation unterstellen dürfe, wo sie jedenfalls in sichererer Obhut war als in meiner Wohnung, wenn auch die Legation nicht, wie eine Gesandtschaft, exterritorial-diplomatischen Schutz genießt.«[7]

Eine kluge Entscheidung, wie sich noch herausstellen sollte, zwei große Koffer in der französischen Legation zu deponieren.

Allmählich stabilisiert sich Thomas Manns Lebenssituation; das ratlose Hin und Her hat ein vorläufiges Ende. Küsnacht bei Zürich wird für einige Zeit sein Exil-Domizil. Ida Herz hat wieder eine feste Anschrift, um – allen Unsicherheiten und Widrigkeiten zum Trotz – die Erweiterung ihrer Collection voranzubringen. Dabei scheut sie keine Mühe. So schreibt sie inländische Besprechungen von Thomas-Mann-Büchern, noch ist der Epiker in der deutschen literarischen Öffentlichkeit nicht tabu, mit der Hand ab, da ihr manche Zeitschrift offenbar nur leihweise überlassen worden ist. Per Luftpost sendet sie dann ihre anderen Abschriften und Belegexemplare nach Zürich, nicht ohne den Adressaten zu bitten, er möge ihr für die Abschriften per Hand gegebenenfalls die entsprechenden originalen Druckerzeugnisse zukommen lassen. Kurz, für eine ganze Weile fungiert Ida Herz für Thomas Mann gleichsam als Beobachterin des innerdeutschen, noch nicht vollends gleichgeschalteten literarischen Besprechungsgewerbes; zugleich wächst ihr Archiv.

Dann die Flucht aus Nürnberg. Ida Herz schreibt in ihren skizzenförmigen Erinnerungen von 1965:

»Im September 1935 mußte ich Deutschland von einer Stunde zur anderen verlassen, um einer Verhaftung durch die Gestapo zu entgehen. Viele wertvolle Stücke meiner Sammlung hatte ich in meiner Wohnung zurückzulassen, darunter vor allem die vor 1933 erschienenen Werke, die fast alle handschriftliche Widmungen des Autors an mich enthielten. Dies alles ist unwiederbringlich verloren.«[8]

Verschwunden sind die Kostbarkeiten unter gierigen Nazi-Händen. Dank der Hilfsbereitschaft jenes Legationssekretärs überwintert der vorsorglich nach München verbrachte Teil der Herz-Collection im Keller der französischen Legation.

Der Weg ins Exil führt über die Schweiz nach London, wo Ida Herz zwischen 1936 und 1944 als Bibliothekarin am Warburg-Institut hilfsweise tätig ist. Dem Briefwechsel zwischen ihr und Thomas Mann zufolge forciert sie im Herbst 1937 ihre Anstrengungen, ihre Collection aus Deutschland herauszubekommen. Allemal kein leichtes Unterfangen für eine aus Deutschland geflohene Jüdin, gegen die just um diese Zeit das formelle Ausbürgerungsverfahren läuft. Bei aller Liebe zum Werk Thomas Manns, die Bemühungen von Ida Herz, ihrer Sammlung wieder habhaft zu werden, haben einen höchst praktischen Grund. Ihre Londoner Arbeits- und Lebenssituation ist nicht eben rosig, so daß sie nach Möglichkeiten Ausschau hält, in die USA überzusiedeln. Aber ohne permit-Papiere, das wußten um diese Zeit die Exilierten von Anna Seghers und Bertolt Brecht bis zu Hermann Kesten, ist der Mensch, der Flüchtling zumal, nichts.

»Der Paß ist der edelste Teil von einem Menschen. Er kommt auch nicht auf so einfache Weise zustand wie ein Mensch. Ein Mensch kann überall zustandkommen, auf die leichtsinnigste Art und ohne gescheiten Grund, aber ein Paß niemals. Dafür wird er auch anerkannt, wenn er gut ist, während ein Mensch noch so gut sein kann und doch nicht anerkannt wird.«[9]

Was Brecht in der berühmten Eröffnung der *Flüchtlingsgespräche*, 1940/41 in Finnland unter akuten Paßnöten niedergeschrieben, hier mit galligem Humor notiert, diese Erfahrung hat auch Ida Herz machen müssen. An der Jahreswende 1937/38 unternimmt sie den Versuch, statt bei irgendeinem Schmidtchen direkt beim Schmidt vorstellig zu werden. Unter Berufung auf ihre Freundschaft mit Thomas Mann, der noch im Schweizer Exil lebt, wendet sie sich geradewegs an den amerikanischen Präsidenten Roosevelt, um Einlaß in die USA zu erhalten. Als Thomas Mann hernach davon erfährt, ist er erzürnt: »Sie müssen«, schreibt er Ida Herz am 28. Januar 1938 aus Arosa,

> »doch verstehen, daß es nicht angeht, mit Ihrem kleinen persönlichen Schicksal einen Mann wie Roosevelt zu behelligen und daß mit demselben Recht wie Sie unge-zählte Tausende sich das herausnehmen könnten.«

Thomas Mann demonstriert hier jenen Sinn für die »histori-sche Persönlichkeit«, deren Problematik allerdings ihm als-bald derart schmerzhaft aufgeht, daß er sie im Roman *Lotte in Weimar* von 1939 am Exempel Goethe (selbst-)kritisch entfaltet. Hätte Brecht je von der Herz-Aktion erfahren, er hätte die Rechte des »kleinen persönlichen Schicksals« gewiß anerkannt. Mehr noch, sein chronischer Zorn gegen den Antipoden wäre neuerlich kräftig angeheizt worden.

Im übrigen ist es Ida Herz selbst, die Thomas Mann über ihre Eingabe bei Roosevelt unterrichtet. Zwar ist der Epiker über die Aktion aufgebracht. Einen Bürgen für die Einwan-derung in die USA müsse sie »sich schon anderswo suchen«, läßt er sie unwirsch wissen. Dennoch schaltet er sich wei-terhin ein, um ihr den Weg zur erhofften Anstellung an der Yale University zu ebnen. Der Weg nach Yale führt aber, wenn überhaupt, über ihre Collection. Die jedoch lagert noch in Deutschland ein. Ohne diese Kisten werde Yale sie nicht anstellen. Wohl mit Bezug auf ein entsprechendes Briefschreiben des Schwagers von Ida Herz, Dr. Otto Putzel, rät Thomas Mann ihr zwar nachdrücklich, auf Möglichkeiten zu sinnen, die Sammlung aus Deutschland herauszuschaf-fen, nicht ohne sie daran zu erinnern, daß eine derartige Aktion ihre noch in Nürnberg festsitzenden Verwandten gefährden könne, höchste Vor-, Um- und Rücksicht also geboten sei: »Ich weiß«, so Thomas Mann in jenem Brief aus Arosa, »daß diese (ihre Verwandten – F. K.) um Ihretwegen alle Augenblicke von der Polizei behelligt werden.« Und selbst wenn es ihr gelänge, die Collection aus München heraus in die USA zu transferieren, sei es immer noch fraglich, ob Dr. Angell – er ist der amerikanische Mittelsmann des Projekts »Collection gegen Anstellung« – ihr den »erstrebten Posten an dem Yale-Institut« verschaffen könne.

Am 18.10.1939 schreibt Thomas Mann, nunmehr vom neuen Exil-Domizil Princeton aus, daß Dr. Angell nicht mehr in Yale lehre, sondern in Kalifornien. Ein herber Schlag für Ida Herz in London, der es freilich immer noch nicht gelungen ist, bei der Bergung ihrer Collection aus Deutschland entscheidend voranzukommen. Mit dem 1. September 1939, dem Tag des Einfalls der deutschen Wehrmacht in Polen, sinken die Chancen, ihr Privat-Archiv je wiederzusehen. England, die Stätte ihres Exils, befindet sich im Kriegszustand mit Deutschland. Aus Yale wird jedenfalls nichts.

Es dauert Jahre, bis Ida Herz wieder etwas von ihrer Collection hört. Seinem Brief vom 9. August 1947 an Ida Herz, Thomas Mann weilt besuchsweise in Zürich, fügt dieser an: »Und meinen Glückwunsch zum Empfang des Archivs!« Was war geschehen, nachdem die Koffer im Keller der französischen Legation in München eingelagert worden waren? Ida Herz in ihrem Erzählbericht *Ein Roman wandert aus*:

> »Als dann 1939 der Krieg ausbrach, blieben meine Kisten im Keller des verlassenen Hauses der Legation zurück. Und dort standen sie noch unversehrt, als 1945 die amerikanische Armee in München einmarschierte und den früheren Besitz fremder Missionen unter ihren Schutz nahm und ihn den betreffenden Regierungen zurückerstattete. So kamen meine beiden Kisten zunächst nach Paris ins Außenministerium und nachdem man, über Thomas Mann, meine Adresse ausfindig gemacht hatte, wurde mir nach zwölf Jahren mein hoffnungslos verloren geglaubter Besitz nach London, wo ich nach langer Wanderung meine neue Heimat gefunden habe, zugestellt.«[10]

Es ist nicht so, als habe Ida Herz während all der Jahre, während derer sie von ihrem Archiv getrennt gewesen ist, aufgehört, Thomas-Mann-Materialien zu sammeln. Nunmehr wieder im Besitz ihres verloren geglaubten Lebenswerks, geht sie mit neuem Schwung daran, ihn aufzustocken. Auch Thomas Mann, der inzwischen seinen Wohnsitz von Kalifornien nach Europa zurückverlegt hat, um wunschgemäß in europäischer Erde bestattet zu werden, ist seinerseits immer noch willens, die Herz-Collection zu bestücken. Am 6. September 1953 schreibt er ihr:

> »Liebes Fräulein Herz, heute, Sonntag, will ich doch auch einmal wieder einige Zeilen für Sie aufs Papier werfen und sie mit einer neuen Sendung mehr oder weniger aufbewahrenswerter Ausschnitte für Ihr Archiv begleiten, die bei mir ganz unnütz und nie wieder angesehen, überhaupt nie recht angesehen, herumliegen würden. Es wären ihrer mehr, wenn ich nicht eine Anzahl deutscher, französischer und anglo-amerikanischer Faustus-Besprechungen doch lieber für meine eigene Kollektion zurückbehielte, die ich charakteristischer Weise gerade über dieses Buch gleich nach seinem Erscheinen angelegt und immer zusammengehalten habe (...) T. M.«

Der *Doktor Faustus* ist allemal ein Fall für sich. Wie wohl bei sonst keinem seiner Werke hat Thomas Mann im Falle seines »Lebens- und Geheimwerks«[11], wie er diesen Roman in *Die Entstehung des Doktor Faustus* von 1949 bezeichnet, eine eigene Sammlung von Besprechungen angelegt, weshalb die Herz-Collection nur spärlich bedacht worden ist.

Ida Herz hat ihre Collection im Jahre 1960, es ist das Jahr ihrer Pensionierung, dem Thomas-Mann-Archiv in Zürich übereignet. Heute ist die Collection als solche nicht mehr erhalten. Die ungefähr 3 000 Zeitschriften- und Zeitungsausschnitte aus über 20 Ländern der Alten und Neuen Welt, ebenso wie später noch von Herz überlassene Materialien, sind aufgegangen in den Bestand des Thomas-Mann-Archivs, das der Eidgenössischen Technischen Hochschule Zürich angeschlossen ist. Mit der von Ida Herz gewissenhaft geführten und wohlgeordneten Collection war der archivalische

Fonds gegeben, worauf das Zürcher Archiv seither hat aufbauen können. Im Archiv ist der Beiname »Mutter des Archivs« zu hören. Eine ausdauernd fürsorgliche Mutter, der Forschung und Publizistik zu Dank verpflichtet sind. Ihre Collection hat ein bewegtes Leben gehabt: von Nürnberg über München, Paris und London schließlich nach Zürich.

So bewegt das Schicksal der Herz-Collection, so schlampig die Recherchen der Literaturhistorie, der Tagebuch-Editoren und der Thomas-Mann-Biographik. Einer scheint vom anderen abgeschrieben zu haben. Einzig Klaus W. Jonas, bis 1957 an der Yale University Library als Bibliothekar tätig, der Leben und Lebenswerk von Ida Herz knapp, aber seriös gewürdigt hat, weiß Solides über die Herz-Collection zu berichten. Klaus Harpprecht hingegen bringt es fertig, jenen Erzählbericht *Ein Roman wandert aus* anzuführen, aber über das Schicksal der Collection anderes zu schreiben als eben dort Ida Herz berichtet.[12] So siegt, wie nicht selten, das Ondit über die Eigenlektüre.

»Familienwitz«

An Biographen ist eine charakteristische déformation professionelle zu beobachten. Indem sie ihre »Arbeit am Heldenleben« aufnehmen, wähnen sie sich bereits, ohne gründlich der Problematik sich vergewissert zu haben, auf der Höhe ihres Biographisierungsobjekts. Ob sie ihren Helden erhöhen oder erniedrigen, in jedem Fall erhebt sich der Biograph. Die Selbsterhebung freilich gedeiht häufig genug zur Selbstüberhebung. Noch der Held wird vom Feldherrnhügel des Biographen aus betrachtet. Dann ist es unvermeidlich, daß dieser am Objekt sich einen Bruch hebt. In seiner Studie über Leonardo da Vinci von 1910 notiert Freud,

> »daß Biographen in ganz eigentümlicher (ambivalenter
> – F. K.) Weise an ihren Helden fixiert sind. Sie haben
> ihn häufig zum Objekt ihrer Studien gewählt, weil sie
> ihm aus Gründen ihres persönlichen Gefühlslebens von
> vornherein eine besondere Affektation entgegenbrach-
> ten. Sie geben sich dann einer Idealisierungsarbeit (oder
> je nach Zeitgeist Erniedrigungsarbeit – F. K.) hin, die
> bestrebt ist, den großen Mann in die Reihe ihrer infan-
> tilen Vorbilder einzutragen, etwa die kindliche Vorstel-
> lung des Vaters in ihm neu beleben.«[1]

Für die Nebenfiguren auf den Schauplätzen des Helden, so ist zu ergänzen, hat jene »Affektation« häufig den Effekt abwertender Schilderung, namentlich dann, wenn der Held dem bereits vorgearbeitet zu haben scheint. Flugs schaut der Biograph seinem Helden die Gönnermiene ab, um das Personal rund um den Helden zu zeichnen bzw. zu verzeichnen. Genau dieser unbewußte Vorgang ist in bezug auf Ida Herz, einer »Nebenfigur« auf dem Heldenplatz Thomas Mann, an den Biographien zu registrieren. Unbewußt, weil die Biographen nicht erkennen lassen, daß sie sich auch nur ansatzweise über das Problem, das Freud anschneidet, Rechenschaft gegeben haben. Im übrigen könnte Freud diesbezüglich ein garstig Lied über seine Biographen singen. Er hat um deren déformation professionelle gewußt. In der *Traumdeutung* hat er seine biographischen Bruchstücke durcheinandergeworfen, später seine persönlichen Papiere vernichtet. Wie sein Verehrer Thomas Mann es für ganze Passagen seines Lebens getan hat. Und Ida Herz? Jener Yale-Bibliothekar Klaus W. Jonas, späterhin mit Ida Herz gut bekannt und in regem Austausch, hat 1973 ihr gegenüber einmal die Absicht geäußert, über »Thomas Mann und Sie« etwas zu publizieren.[2] Am 26. September des Jahres antwortet sie:

> »Ich möchte es NICHT, daß Sie über Thomas Mann und mich etwas bringen. Wie kommen Sie dazu? Sie kennen mich ja kaum und wissen noch weniger von den sehr subtilen Beziehungen zwischen Thomas Mann und mir.«[3]

Wenige Zeilen später fügt die literaturkundige Ida Herz hinzu:

> »Ich möchte gerne ganz ohne Überheblichkeit aus einem Brief von Sigmund Freud an Fritz Wittels vom 15. August 1924 zitieren: ›Ich bleibe dabei, daß jemand, der so wenig von einem weiß wie Sie von mir, kein Recht hat, eine Biographie über den Betreffenden zu schreiben. Man warte, bis er gestorben ist, dann muß er alles über sich ergehen lassen und es ist ihm zum Glück auch gleichgültig.‹
>
> Ich weiß, es ist keine Biographie, die Sie über mich schreiben wollen, sondern nur ein Zeitungs- oder Zeitschriften-Artikel, aber das hat mit meiner Einstellung zu der Frage nichts zu tun. Ich bitte Sie, lieber Professor Jonas, stellen Sie ihr ›Müssen‹ zurück bis zu meinem Ende, das ja nicht mehr sehr lange auf sich warten lassen wird – immerhin werde ich im nächsten Monat 79 – dann kann und wird es mir gleichgültig sein, ob oder was Sie oder wer auch immer über Thomas Mann und seine Beziehung zu mir schreiben will oder wird.«[4]

Jonas hat nicht nur gewartet, sondern auch behutsam skizziert, als er nach 1984 über Ida Herz schrieb. Der Fingerzeig auf Freud mag das Seine dazu beigetragen haben. Nicht so bei anderen, die es an Behutsamkeit und analytischer Anstrengung haben fehlen lassen, um der Beziehung zwischen Herz und Mann auf die Spur zu kommen.

Was wissen die vielgelesenen Biographen Thomas Manns über seine Beziehung zu Ida Herz zu berichten? Wie fällt deren Priorität aus? In aller Regel setzen sie die Gönnermiene auf. Prater freilich überbietet alle, dabei womöglich unfreiwillig den Bodensatz des Antisemitismus berührend: »›Die Herz‹ wurde zu einer Art Familienwitz«[5], weiß der sich zum Intimkenner des Hauses Mann stilisierende Biograph zu berichten. Ihm, Prater, tritt, mit erborgter, imitatorischer Miene, Ida Herz als eben jenes »Mittel« ins biographische Bild, von dem bei Nietzsche in *Jenseits von Gut und Böse* die Rede ist. Im Aphorismus 273 beschreibt der Psychologe aus Schulpforta eine sozio-habituelle Eigenart, die dem Epiker aus Lübeck wohlvertraut gewesen ist:

> »Ein Mensch, der nach Großem strebt, betrachtet jedermann, dem er auf seiner Bahn begegnet, entweder als Mittel oder als Verzögerung und Hemmnis – oder als zeitweiliges Ruhebett. Seine ihm eigentümliche hochgeartete *Güte* gegen Mitmenschen ist erst möglich, wenn er auf seiner Höhe ist und herrscht. Die Ungeduld und sein Bewußtsein, bis dahin immer zur Komödie verurteilt zu sein – denn selbst der Krieg ist eine Komödie und verbirgt, wie jedes Mittel den Zweck verbirgt –, verdirbt ihm jeden Umgang: diese Art Mensch kennt die Einsamkeit und was sie vom Giftigsten an sich hat.«[6]

Nichts freilich vermögen Biographen wie Prater darüber auszusagen, nichts Erhellendes fällt ihnen dazu ein, warum der illuminierte Epiker, dessen Leben sie in identifikatorischer Selbsterhöhung schildern, jahrzehntelang mit einer »unverheirateten Buchhandlungsgehilfin«[7] (die Diskriminierung der Buchhändlerin als Gehilfin hätte Freud zum Schmunzeln gebracht), warum also Thomas Mann mit Ida Herz, einer scheinbar unscheinbaren Jüdin aus Nürnberg, über Phasen der Unstimmigkeit, des Ärgers und der Konflikte hinweg so ausgiebig korrespondiert hat; vor allem aber, warum er in einer ganzen Reihe von Briefen ihr sich gerade an wunden Punkten seiner Lebenssituation und -befindlichkeit eröffnet hat. So etwa während der quälenden

Monate des Herumirrens im Jahre 1933, als er ihr schreibt:

>»Ich bin halb krank, kann nicht recht essen und nicht recht schlafen, und der Gedanke eines völligen Umsturzes meiner Existenz, die Vorstellung, ins Exil gehen zu müssen (...) hält mich in ununterbrochener Erregung und Erschütterung.«[8]

Die Thomas-Mann-Biographen, verfügten sie über eingehendere Nietzsche-Kenntnisse, hätten die dem Lübecker eigene »Höflichkeit« anführen können, um aus dessen Perspektive die Dauer und das erstaunliche Ausmaß des Briefwechsels zu erläutern. Dennoch reicht der Verweis auf die Höflichkeit, »jenes spitzbübische und heitre Laster«[9], wie es im Aphorismus 284 von *Jenseits von Gut und Böse* heißt, dem Thomas Mann ausgiebig frönte, alleine nicht aus, um als zureichende Begründung dafür herzuhalten, daß am Ende der Briefwechsel mit Ida Herz zu den umfangreichsten überhaupt, zum umfangreichsten, der im Thomas-Mann-Archiv Zürich lagert, gehört. Dazu nun war der Epiker selbst als Ethiker zu wählerisch und ästhetisch zu verwöhnt, um die Korrespondenz mit der »Tochter Nürnbergs« einzig als Frondienst abzuleisten.

Mehr Sachkenntnis im Detail und auch analytisches Gespür sind diesbezüglich in der Biographie von Hermann Kurzke zu finden. Bereits der Untertitel *Das Leben als Kunstwerk* deutet an, daß der Biograph nicht nur jenen Aphorismus 273 Nietzsches gekannt haben mag, als er sich ans Schreiben machte. Vielmehr deutet der Untertitel darauf hin, daß ihm die Pointe des Gesamthabitus des Künstlers aus Lübeck aufgegangen ist: Arbeit an der Lebensform, kontrolliert durch Handorakel aus der Feder Goethes und Nietzsches. Dementsprechend verhaltener, differenzierter und weniger stereotyp fällt auch das Porträt der Ida Herz aus: »Ida Herz – man pflegt heute entweder in des Meisters Spott einzustimmen oder des Meisters Lieblosigkeit zu beklagen. Aber wozu Partei nehmen, wenn doch beide Achtung verdienen. Die Herz war eine Frau mit Format und nahm nicht übel. Sie habe sich nie verletzt gefühlt. Im Gegenteil habe

die Schilderung im *Faustus* ihr selbst ihre ›dramatische Stellung‹ innerhalb seines Lebens klar gemacht. Sie war mit der
Rolle der ›dienenden Frau‹ offenbar völlig einverstanden.«[10]
Immerhin, bei Kurzke erscheint sie als »Frau mit Format«,
eine Tonlage, die sich wohltuend abhebt von der eines Harpprecht, ganz zu schweigen von Donald A. Prater. Wo, wie
bei diesem, von »Kletten«[11] die flotte Rede ist – Harpprechts
innere Zensur scheint funktionstüchtig genug gewesen zu
sein, statt dessen das Wort »Geschöpf« (im übrigen dem
Doktor Faustus entnommen) zu verwenden, er nennt Ida
Herz das »so ungeschickte und zugleich so tüchtige
Geschöpf«[12], – da waltet der von Georg Büchner im *Woyzeck*
mit Verve decouvrierte Blick der Herren in Labor und Salon,
da ist schließlich die Von-oben-herab-Formel vom »armen
Geschöpf« aber fleißigen Mädchen aus der Dienstkammer
nicht weit. Max Horkheimer und Theodor W. Adorno, auch
sie hätten nach Lektüre der Mannschen Tagebücher ein ein-
schlägiges Liedchen singen können, haben gewußt, warum
sie in der 1947 erschienenen *Dialektik der Aufklärung* die
Kritik des Antifeminismus im Kontext der des Antisemitismus intonierten.

Dem Biographen Prater, dem Übersetzer Fred Wagner
muß das Unbewußte einen Streich symptomatischer Fehlleistung gespielt haben, sonst wäre ihnen nicht entgangen,
daß der Einfall »Familienwitz« im Falle von Ida Herz bei
Lesern, die schon etwas von Freuds Studie *Der Witz und
seine Beziehung zum Unbewußten* (1905) gehört haben, die
Assoziation »Judenwitz« evoziert.

Ist Kurzkes Tonlage den Sachverhalten angemessener,
wenn er Ida Herz als »Frau mit Format« zu bestimmen weiß,
so muß doch zunächst offen bleiben, ob sie wirklich nicht übel
genommen hat, als sie sich in den *Faustus*-Roman einverwandelt sah als Kunigunde Rosenstiel bzw. Meta Nackedey.

»Zu Tische leider die Herz«, diese Tagebuch-Notiz hat
nicht nur Hermann Kurzke eine Zwischenüberschrift zu
seiner Thomas-Mann-Biographie geliefert. Vielmehr hat
gerade diese Notiz das Gros der Biographen seither dazu
verleitet, Person und Bedeutung von Ida Herz für Thomas

Mann stereotypisierend herunterzuwerten, getreu jenem napoleonisierenden Gestus, den Thomas Mann früh schon, nämlich in der kleinen Erzählung *Beim Propheten* von 1904, der Lächerlichkeit preisgegeben hat. Mindestens noch einmal hat Thomas Mann den spintisierend-hybriden (Ober-) Lehrer Josef Derleth aus dem mainfränkischen Gerolzhofen karikiert, zuletzt im *Doktor Faustus*. Hier tritt er auf als »Daniel zur Höhe«. Von der elaborierten Höhe herab mögen die Welt in panoramatischer Verfügbarkeit und die Erdenbewohner als Spielzeug vor Augen treten; fürs Detail aber und die Nuance, dies haben die Mikrosoziologen Siegfried Kracauer und Walter Benjamin überzeugend dargetan, taugt der angemaßte Gipfel wenig. Im Gegenteil, er trübt den Blick. Postieren sich Biographen, kongenial zumindest zu ihrem Helden, hoch, allzu hoch, laufen sie Gefahr, der Stereotypie zu verfallen. »Stereotypie«, dies ist von Theodor W. Adorno und seinem Forschungsstab im Rahmen der strahlungskräftigen *Studien zum autoritären Charakter* am empirischen Massenmaterial vorzüglich herausgearbeitet worden, »ist eine Form von Beschränktheit besonders in psychologischen und sozialen Fragen«[13]. Die aber sind in aller Biographik tangiert. Zuletzt jedoch kommt Stereotypie biographischen Großwürfen zustatten, freilich in fataler Weise. Denn, so Adorno, »Stereotypie ist ein Kunstgriff, sich die Dinge bequem zurechtzulegen«. Im Wissen darum, daß »diese Tendenz (...) aus verborgenen Quellen«, im vorliegenden Fall der Ida Herz denen des Antisemitismus und Antifeminismus, »gespeist wird, können die Verzerrungen, die sie (die Stereotypie – F. K.) zur Folge hat, nicht einfach durch einen Blick in die *Wirklichkeit* korrigiert werden. Vielmehr ist die Erfahrung selbst durch Stereotypie vorgeprägt.«[14] Und in unerbittlicher Deutlichkeit bei Adorno: »der ganze Judenkomplex (ist) eine Art anerkannter Freizone legitimierter psychotischer Verzerrungen.«[15] Es hat schon Gründe und spricht für Peter de Mendelssohn und seine erweiterte Biographie *Der Zauberer* von 1992, daß er die Beziehung zwischen Thomas Mann und Ida Herz wenn überhaupt, so mit äußerster Zurückhaltung berührt.

Welche Bedeutung dieser Biograph Ida Herz zuzumessen scheint, ohne daß er hierüber genauer sich erklärt, mag daran sinnfällig werden, daß Peter de Mendelssohn in nahezu ungekürzter Fassung Briefe von Thomas Mann an Ida Herz aus einer Zeit, April/Mai 1933, zitiert, in der dieser bis in die Grundfesten seiner Lebensform erschüttert worden ist und ihr hierüber Mitteilung macht, nach Maßgabe dessen freilich, was ihm an Selbst-Offenbarung überhaupt möglich gewesen ist.

Nil novi sub sole. Mit Blick auf den Mainstream der prominenten Biographen hat diese altrömische Erfahrung nichts von ihrer Gültigkeit eingebüßt. Was zu Ida Herz und Thomas Mann bislang gesagt worden ist, ist, von den Kurzporträts Klaus W. Jonas' einmal abgesehen, dem Grundriß nach den November- und Dezemberausgaben des Jahres 1979 des Börsenblatts für den Deutschen Buchhandel zu entnehmen. Dort hat, in gebotener Zunftfreundlichkeit, zunächst Hans-Otto Mayer, ein Düsseldorfer Buchhändler, einen kurzen, doch erhellenden Lebensabriß veröffentlicht unter dem soliden Titel *Ida Herz – eine Weggenossin Thomas Manns.* (Daß innerhalb der Nürnberger Buchhändlerschaft niemandem aufgefallen zu sein scheint, daß es sich hier um eine »Tochter Nürnbergs« handelt, wäre ein Kapitel für sich über das Vergessen des jüdischen Lebens hier wie anderwärts). Wie das so ist, folgt der Würdigung von Ida Herz in der Dezemberausgabe mit der Gebärde des Bescheidwissens das Dementi auf dem Fuß. Eberhard Polscher listet dort in einem Leserbrief siebenundzwanzig Zitatstellen aus Manns Tagebüchern der Jahre 1934 bis 1936 auf, die das »Gegenteil beweisen« sollen von dem, was im Novemberheft zu lesen war: »Ida Herz – eine Weggenossin von Thomas Mann«[16]. Wenn die ausgeklaubten Zitate überhaupt etwas beweisen, dann einzig dies: die Überempfindlichkeit des Lübeckers bei räumlicher Anwesenheit, sinnlicher Präsenz, im übrigen nicht nur von Ida Herz. Diese symptomatische Überempfindlichkeit, ihn gelegentlich zu Überreaktionen treibend, fällt, und dies ist nicht nur dem rheinischen Briefschreiber entgangen, sondern, was weit schwerer wiegt, den

Biographen von Prater über Harpprecht bis Kurzke, in eine Zeit tiefster innerer Aufgewühltheit Thomas Manns. Die Jahre 1933 bis 1935 bezeichnen dessen Fundamentalkonflikt zwischen dem Wunsch des Künstlers, nicht von Deutschland, vom deutschen Kultur- und Lesepublikum abgeschnitten zu werden, und der Forderung des Ethikers in ihm, zumal in der Tribunengestalt des Praeceptor Germaniae, diesem seinem Land, nunmehr Hitlerdeutschland, eine dezidierte, offizielle Absage zu erteilen. Hatten nicht Erika und Klaus Mann stets erneut in diese Richtung drängen müssen! In Ida Herz, soviel vorweg, sitzt ihm in der ersten Zeit des Schweizer Exils, in den Jahren der Unentschlossenheit, eine Frau gegenüber, die, als leibhaftige Verfolgte des Nazi-Regimes, als Jüdin gerade aus Nürnberg, der »Stadt der Reichsparteitage«, den personifizierten Gewissenszwang verkörpert.

Noch wohnt Ida Herz, unter lebensbedrohlichen Umständen, in Nürnberg. Noch hat sie Thomas Mann nicht besucht im Schweizer Exil. Statt dessen versorgt sie ihn per Brief mit Impressionen aus Nürnberg, die den im Ausland Harrenden bedrücken, seine delikate Situation drastisch sichtbar werden lassen. Er muß rationalisieren, sich selbst gut zureden. So finden sich in dem längeren Tagebucheintrag vom 4. Oktober 1933 zwei bemerkenswerte, innigst zusammenhängende Notizen: »Mein Außensein in Verbindung mit der Ermöglichung des Erscheinens meiner Bücher in Deutschland stellt vielleicht die Versöhnung dieses Widerspruches dar.« Er ahnt wohl, daß die »Versöhnung« ein wunschgeleiteter Irrtum ist, als den Freud den Terminus »Illusion« trefflich übersetzt hat. Im Ausklang des Eintrags dann die Bemerkung: »Schrieb an die Herz und ging vor dem Abendessen eine Stunde im Dunkeln spazieren.« Er weiß wohl, nichts ist abgetan. Noch nicht.

Zuunterst sind es Kapriolen seiner Seele im Schatten der deutsch-lutherischen Tradition, deren sich Thomas Mann später im *Doktor Faustus,* aber nachgerade auch in dem Vortrag *Deutschland und die Deutschen* (1945), bekanntlich für den offiziellen deutschen Nachkriegs-Protestantismus eine empfindliche Provokation, in schmerzhafter Epochen- und Selbstanalyse, inzwischen an Freud geschult, anneh- men wird.

Immerhin dies, aber wenig sonst beweist jene aus Tho- mas Manns Tagebüchern der Jahre 1933 bis 1936 zusam- mengestellte Zitat-Lese jenes klugtuenden Polscher, deren litaneihaftes Zentrum jener Satz bildet, den der Biograph Kurzke zu einer Zwischenüberschrift erhoben hat: »Zu Tische leider die Herz«. Über Nietzsches »Nachtisch-Ekel«[17] (Aphorismus 282) wäre an dieser Stelle länger zu reflektie- ren. Ein für die Eigenart der Beziehung zwischen Ida Herz und Thomas Mann zureichendes Verständnis ist freilich nicht am Montierbild und Diktiergerät zu gewinnen, son- dern einzig im Medium der Mühen am Schreibtisch. »Zu Tische leider die Herz«, diese Tagebuch-Notiz kann nicht das Resultat, sondern allenfalls den Einstieg in die Analyse bezeichnen, soll nicht fürderhin witzlos am Rad der Wie- derkehr immergleicher Stereotype gedreht werden.

Ich kann mich jedenfalls nicht entsinnen, bei Biogra- phen, Editoren und anderen Germanistik-Prominenten je einen Brief *von* Ida Herz an Thomas Mann auch nur aus- zugsweise abgedruckt gefunden zu haben.

Trambahn

Februar 1924. Thomas Mann absolviert wieder einmal eine Lesereise. Dieses Mal führen ihn seine Auftritte durchs zentrale Mittelfranken. Soeben hat er in Fürth aus *Bekenntnisse des Hochstaplers Felix Krull* gelesen, dessen *Buch der Kindheit* 1922 erschienen war. Lokal- und Regionalpresse widmen dem Ereignis kleine Spalten. Noch ist Thomas Mann kein Nobelpreisträger. »Wer ist Thomas Mann?« Der Lokaljournalist sieht sich in der Informationspflicht, wenigstens kurz etwas über den mitzuteilen, der da am Sonntagvormittag, den 24.2.1924 um 11 Uhr, auf Einladung des »Literarischen Bundes« Fürth zur Matinee im Fürther »Weißengarten« vor einer »stattlichen Zuhörergemeinde« rezitiert. »Man hat nun den Dichter persönlich kennen gelernt«, resümiert der Kurzberichterstatter der *Fürther Neuen Zeitung* vom 27. Februar 1924, »das war wohl die Hauptsache. Die Begeisterung ließ nichts an Herzlichkeit vermissen.« Was wäre ein Journalist, wenn er nicht auch noch ein zu lüftendes Geheimnis in petto hätte. Auf der »Liste der Nobelpreis-Kandidaten« stehe Thomas Mann, läßt jener seine Leser wissen. Für den Abend steht in Nürnberg der Vortrag *Okkulte Erlebnisse* auf dem Programm. An der Jahreswende 1922/23 hatte Thomas Mann in München okkultistischen Installationen des Arztes und Parapsychologen Baron von Schrenck-Notzing beigewohnt. Vom »fuselartigem Reiz« und von »hochstaplerischen Flausen« ist im Vortrag die Rede, den er am Abend halten soll.[1] Gleichsam Brückenworte zwischen der Fürther Krull-Lesung und dem Nürnberger Okkultismus-Vortrag. Der Lokalberichterstatter der *Nürnberger Zeitung*, der zunächst daran erinnert, daß die Thomas-Mann-Abendlesung im großen Saal des Nürnberger Industrie- und Kulturvereins auf Plakatsäulen groß angekündigt worden ist, kann sich mit den Ausführungen Thomas Manns nicht so recht anfreunden. Dessen ironische Kritik des Okkultismus dünkt den Zeitungsmann »Gesindestubenmetaphysik«. Es gehe nicht an, daß jener den Parapsychologen »als lächerliche Figur hinstelle«, wie man in der Montagsausgabe vom 25.

Februar 1924 lesen kann. Einen »Sturm von Beifall« habe »die Kunst des sprechenden Malers Thomas Mann« am Ende ausgelöst, steht in der Dienstagsausgabe des Konkurrenzblattes *Fränkischer Kurier* vom 26. Februar 1924.

Nach der Fürther Matinee und einem fränkischen Mittagstisch verläßt der Epiker, etwas ermüdet und vielleicht in unterschwelliger Einstimmung auf das Abendthema »Okkulte Erlebnisse«, die Stadt, um sich ins nahe Nürnberg zu begeben. Er benutzt die öffentlichen Verkehrsmittel. Gewiß nicht, um ein ökologisches Zeichen zu setzen. Aber auch nicht, wie Klaus W. Jonas und mit ihm andere Thomas-Mann-Historiographen glauben, weil »damals der Dichter noch die Trambahn«[2] zu benutzen pflegte. Wie sein Intimfeind Brecht wußte er längst um die Vorzüge des Automobils; allerdings saß jener gerne am Steuer, während dieser sich lieber chauffieren ließ, von seiner Frau Katia zumeist. Der Grund, warum Thomas Mann für die Strecke nach Nürnberg die Trambahn besteigt, ist der *Fürther Neuen Zeitung* vom 27. Februar 1924 zu entnehmen: »Infolge einer Autopanne auf der Fahrt von Erlangen hierher« ist Thomas Mann erst eine halbe Stunde später zur Fürther Matinee erschienen. Von einem Pannendienst rund um die Uhr konnte natürlich damals keine Rede sein. Mithin eine Autopanne mit weltliterarischen Folgen.

Der Poet läßt sich vom Wagen der Linie 24, die zwischen Fürth und Nürnberg verkehrt, schaukeln. Die Straßenbahnfahrt dauert eine ganze Weile. Vielleicht sinnt er über Gondel-Gefühle nach, die seinem Gustav Aschenbach im *Tod in Venedig* zum Verhängnis geworden sind. In diese Versonnenheit hinein erklingt die Stimme einer Frau von dreißig Jahren. Zunächst unschlüssig, dann beherzt, ist Ida Herz auf ihn losgesteuert, hat ihn angesprochen, sich vorgestellt, ihn daran erinnert, daß sie ihm schon einmal in Frankfurt begegnet sei. Das wohltemperierte Sprechen spricht ihn an, freundlich nickt er, hört zu. Es sei fast genau vor zwei Jahren, Ende Februar/Anfang März 1922, gewesen. Nach einer Lehrzeit in einem Sortiment in Nürnberg und einer Tätigkeit bei der alteingesessenen Buchhandlung

Schrag in der Königstraße im Zentrum Nürnbergs habe sie die Chance ergriffen und sei nach Frankfurt gegangen. Dort habe sie in der berühmten Buchhandlung Joseph Baer als Antiquarin gearbeitet. Eine gute Zeit. Eine Zeit mit glücklicher Stunde. Er, Thomas Mann, habe in Frankfurt geweilt, um anläßlich des 90. Todesjahres von Goethe über »Bekenntnis und Erziehung« zu sprechen, eine Passage aus dem Essay *Goethe und Tolstoj* von 1921. Sie habe seinen Vortrag mit anhören dürfen, den er im Rahmen der Festwoche im Opernhaus gehalten habe. Sie erinnere sich noch genau: es war vor der Vorstellung von Mozarts *Zauberflöte*. Während seines Frankfurter Aufenthaltes habe er dann auf Einladung des bei Baer tätigen Antiquars Max Niederlechner die Buchhandlung mit seiner Frau Katia aufgesucht. Bei dieser Gelegenheit habe er ihr die Gunst einiger weniger Worte geschenkt. Nun habe sie das Glück, ihn wiederzusehen; er möge ihr nachsehen, daß sie ihn nunmehr, hier in der Straßenbahn, angesprochen habe.

Er, in aller Regel von exquisiter Höflichkeit, eingestimmt auf *Okkulte Erlebnisse*, begegnet ihr mit »gewinnendster Freundlichkeit«. Besonders diesen Zug an Thomas Mann hat Ida Herz stets betont. Er muß derart wohlgestimmt und von ihr angetan gewesen sein, daß er sie noch während der Fahrt zwischen Nürnberg und Fürth zu einem gelegentlichen Besuch nach München einlud. So berichtet es jedenfalls der Düsseldorfer Buchhändler Hans-Otto Mayer, mit dem sich Ida Herz über die Anfänge ihrer Beziehung zu Thomas Mann viele Jahre später unterhalten hat.[3]

Freud, vom längst zerschriebenen Mythos des Fliegens einmal absehend, ist es nicht entgangen, daß Eisenbahnfahrten, Gleiten, Schaukeln, Rucken erotisierende Wirkung tun können bei denen, die dafür empfänglich sind, zumal in Alteuropa. Denn im Unterschied zum amerikanischen Standard-Großraum-Waggon (»Pullman-Car«), dominierte auf Europas Schienenstrecken bis gut zur Mitte des 20. Jahrhunderts der Coupé-Wagen. Das Coupé, zu deutsch: Halbkutsche, eine Gondel auf vier Rädern, steht unmittelbar in der Tradition der Pferdekutsche. Deren Intimitätsraum hat

Thomas Mann in der Prosakomödie *Lotte in Weimar* von 1939 eine eindrucksvolle Schilderung gewidmet, im Kontext der Wiederbegegnung zwischen »Werthers Lotte« und Goethe, dem »Monument aus Weimar«. Viel früher schon hat der Epiker die Faszination der alteuropäischen Eisenbahnfahrt, Behagen und Schauder, novellistisch eingefangen:

> »Etwas erzählen? Aber ich weiß nichts. Gut, also ich werde etwas erzählen (...) Ich fuhr damals nach Dresden, eingeladen von Förderern der Literatur. Eine Kunst- und Virtuosenfahrt also, wie ich sie von Zeit zu Zeit nicht ungern unternehme (...) Ich reise gern mit Komfort, besonders, wenn man es mir bezahlt. Ich benützte also den Schlafwagen, hatte mir tags zuvor ein Abteil erster Klasse gesichert und war geborgen. Trotzdem hatte ich Fieber, wie immer bei solchen Gelegenheiten, denn eine Abreise bleibt ein Abenteuer, und nie werde ich in Verkehrsdingen die rechte Abgebrühtheit gewinnen.«[4]

Zu lesen ist Thomas Manns innere Disposition zum Verkehr in dem kleinen Prosastück *Eisenbahnunglück* von 1908.

Es gibt Erlebnisse, die von Zeit zu Zeit wiederkehren, verdrängtes Material nach oben spülen; eine Einsicht, auf die Freud bekanntlich seine Psychoanalyse gegründet hat. Das nun gilt nicht weniger für Straßenbahn- als für Eisenbahnerlebnisse. Jedenfalls scheint dies für Thomas Mann zu gelten. Denn in seinem »Lebens- und Geheimwerk«, dem *Doktor Faustus*, kehren Straßenbahnerlebnisse wieder. Nicht zuletzt auch die Poeten und Prosaisten der mit 1924, dem Jahre der Wiederbegegnung zwischen Ida Herz und Thomas Mann, anhebenden »Neuen Sachlichkeit« hatten allemal ein feines Sensorium für die eigenartig erotisierende Wirkung der Elektrischen, wie vor Zeiten die Straßenbahn genannt worden ist. Nicht Dampf stößt sie aus in heftigen, kurzen Stößen, sondern die Elektrische hat die Aufmerksamkeit stets auch deshalb erregt, weil sie von Zeit zu Zeit, überraschend, Blitze von der Oberleitung aussendet. In derartigen Wahrnehmungen steht Thomas Mann den neusachlichen

Poeten, zu denken wäre hier an Joseph Roths Feuilleton *Bekenntnis zum Gleisdreieck* (1924), in nichts nach. Elektrizität galt damals als Erfahrung und Metapher für Kraftfeld, innere Dynamisierung, als zauberhaftes Analogon zum Funktionieren des Zentralnervensystems, als Ausdruck und Medium der Rückbindung des Zeichens an den Körper.

In zwei Passagen des *Doktor Faustus* kommt die Elektrische poetisch zur Sprache. Einmal als Ort einer Liebesrache: »Ein Schießen geht los im Wagen (...) und drüben sank Schwerdtfeger, seinen Geigenkasten zwischen den Händen«[5]. Schwerdtfeger, der eigensüchtige Liebeswerber für den deutschen Tonsetzer Adrian Leverkühn, dem dieser ein, sein einziges, Violinkonzert geschrieben hat. Das andere Mal ist nicht ein Mord, ausgeführt von einer verletzten, eifersüchtigen Frau, das Trambahn-Ereignis, sondern die Entstehung einer »Bekanntschaft«. Meta Nackedey heißt die Frau »von einigen dreißig Jahren«, die in einer Elektrischen ins Leben des Tonsetzers Leverkühn tritt:

> »diese also hatte sich eines Tages, als Adrian in der Stadt war, auf der vorderen Plattform an seiner Seite gefunden und war, als sie es entdeckt hatte, in kopfloser Flucht durch den vollen Wagen auf die rückwärtige geflattert, von wo sie aber nach einigen Augenblicken der Sammlung zurückgekehrt war, um ihn anzusprechen, ihn bei Namen zu nennen, ihm errötend und erblassend den ihren zu gestehen, von ihren Umständen etwas hinzuzufügen und ihm zu sagen, daß sie seine Musik heilig halte, was alles er dankend zur Kenntnis genommen hatte. Von da stammte diese Bekanntschaft, die Meta nicht eingeleitet hatte, um sie dann wieder auf sich beruhen zu lassen: Durch einen Huldigungsbesuch mit Blumen in Pfeiffering (Leverkühns selbstgewähltes bayerisches Arbeitsdomizil – F. K.) hatte sie sie schon nach wenigen Tagen wieder aufgenommen und pflegte sie dann immerfort«[6].

Hans-Otto Mayer hat schon recht, jedenfalls in diesem Punkt, wenn er Ida Herz als »Weggenossin« von Thomas

Mann bezeichnet. Für die Trambahn-Strecke Fürth-Nürnberg gilt es im wortwörtlichen Sinn.

Daß es sich in der poetischen Fiktion, im *Doktor Faustus*, um eine Trambahn-Fahrt in München und nicht zwischen Fürth und Nürnberg handelt, daß Adrian Leverkühn Ton-, Thomas Mann aber ein Wortsetzer ist, daß die physiognomisch-habituelle Beschreibung der Meta Nackedey ihr Vorbild in der Wirklichkeit in der Gestalt von Ida Herz hat, diese aber in einer anderen Kunstfigur des *Doktor Faustus* sogleich verschoben ist, und zwar in eine etwa gleichaltrige Frau von dreißig Jahren, nämlich Kunigunde Rosenstiel – all dies gehört zur parodistischen Kunst der Ver- und Einverwandlung des Epikers. Davon später. »Es war mein Erlebnis, von Thomas Mann in eine Travestie und Karikatur übersetzt«[7], so die »Tochter Nürnbergs« in ihren Erinnerungen *Ein Roman wandert aus*, hinreichend beglaubigt durch die bio-bibliographische Recherche.

»Aus welchem Grunde, fragte ich mich, hat er diese Szene in sein ›Lebens- und Geheimwerk‹ aufgenommen? Denn eine fernwirkende Funktion hatte sie ja nur in meinem Leben gewonnen. Oder?«[8]

Auch hiervon später, wenn, im Lichte der oben notierten Zentralidee Freuds von der »Wiederkehr des Verdrängten« im »Versuch über die Nähe« das Wagnis unternommen wird, Thomas Manns aufs erste abschätzig klingende Tagebuch-Notiz »Unselige Herz« zu entschlüsseln.

»Von dem, wie es wirklich und ursprünglich gewesen war, ist dort (im *Doktor Faustus* – F. K.), nichts im Spiel. Immerhin mußte diese, unsere erste längere Begegnung auch für ihn, um mich in Thomas Mann's Terminologie auszudrücken, ›buchenswert‹ gewesen sein.«[9]

Just dem entsprechen die poetischen Fakten, wie es dem biographischen Faktum entspricht, daß, um die Zeile aus jener Passage des *Doktor Faustus* noch einmal aufzugreifen, »Meta (die Bekanntschaft) nicht eingeleitet hatte, um sie dann auf sich beruhen zu lassen.« Auch Thomas Mann seinerseits hat sie nicht auf sich beruhen lassen, denn noch bevor die Trambahn in Nürnberg ankommt, ist die Einladung, nicht nach »Pfeiffering«, wohl aber nach München, in die Poschingerstraße 1, dem Anwesen der Familie Mann, ausgesprochen. Nicht »schon nach einigen Tagen«, wie im *Doktor Faustus* verwandelt, sondern nach einigen Wochen kündigt Ida Herz ihren Besuch an, nachdem Thomas Mann eine entsprechende Einladung ausgesprochen hatte. Ida Herz läßt nun wirklich nicht die Dinge »auf sich beruhen«, nachdem sie ihn im Januar 1925 zum zweiten Mal in München besucht hat. Im Frühjahr 1925 lädt sie ihn zur »Nürnberger Fiorenza-Erstaufführung« ein, Thomas Mann kommt der Einladung allerdings nicht nach. Recherchen im Nürnberger Schauspielhaus deuten darauf hin, daß in der Spielzeit 1924/25 drei Aufführungen von Thomas Manns *Fiorenza* stattgefunden haben. Genau läßt es sich nicht mehr ermitteln, da laut Auskunft »genau das Rapportbuch der Spielzeit 1924/25 verschwunden ist«. Allemal poesiefähig wie jene Autopanne. (Einen *Fiorenza*-Besuch gibt es, vermutlich in München, zur Freude von Ida Herz dann doch, gemeinsam mit Thomas und Heinrich Mann). Bald darauf, im Dezember 1926, es mag die Erinnerung an jene folgenreiche Autopanne vom 24. Februar 1924 wirksam gewesen sein, übersendet Ida Herz »Talismänner« für Thomas Manns »Tourenwagen« als Geschenk.

> »Ida Herz, die aus persönlichen Gründen ihre Frankfurter Tätigkeit aufgab und nach Nürnberg zurückkehrte, versuchte nach einiger Zeit, sich wieder buchhändlerisch zu betätigen. Sie teilte dies auch Thomas Mann mit, und als sie keine Stellung fand, bot er ihr an, seine Bibliothek zu ordnen und zu katalogisieren«[10],

weiß der sorgfältige Zunftgenosse Hans-Otto Mayer in seiner Kurzbiographie von 1979 zu berichten. Dem entspricht, daß der Poet am 7. Juli 1925 ihr brieflich den Vorschlag eines »halbtägigen Engagements« in München unterbreitet. Thomas Mann wäre nicht Thomas Mann, wenn er nicht zunächst Skrupel zum Ausdruck brächte bezüglich eines möglichen »wirtschaftlichen Abstieges«, eines »Verdienst-verlustes« usw.; wohl wissend, daß Ida Herz ohne Arbeit ist, daß ein Engagement beim weithin renommierten Autor der *Buddenbrooks* durchaus eine Aufwertung, eine Reputations- und berufliche Chancensteigerung für die Buchhändlerin aus Nürnberg bedeutet. Und so lockt er, an ihrer bibliothe-karischen Kompetenz durchaus interessiert, allerdings nicht ohne sie zuvor und unmißverständlich auf den Unterschied zwischen seinem äußeren und inneren Reich des Geistes aufmerksam zu machen:

> »Mein Posteinlauf hat Flut und Ebbe, und es gäbe man-chen Tag, wo ich Sie kaum zu beschäftigen wüßte, da ich doch schließlich das Feinere und Persönlichere allein zu erledigen gewohnt bin. Es fragt sich nun, ob wir bei all dem auf den Gedanken einer Neuordnung meiner Bibliothek durch Sie ganz und gar verzichten müssen, oder ob Sie meinen, daß Sie nach München kommen können, um sich von hier aus nach einer neuen buchhändlerischen Stellung umzuschauen und einige Tage lang Ihre Mußestunden zu der Arbeit zu benützen, die ich gerne getan und durch Sie getan sehe, und für die eine entsprechende Gegenleistung meinerseits selbstverständlich wäre.«

Sie solle sich das gut überlegen und ihre Meinung schrei-ben, fügt Thomas Mann an, um sich zuletzt mit »Herzlichen Grüssen Ihr sehr ergebener T. M.« zu verabschieden. Schon zwei Tage später, am 9. Juli 1925, geht neuerlich Post in die Zufuhrstraße in Nürnberg ab, worin er seiner Freude Aus-druck verleiht, daß Ida Herz am 15. Juli schon die »Biblio-theksarbeit« im Hause Mann aufzunehmen bereit ist. Er fügt freilich hinzu: »Ich bitte Sie also, sich noch durch eine Karte anzumelden.« Zwischen dem 15. Juli und dem 5. September ordnet Ida Herz Thomas Manns Privatbibliothek neu. Nach Beendigung der Arbeit stellt er ihr ein Empfehlungsschreiben aus, es sollte nicht das letzte sein, worin zu lesen ist: »Sie ordnete und katalogisierte meine Bibliothek, eine Arbeit, bei der sie Literaturkenntnis, Umsicht und Genauigkeit bewies.«

Und der Liebhaber der Heiterkeit fügt an, daß Ida Herz ob ihres »heiteren Charakters« eine angenehme Hausgenossin gewesen sei.

Es sollte sich noch zeigen, welche Schicksalsgunst es gewesen ist, daß Ida Herz ihn in der Trambahn zwischen Fürth und Nürnberg angesprochen, daß er ihr die Neuordnung und Katalogisierung seiner Bibliothek angetragen, anvertraut hat. Nach dem 30. Januar 1933 »wandert ein Roman«, namentlich das Josephs-Werk von Thomas Mann, nicht so einfach aus, wie es Ida Herz, in der ihr eigenen Bescheidenheit und Zurückhaltung, viel später erzählt und berichtet hat.

Eine Liebe zu Mann

»Dem Ostjuden«, notiert der grandiose galizische Erzähler Joseph Roth in seiner Reportage *Juden auf Wanderschaft* von 1927, »ist Deutschland zum Beispiel immer noch das Land Goethes und Schillers, der deutschen Dichter, die jeder lernbegierige jüdische Jüngling besser kennt als unser hakenkreuzlerischer Gymnasiast.«[1] Dem jüdischen Mädchen aus Nürnbergs Zufuhrstraße, einer Gegend, in der auch so manch galizisch-ostjüdische Einwandererfamilie sich niedergelassen hat, nachdem Nürnberg 1850 nicht ohne Sträuben seine Tore für erwerbs- und wohnwillige Juden geöffnet hatte, ist bereits vor dem ersten Weltkrieg Deutschland nicht nur »das Land Goethes und Schillers«, sondern nachdrücklich und ein Leben lang das Land des Meistererzählers Thomas Mann. 1985, also posthum, ist in der renommierten Reihe *Publications of the English Goethe Society*, London, Ida Herz' Erinnerungsbericht *Freundschaft und Korrespondenz mit Thomas Mann* erschienen. Es handelt sich hierbei um einen Vortrag, den sie am 19. Januar 1978 am London University College gehalten hat. »Freundschaft mit Thomas Mann – wie fing das an? –« mit dieser Frage eröffnet sie ihre Retrospektive, um sogleich überindividuell Zeugnis davon abzulegen, wie innigst vertraut ein junges Mädchen der jüdischen Gemeinschaft in Nürnberg, und gewiß nicht nur in dieser Stadt, mit dem deutschen Geistes- und Literaturleben damals gewesen ist, als die Hoffnungen auf eine jüdisch-deutsche Symbiose noch in voller Blüte standen. Mit einer »ganz starken Bewunderung für sein Werk«[2], erinnert sich Ida Herz, habe alles angefangen, was dann im *Doktor Faustus*, nicht zufällig während der Schreckensjahre des Nazi-Regimes, während der Vernichtung der europäischen Juden, im kalifornischen Exil niedergeschrieben, poetisch kulminiert. Von Kunigunde Rosenstiel, neben Meta Nackedey eine weitere kunstfigürliche Einverwandlung von Ida Herz, ist darin die Rede:

> »Denn nicht nur war Kunigunde, wie fast alle Juden, sehr musikalisch, sondern sie unterhielt auch, sogar ohne

weitreichende Lektüre, ein viel reineres und sorglicheres Verhältnis zur deutschen Sprache als der nationale Durchschnitt, ja selbst als die meisten Gelehrten.«[3]

Da wären sie also beieinander in ihrer Einschätzung, der ostjüdische und der hanseatische Sprachzauberer. Sie habe »einen gewissen wählerischen Geschmack«[4] in der Auswahl ihrer Lektüre gehabt, erinnert sich Ida Herz, eine Formulierung, die sofort erkennen läßt, daß sie in der nietzscheanisch inspirierten Sprachwelt Thomas Manns zuhause ist; der Pastoren- wie der Kaufmannssohn hielten sich einiges darauf zugute, in Sachen Literatur »wählerisch« und in Bezug auf den Geist »verwöhnt« zu sein. Die Kaufmannstochter aus Nürnberg mag gerade wegen ihres wählerischen Faibles für die Prosa des Kaufmannssohns aus Lübeck von einer, wie es im *Doktor Faustus* heißt, »weitreichenden Lektüre« abgesehen haben: eine gewisse zerebral-ästhetische Hygiene, die heute kaum mehr zu finden ist. Als ihren »ersten großen Roman«, sie ist gerade vierzehn Jahre alt, erinnert sich Ida Herz der *Buddenbrooks,* kurz nach der Jahrhundertwende erschienen, zu dieser Zeit längst noch nicht literaturnobelpreisnobiliert und in aller Munde. Ihr literarisches Schlüsselerlebnis. Ihr prägendes seelisches Erlebnis. Es fällt in die Zeit des Erwachens ihrer Empfindsamkeit. Früh schon habe sie »eine Leidenschaft fürs Lesen« entwickelt; gesellschaftsgeschichtlich früh schon, so ist hinzuzufügen, haben die Mädchen der weltweiten jüdischen Diaspora Zugang zum Wort, zur Schrift, zur Literatur, zum Geistesleben gefunden. Gewiß, so die subtil-selbstreflexive Ida Herz in ihrer Rückschau, habe sie sich für die deutschen Klassiker erwärmt und begeistert. Immerhin war damals die Zeit der Schiller-Feiern, der Inthronisation des Poeto-Ethikers zum Heros vor allem der um Anerkennung und Integration kämpfenden, der um Veredelung des Outcast, des Proletariers ringenden Sozialdemokratie. Insofern hat Ida Herz teil am emanzipatorischen Zeitgeist, dem Bestreben der Randseiter, in die offizielle deutsche Kultur aufgenommen zu werden – Arbeiter, Frauen, Juden. Aber ihre eigentliche »literarische Erweckung«, wie sie schreibt, habe nicht durch

Schiller, sondern bei der enthusiastischen Lektüre von Goethes *Tasso* stattgefunden. Gleichsam der gesteigerte, künstlerisch sublimierte Werther. Während Werthers Leiden ein Ende finden, dauert das des italienischen Dichters fort. Diese Lektüre eignet sich vorzüglich, um sich auf die Problematik der Künstlerexistenz so recht einzustimmen, um eine »besondere Empfänglichkeit«, wie Ida Herz sich erinnert, »für Thomas Manns künstlerische Ideenwelt« zu fundieren. Sie sei, vergegenwärtigt sie sich viele Jahre später, von der Künstler-Problematik erschüttert worden, der Einsamkeit und Zerbrechlichkeit der Künstler-Existenz in einer Welt des Realitätssinns und des Pragmas, der lebenstüchtigen Händler und Macher. Erschütterung, nicht Rührung, hätte Walter Benjamin unterstrichen, ist die Bedingung von Erfahrungszuwachs, gründend im Schock, auch dem, der intensiver Lektüre entspringt. »Diese erschütternd unmittelbare Begegnung der Ichwelt mit der Vorstellungswelt eines fremden Ichs«, pointiert Ida Herz, habe in ihr gleichsam eine seelische Lawine ausgelöst; will sagen: frei flottierendes libidinöses Besetzungsmaterial in Bewegung gebracht. Die Einsamkeit des jungen Mädchens in ihrem Lese-, ihrem Phantasie-Reich hier, die Einsamkeit des Künstlers dort. So fügt sie, Tiefenpsychologisches streifend, die Frage hinzu: »eines *fremden* Ich?« Jedenfalls, die Begegnung mit der Figuration, der Atmosphäre der *Buddenbrooks* – erinnert sei nur an die Gestalt der Ida Jungmann –, so ist sie sich später, als sie genügend Distanz gewonnen hatte, inne geworden, »zündete und ward zu Identifikation«.

Von der Empfindsamkeit, der Disposition zur geistig-seelischen Andacht, vom mystischen Seelengrund hat der Psycho-Poet Thomas Mann, als er ihr in den zwanziger Jahren begegnete, sie näherhin wahrnahm, genügend erspürt, um sie, ihren tiefsten Wünschen durchaus konform, – im Medium seines Werks – an seine Person, die dem Bewundertwerden nicht abhold ist, zu binden.

»So wurden die Gestalten der *Buddenbrooks* meine Freunde, durch die der Dichter wie ein Freund zu mir sprach. Unter dieser Faszination las ich das Werk, und als ich damit zu Ende war, fing ich sofort wieder von vorne an – und dann las ich alles von Thomas Mann, was bis dahin erschienen war. Es war noch nicht sehr viel im Jahre 1909. Die ›Königliche Hoheit‹ war gerade neu erschienen; aber sonst gab es nur eine Anzahl Novellen, deren Kunstwert ich wohl zu schätzen wußte, aber lieben, so lieben wie ich die ›Buddenbrooks‹ liebte, konnte ich nur noch den ›Tonio Kröger‹. Was für ein Freund war er! Ich liebte, ich weinte, ich richtete meine innere Unsicherheit an seiner prekären Ironie auf. Die Persönlichkeit seines dichterischen Urhebers wurde mir durch Tonio immer vertrauter – so war Thomas Mann schon mein Freund, bevor er in Wirklichkeit mein Freund wurde. Und als er es wurde, war es für mich unwahrscheinlicher als der vorwegnehmende Traum.«[5]

Es ist wenig wahrscheinlich, daß Ida Herz zu dem Zeitpunkt, als sie den Vortrag über ihre *Freundschaft und Korrespondenz mit Thomas Mann* in London hielt, bereits detaillierte Kenntnis von dessen Tagebucheintragungen der Jahre 1933 bis 1935 gehabt hat. Über die Eintragungen des Jahres 1935, worin jene stereotype, nur wenig modifizierte Wendung, »Zu Tische leider die Herz«, gehäuft auftritt, konnte sie, dem Erscheinungsdatum 1978 zufolge, noch nicht unterrichtet sein. Vielleicht wären Anlage und Tonlage ihres Londoner Vortrags anders ausgefallen. Vielleicht hätte sie nicht so unbefangen, so unbeschwert zurück und hinab in ihre pubertäre Mädchenseele erzählt. Vielleicht hätte sie sich im Umgang mit der Formulierung »Freundschaft« zurückhaltender gezeigt. Vielleicht überhaupt sich bedeckter gehalten. Vielleicht auch nicht. Sie war nicht die Frau der billigen Retourkutschen, diese Nürnberger Jüdin. Klaus W. Jonas, wie Ida Herz »ein Sammler und Bibliograph«, hat zur Wirkung der einschlägigen Tagebuchaufzeichnungen Thomas Manns auf die Befindlichkeit von Ida Herz bald nach deren Tod im Jahre 1984 Instruktives veröffentlicht, worauf noch zurückzukommen sein wird. Diesem, ihrem guten Bekannten Dr. Jonas, hat Ida Herz alsbald nach Erscheinen der Tagebücher 1934 bis 1936 sich eröffnet. In einem Brief aus dem Jahre 1979 spricht sie zwar, mehr als verständlich, von »Kränkungen«[6], die sie ob der Veröffentlichung der Tagebücher erfahren habe. Gleichwohl aber hält sie den Anspruch, es habe sich bei ihrer Beziehung zu Thomas Mann um eine Freundschaft gehandelt, aufrecht, dementiert, annulliert sie nicht das Gewesene, welches so prägend für ihre Lebensgeschichte geworden war. Kommt, diese Frage drängt sich auf, in ihrer Reaktion auf die schmerzlichen Kränkungen, die so mancher Tagebucheintrag für sie bedeuten mußte, nicht eine fast uralte Leiderfahrung zum Vorschein, eine über viele Generationen leidgeprüften jüdischen Diaspora-Lebens hinweg eingesenkte Fähigkeit, Demütigungen zu ertragen, gegen die die Leidensproben des homerischen »Dulders Odysseus« vergleichsweise geringfügig, nicht nur der Zeitspanne nach, erscheinen?

Wie immer auch. Die Tagebucheintragungen jener dreißiger Jahre nehmen nichts vom Erfahrungsgehalt der Erinnerungen von Ida Herz an ihre Jungmädchenjahre, an die Zeit des Eintauchens in die poetische Zauberwelt Thomas Manns. Und konnte sie nicht jene im *Doktor Faustus* in Klammern gesetzte, beinahe als rhetorisch zu qualifizierende Frage des Erzählers Dr. phil Serenus Zeitblom für sich in Anspruch nehmen: »war es denn übrigens nicht auf die Dauer wirklich dergleichen?«[7] – nämlich »Freundschaft«, was sich zwischen Kunigunde Rosenstiel und Adrian Leverkühn angebahnt und entwickelt hatte ...

Die Beziehung zwischen Ida Herz und Thomas Mann jedenfalls hatte sich in der Lektüre von dessen frühen, großen Werken angebahnt, allen voran *Buddenbrooks* und in Sonderheit *Tonio Kröger*. Entwickelt hat sie sich dann im Medium der brieflichen Korrespondenz zwischen 1924 und 1955. »Der Einbruch in die eigenste, innerste Vorstellungswelt«, »dieses vollkommene Hingenommensein«[8] sei es gewesen, so erinnert sich Ida Herz in hohem, abgeklärtem Alter, was ihr die Gestalt des Epikers, was Thomas Mann für sie zu einem lebendigen Tagtraum hat werden lassen, noch ehe sie ihn Jahre später dann gesehen und gehört hat. Erregung durch Poesie? Fast schon scheint vergessen, daß es einmal eine Ära des Poesiealbums gegeben hat, ohne Dauerbeschuß durch öde Bilder-Serien am laufenden Illustrierten-, Film- und Fernsehband. Die fünfzehnjährige Ida führt um 1909 das Leben eines in sich gekehrten Mädchens, empfindungsfähig, feinnervig, mit aufkeimender Sehnsucht nach einem verzauberten Leben. Für Freud ist die Produktion von Poesie Tagtraum-Arbeit gewesen.[9] Dem respondiert, daß auch Lektüre Arbeit am Tagtraum ist. Just als diese erscheint Ida Herz ihr Mädchen-Reich, erbaut von den Konstellationen, Situationen und Figurationen der Novellistik des »Zauberers«. Kann die Empfänglichkeit in einer Zeit »innerer Unsicherheit«, des Erwachens und Werdens der Fähigkeit zu lieben, wundernehmen? Daß das Mädchen Ida zudem ein Organ für die »prekäre Ironie« (I. Herz) Thomas Manns, die sie gerade in jener Zeit der Veröffentlichung seiner Tagebücher noch recht schmerzhaft zu spüren bekommen sollte, gehabt hat, diese Erinnerung mag man als retroreflexive Einfärbung, Nachbearbeitung abtun; das verkennte aber die Eigenart von Ida Herz, die in der Sphäre jüdischen Geisteslebens aufgewachsen ist. Und nachgerade dieser Geisteswelt, da braucht es erst gar nicht der Lektüre Freudscher Meisterprosa wie *Der Witz und seine Beziehung zum Unbewußten* von 1905 oder *Der Humor* von 1927, wohnt das Organon für die Ironie inne. Von Karl Kraus erst gar nicht zu reden.

Daß Ida Herz im Tonio Kröger *ihre* Tagtraum-Gestalt findet, kann nur den überraschen, dessen Erinnerungs- und Wahrnehmungshorizont nicht hinter das postgutenbergische Zeitalter zurückreicht. Da wohnt in der Zufuhrstraße 15 ein feinfühliges, poesiebesessenes Mädchen. Ihr Vater, Moritz Herz, hat in die dann als Herz & Beselau eingetragene Firma eingeheiratet. Ihre Mutter, Lina Herz, geborene Beselau, ist 1933 im Spendenverzeichnis der Israelitischen Kultusgemeinde in Nürnberg aufgeführt. Nach dem Tod ihres Mannes ist sie als »Kaufmannswitwe« Mitinhaberin des Unternehmens, das im Jahre 1938 nicht mehr im Adressbuch zu finden ist. Der Vater von Ida Herz scheint offenkundig ein lebenstüchtiger Kaufmann gewesen zu sein, der die seit 1886 in Nürnberg eingetragene Firma voranbringt. »Eine Wurst-

darmfabrik hat entschieden etwas Derbes«, sinniert Serenus
Zeitblom im *Doktor Faustus*, was allemal darauf schließen
läßt, daß der Spannungsbogen zwischen dem Gewerbe des
Vaters und der Leidenschaft der Tochter für die Poesie in Thomas Manns Tiefengedächtnis Spuren hinterlassen hat. Und
hat Thomas Mann nicht zeitlebens ein großes Gewese um
seine eigenen Gedärme gemacht? Die Straße, in der die elterliche Firma für »Därme-, Gewürz- und Fleischutensilien«
beheimatet ist, es handelt sich um die Leonhardstraße 3,
führt, nach Unterquerung des Eisenbahndamms, in Richtung
eines Nürnberger Stadtteils, der nach einer Au benannt ist,
auf der sich einst Schweine getummelt haben: Schweinau
wäre nun wirklich etwas für den tiefenpsychologischen
Humor des Meisterprosaisten aus der Wiener Berg-Gasse
gewesen. Kurz, die Lebens- und Gefühlswelt des Mädchens
Ida gründet im Spannungsverhältnis: hier, im vierten Stock
der Zufuhrstraße 15, das Traumreich des *Tonio Kröger,* dort,
in der nahen Parallelstraße, das profane Tagreich der väterli-
chen Darmgroßhandlung. Wenn Nietzsche recht hat, Kunst
erstehe aus der »Menschwerdung der Dissonanz«[10], dann trifft
dies auf jene Passage im *Doktor Faustus* zu, in der Thomas
Mann im Zuge der Porträtierung seiner Kunigunde Rosenstiel
die Prosa des Lebens in jene Poesie verwandelt hat, von der
Ida Herz von Mädchenbeinen an hingerissen ward. Tonio
Kröger, »reizbar gegen das Banale«, war für das Mädchen Ida
die ideale Figur, bot sich zur »Identifikation« an. Ein bißchen
Morbidezza, reichlich untauglich fürs Kaufmannsleben.
Tonio ist einer, für den »die Literatur überhaupt kein Beruf,
sondern ein Fluch ist«; einer, der am Rande, abseits und einsam, seine Lebensbahn zieht. Ein Fremder im strikten Sinne
des Wortes. »*Ein fremdes Ich*«? Nicht so für sie, erinnert sich
späterhin Ida Herz.[11] Auch ihr, dem heranreifenden Mädchen,
ist das Gefühl der Separation und Unzugehörigkeit, von dem
Tonio Kröger im Atelier der Malerin mit dem wohlgesetzten,
allemal östlich klingenden Namen Lisaweta Iwanowna,
spricht, vertraut. Das Reich der feinen Seelenpoesie als
Eigen-, nachgerade als Gegenwelt. Hat nicht der deutschsprachige, an Freuds Deutung der Alpträume geschulte

Künstler jüdischer Abkunft, Peter Weiss, der Autor des Auschwitz-Oratoriums *Die Ermittlung* (1965), davon gesprochen, daß »Unzugehörigkeit«[12] das Mal sei, das die Eigenart seiner Lebensgeschichte ausmache? Etwas von diesem Grundgefühl mag früh schon in Ida Herz wirksam gewesen sein, verstärkt hat es sich jedenfalls im Laufe ihres langen Lebens, gezeichnet von Flucht, Vertreibung, Exil; womöglich ist es zuletzt mächtig in ihr wirksam, als sie, ohne jeden Besitz, nur mit ihren freundlichen Erfahrungen und bitteren Erinnerungen, abseits vom Kulturbetrieb, in einem bescheidenen Altersheim in London ihren Lebensabend verbringt. Tonio Krögers Fremdheits- und Einsamkeitsgefühl, seine Empfindungen von »Unzugehörigkeit«, sind es, die die Seele des fünfzehnjährigen Mädchens zum Klingen bringen, zur Empathie zwingen. Sie, eingespannt ins werdende Geheimnis ihrer Empfindungs-, ihrer Liebeswelt, ihrem Gespür für den Zauber der Poesie, gewiß in wachsender Empfindungsdistanz zur Welt des praktischen Lebens ihres Vaters, dessen Wurstdarmfabrik, dürfte im Grunde ihrer jungen Seele zudem Teil gehabt haben an jenem von Peter Weiss festgehaltenen Gefühl von »Unzugehörigkeit«, das der Geschichte und dem Gedächtnis der europäischen Juden sich eingegraben hat. Thomas Mann wäre nicht der poetische Psychologe gewesen, wenn ihm solches nicht gelungen wäre: an Ida Herz jene »Augen« wahrzunehmen, wie es im *Doktor Faustus* in der Porträtpassage der Kunigunde Rosenstiel heißt, »in deren Bräune uralte Trauer geschrieben stand darob, daß die Tochter Zion geschleift und ihr Volk wie eine verlorene Herde war.«[13] Dem nimmt es nichts, daß der Paß mit dem Vermerk der Ausbürgerung aus Deutschland, der Farbe ihrer Augen »grau«, ergänzt durch den Nachtrag »blau«, also graublau attestiert. Nicht die »blonde Inge, Ingeborg Holm (...) mit dem dicken, blonden Zopf, den länglich geschnittenen, lachenden, blauen Augen«[14], um die Tonio Kröger vergeblich und wenig lebenstüchtig wirbt, ist es, deren Stelle die fünfzehnjährige Ida hätte einnehmen mögen. »Aber würde denn niemals ein Mädchen so auf ihn selbst blicken«, wie »die blonde, süße Inge auf Herrn Knaack«, den Tanzmeister, »ein unbegreiflicher Affe«, seufzt bekanntlich Tonio.

»O doch, das kam vor. Da war Magdalena Vermehren (...) mit dem sanften Mund und den großen dunklen, blanken Augen voll Ernst und Schwärmerei. Sie fiel oft hin beim Tanzen; aber sie kam zu ihm bei der Damenwahl, sie wußte, daß er Verse dichtete, sie hatte ihn zweimal gebeten, sie zu zeigen, und oftmals schaute sie ihn von Weitem mit gesenktem Kopfe an. Aber was sollte ihm das?«[15]

Es ist, als sei hier, salopp gesprochen, das Drehbuch für die Beziehung zwischen Ida Herz und Thomas Mann präludiert.

Ida Herz, als sie im hohen Alter davon erzählt, im Medium von Tonio Kröger sei Thomas Mann ihr Freund geworden, noch ehe er es »in Wirklichkeit wurde«, ist belesen und zu diesem Zeitpunkt einsichtig genug gewesen, um zu wissen, worum es sich bei ihr gegenüber dem Künstler, dem überlebensgroßen Epiker, gegenüber dem zunächst virtuellen, später leibhaftigen Thomas Mann gehandelt hat: um liebende »Identifikation«. Und er wußte ebenfalls, ohne allzu lang und breit Studien zur »weiblichen Hysterie« bemühen zu müssen, daß es sich um eine von der schnöden Welt der Därme zur geheiligten Sphäre der Poesie verschobene Identifikation handelt. Über den Vater, Moritz Herz, ist nichts Näheres bekannt als dies, daß er Kaufmann war, jener Welt der »Krämer« zugehörte, deren verklärungsfähiges Gegenreich das Arbeitszimmer des Poeten bildet. Dort Getriebe, Menschen, Lärm. Hier Sinnen, Einsamkeit, Stille. Vieles spricht dafür, daß Thomas Mann für Ida Herz eine Art Prinzen-Imago repräsentiert hat: der Prinz, der erlöst und den Vater ablöst. Hat sie nicht unterstrichen, daß er bei Tische, im Kreise der Familie, »niemals die väterliche Autorität hervor(kehrte)?!«[16] Daß es sich um eine tagträumerisch ersehnte Vermählung mit dem Prinzen handelte, die nie stattgefunden hat, nie statthaben konnte, mag ihr später den Satz entrissen haben: »Für *mein* Leben war sie (die Begegnung mit Thomas Mann) schicksalhaft.«[17] Ihre Freundin, zumal in der schweren Zeit des Exils und danach, Käte Hamburger, hat schon recht, wenn sie zum Tode von Ida Herz in der *Frankfurter Allgemeinen Zeitung* titelt: »Für Thomas Mann gelebt«. Dieses Leben in Hingenommensein, in Hingabe ist erfüllt gewesen von Glück und namenlosem stillen Leiden, hat jene Gleichzeitigkeit von Tapferkeit und Täppischkeit gezeitigt, von der die Mann-Biographik häufig nur das Linkische, das Verkrampfte registriert hat, ohne das Tragikomische in der Beziehung von Ida Herz zu ihrem geliebten Prinzen auch nur annähernd zureichend ein- und durchsichtig werden zu lassen. Ida Herz, die nie eine Ehe eingegangen ist, was für sich genommen alles andere als ein Schaden sein muß, hat sich noch bis weit nach dem Tode Thomas Manns, ja bis wenige Jahre vor ihrem Tode im Banne des »Zauberers« bewegt. Begonnen hat dieser seltsame Bann in der Zeit der Jungmädchen-Lektüre der traurig-schönen Novellistik einer innerweltlichen Verheißung ohne Erlösung, es sei denn die des ästhetischen Scheins, als welche Thomas Manns Erzählungen bis zur Niederschrift der *Betrachtungen eines Unpolitischen,* publiziert im Jahre 1918, füglich verortet werden dürfen. Dem Zauber poetisch-künstlerischer Phantasiewelten und -gestalten erlegen zu sein ist nun keine singuläre Angelegenheit der Tochter eines jüdischen Darmgroßhändlers aus Nürnberg. Es ist ein Generationsgenosse von ihr gewesen, der der Macht dieses alltagentrückten Reichs der Lektüre, deren Bedeutung als Zufluchtstätte, ihrer sanften ebenso wie erregenden Wirkung auf das Seelenleben eines empfindsamen Heranwachsenden vielleicht wie kein anderer aus dieser Generation Ausdruck gegeben hat: der Sohn des Greifswalder Landesgerichtsrats Wilhelm Ditzen, der als der Schriftsteller Hans Fallada »unter Hitler mehr Wahrheit sagte als die eindeutigen Prominenzen, denen die Transferierung ihres Prestiges gelang«[18], wie Adorno in seinen *Minima Moralia* trocken notiert. Doppelexistenz ist das zutreffende Wort, um die Lebensweise irritabler junger Seelen hinreichend zu beschreiben für eine Zeit, da im wilhelminischen Reich offiziell der Kultus der Gründer, Innovatoren, Macher und Realitätspolitiker aller Couleur, mit ausgewiesener Mentalität von Untertanen, vorgewaltet hatte, eine Atmosphäre, die so bleiern sich auf empfindsame Seelen gelegt hatte, sie verstörte und nach Zweitexistenzen und Gegenwelten Ausschau halten ließ, worin Phantasie und Tagtraum ungestört vom sportiven Pragmatismus des wirtschaftlichen Erfolges sich ausleben konnten. Allemal auch, und hiervon erzählt die Biographie des Hans Fallada, eine Prädisposition für dauerndes Ungeschick und Pechvogeltum.

Ida Herz weiß, wovon sie spricht, wenn sie in ihrem Vortrag vom Januar 1978 im Londoner University College lakonisch bekennt, daß die Begegnung mit Thomas Mann, zuerst die mit seinen künstlerischen Schlüsselgestalten und dann die durchaus angestrebte und zielstrebig erreichte mit dem Zauberer selbst, für ihr Leben »schicksalhaft« gewesen sei. Freuds Ich-Psychologie, der Diagnose der Macht der Launen dessen, was der kulturindustriell durchtrivialisierte Sprachgebrauch so Liebe nennt, ist zu entnehmen, was zur Aufhellung des gleichsam schicksalhaft-wahlverwandtschaftlichen Banns, unter dem Ida Herz von frühester Jugend an bis weit ins hohe Alter hinein gestanden hat, verhilft. Gerade am Beitrag der »zielgehemmten Zärtlichkeit«, der »unsinnlichen, himmlischen (...) Liebe«, die dem halbgebildeten Durchschnittsbewußtsein die »platonische« gilt, könne man, so Freud in seiner *Massenpsychologie und Ich-Analyse* von 1921, »die Höhe der Verliebtheit im Gegensatz zum bloß sinnlichen Begehren ermessen«[19] – eine Studie, die Thomas Mann, siehe *Mario und der Zauberer* (1930), alles andere als unbekannt gewesen ist. Mögen auch die Mädchenbriefe, das Poesiealbum, sonstige Aufzeichnungen für immer verschwunden sein, (so manche ihrer Jugendfreundinnen rund um die Nürnberger Zufuhrstraße hätten auch dann nicht mehr befragt werden können, wenn, etwas früher als geschehen, das erinnernd-analytische Interesse für die allemal Weltliteratur gewordene Gestalt der Ida Herz auf jene sich konzentriert hätte, einfach deswegen, weil sie in den deutschen Vernichtungslagern ermordet worden sind), mögen auch die Spuren ihrer Kindheit und Jugendzeit verwischt sein – die verbliebenen Briefe an Thomas Mann, insbesondere die aus den späten zwanziger und den dreißiger Jahren, verraten genug, um wahrzunehmen, wovon diese junge Frau bewegt worden ist, welche dispositive Macht die poetischen Fiktionen Mannscher Novellistik über sie gewonnen haben. »Bei einigermaßen wirksamer Verdrängung oder Zurücksetzung der sinnlichen Strebungen kommt die Täuschung zustande«, schreibt Freud, »daß das Objekt seiner seelischen Vorzüge wegen auch sinnlich geliebt wird, während umgekehrt das sinnliche Wohlgefallen ihm diese Züge verliehen haben mag.«[20] Hiervon, von der Macht der »Idealisierung«, hat Ida Herz zuletzt etwas geahnt, als sie mit den für sie kränkenden Tagebucheintragungen des Objekts ihrer Obsession – anders und milder als mit dieser Kategorie ist ihr seltsames, wie sie selbst es beschreibt »sehr subtiles« Verhältnis zu Thomas Mann nicht zu fassen – konfrontiert worden ist. »Ich bin müde und nervös«, bekennt sie in diesem Zusammenhang in einem Brief an Klaus W. Jonas. Sie hätte sich, mehr als verständlich, gewünscht, daß man »diese Tagebücher nicht der Öffentlichkeit«[21] preisgegeben hätte. Über das Problem der Indiskretion im Zuge der Veröffentlichung führt sie mit Golo Mann, der darin gleichfalls nicht eben glänzend dasteht, einen aufschlußreichen Briefwechsel. Der Sohn läßt sie wissen:

> »Selber las ich die Tagebücher, die ich nun mal in den Fahnen lesen mußte, auch mit dem Gefühl der Indiskretion. Aber glauben Sie mir, der Autor wollte es so haben, dafür gibt es eindeutige Beweise. Er wollte, die Nachwelt sollte ihn kennen lernen, wie er wirklich war, nicht den Meister und die Meisterschaft, sondern den leidenden Menschen dahinter, in aller seiner Menschlichkeit.«[22]

Wollte das Thomas Mann wirklich? Und wieviel Authentizität kommen Tagebüchern, Impressionen und Reflexionen des Tages überhaupt zu? Metapsychologische Fragen, die die Mann-Biographik bislang kaum gekümmert haben. Sie nimmt Tagebuchaufzeichnungen für bare Münze, als Eins-zu-eins von Notiz und Wahrheit. »Was soll, was darf man glauben?«[23] Eine kluge Frage, die da Ida Herz in einem Brief vom 29. Januar 1979 aufgeworfen hat.

Zur Zurückdrängung, Verdrängung ihrer sinnlichen Strebungen ist sie von Anfang an, da sie Thomas Mann in sinnliche Nähe gerückt war, gezwungen gewesen. »Bis jetzt«, erinnert sie sich im Januar 1978 in London, »hatte ich Thomas Mann noch niemals gesehen, auch nicht gehört: denn damals«, es wird das Jahr 1922 geschrieben, »gab es das ja noch nicht, daß man die Stimme eines Menschen vor seiner leiblichen Erscheinung kennen lernte«[24]. So nebenher ein höchst bemerkenswerter Hinweis auf medienepochale Wandlungen und deren massen- und tiefenpsychologische Folgedimensionen. Von Stund an, seit dem Erlebnis körperlich präsenter Vokal-Erotik im Frankfurter Opernhaus, ist es endgültig um sie geschehen. In ihrer Londoner Erinnerungsnotiz zum 100. Geburtstag von Thomas Mann *Meeting Thomas Mann* (1975) unterstreicht sie noch einmal die eindrückliche Wirkung der Stimme:

> »The modulation, the timbre of his voice, are still preserved in my inner ear. When I read any of his writings, be it a letter, an essay, or one of his novels, it is always as if he were reading them aloud to me.«[25]

In den nächsten eineinhalb Jahrzehnten wird es zu peinlichen Szenen kommen, die ihren Niederschlag in Thomas Manns Tagebüchern ebenso gefunden haben wie im *Doktor Faustus*. Die Nötigung zur Hemmung ihrer Zärtlichkeitstriebe bei den gelegentlichen Zusammentreffen zeigt dann das linkische, verquälte, hilflos-täppische Verhalten von Ida Herz, das auf seiten Thomas Manns jene idiosynkratischen Reaktionen hervorgerufen hat, die im Tagebuch heftigabwehrenden sprachlichen Ausdruck gefunden haben, gesteigert bis zum verletzenden Notat von der »hysterischen alten Jungfer« (Tagebuch, 19. April 1935). »Eine ›hysterische alte Jungfer‹«, zitiert in jenem Brief von 1979 Ida Herz aus dem Tagebuch von Thomas Mann, »war ich nie und bin es auch nicht. Oder?«[26] Sensibler als die gewöhnliche Mann-Biographik ist Ida Herz allemal.

Daß die idiosynkratischen Ausbrüche des Poeten ihrerseits ein Licht auf dessen irritables Innenleben zurückwerfen (»Bildung, Feingefühl, psychologische Reizbarkeit«[27]), davon zeugen nicht zum wenigsten dessen poetisch übersteigerte

Weiblichkeitsbilder, namentlich die Signifizierungen diverser östlich angehauchter, einen Rayon von abweisend-lockender Distanz um sich ziehender »Schönheiten«. Oder um mit dem galizischen Erzähler Leopold Sacher-Masoch, diesem grandiosen, einfühlsamen Schilderer des ostjüdischen Lebens zu sprechen, »Pelzdamen«; im *Zauberberg* hochgetrieben und zweideutig stilisiert zur Madame Chauchat. Es wäre der Einsichten befördernden Mühe wert, Thomas Manns poetische Bilder der Weiblichkeit im Gegenlicht seiner »antipathischen Gefühle der Ablehnung und des Unmutes«[28], sobald er mit ihr in einem Raum zusammengespannt ist, von denen Ida Herz, desillusioniert, in einem weiteren Brief an Klaus W. Jonas spricht, zu reflektieren. Vor allem ihr Zusatz-Gedanke, daß es »nicht ganz falsch« sei

> »anzunehmen, daß jene Bekundungen des Antipathischen (...) hauptsächlich, oder sogar alleine, seinem bedrückten Gewissen zuzuschreiben sind, das mehr oder weniger insgeheim (...) unendlich litt«[29],

verdient Beachtung. Der Hinweis aufs »bedrückte Gewissen« hätte einer Germanistik, die übers landläufige Aufgipfeln von Thomas Mann hinauszugelangen imstande wäre, Stoff zum Nachdenken über dessen Verhältnis zum Judentum geben können, müssen. Hat er aber kaum.

Es hat mehrere Bedeutungsschichten, wenn Ida Herz viele Jahre nach Thomas Manns Tod sehr pointiert von den »Jahren des Leidens« spricht, sogar noch weitergeht, wenn sie in *Ein Roman wandert aus* konstatiert: »So wuchs eine Kameradschaft im Leiden, die mich noch unbedingter an sein Werk und seine Welt band.«[30] Das waren eben nicht irgendwelche Jahre, sondern die der Anfangswirrsale des Exils, die dem Leiden an und in der Welt neues hinzufügten. Thomas Manns Reizbarkeit, Rat- und Hilflosigkeit dürften nie größer gewesen sein als zu dieser Zeit.

Werden sinnlich-sexuelle Strebungen zurückgedrängt, wie es, so Freud, »regelmäßig bei der schwärmerischen Liebe des Jünglings geschieht«, so werde »das Ich immer anspruchsloser, bescheidener, das Objekt immer großartiger, wertvol-

ler«.[31] Zuletzt, dies kann füglich auch auf die schwärmeri-
sche Liebe eines Mädchens, einer jungen Frau übertragen
werden, bilden sich »Züge von Demut, Einschränkung des
Narzißmus, Selbstschädigung«[32] aus. »Von der Verliebtheit
ist offenbar kein weiter Schritt zur Hypnose«[33] wußte der
Analytiker aus Wien, in Paris in Hypnose geschult, zu
berichten und hätte vielleicht auch an den Zauberer aus
Lübeck gedacht, wäre er ihm zum Zeitpunkt der Niederschrift bereits begegnet. Etwas »Närrisches« hat Thomas
Mann gelegentlich an Ida Herz registriert; er hatte genug
Lebens- und Leidenserfahrung, um zu wissen, daß Verliebt-
heit zum Narren – im *Tod in Venedig* ist einem in die
Schönheit Vernarrten das Denkmal gesetzt –, zur Närrin
disponiert, von dem das chronische Erröten ein erstes
Symptom liefert:

> »ein verhuschtes, ewig errötendes, jeden Augenblick in
> Scham vergehendes Geschöpf (...), das beim Reden und auch
> beim Zuhören hinter dem Zwicker, den sie trug, krampfhaft-
> freundlich mit den Augen blinzelte und dazu kopfnickend
> die Nase kraus zog«[34].

Man darf das Partizip »kopfnickend« aus der Porträtpassage
im *Doktor Faustus* getrost ernst nehmen. Die Bewunderung
für, die Ehrfurcht vor dem »großen Freund«, wie sie ihn
gelegentlich nennt, dem Wort-Magier, ist bei Ida Herz schier
grenzenlos; die Bereitschaft zur »Selbstaufopferung«, die
Freud als die »natürliche Konsequenz« schwärmerischer Verliebtheit hervorhebt, schließlich derart tief eingewurzelt, daß
sie am 3. Juni 1935, noch von Nürnberg aus, anläßlich seines 60. Geburtstags schreibt, was Thomas Mann längst
schon offenbar geworden war:

> »Die tiefe Beseligung und reine Begeisterung, von der
> ich mich ergriffen fühle, wo und wann immer ich etwas
> von Ihnen lese, die Stunden selbstvergessener Hingeris-
> senheit, die ich Ihrem Werk verdanke, gipfeln in dem
> einen Wunsch, Ihnen zu folgen, mich geistig und
> menschlich Ihnen zu verpflichten, noch tiefer und ver-
> bindlicher mich zu verpflichten als irgendeiner der

Anderen (...) ich aber darf mich ausgezeichnet fühlen von Ihnen, denn ich besitze Ihre Freundschaft. Sie ist das Wunder meines Lebens! Eine Bevorzugung des Schicksals, so wunderbar und rätselhaft, die – dessen bin ich mir durchaus bewußt – ich mir ständig neu verdienen muß, ohne sie mir je wirklich verdienen zu können. Darum bitte ich Sie (...), vergessen Sie nicht meine absolute Bereitschaft, erhöhen Sie mein Leben, indem Sie sich ihrer in gegebenen Augenblicken erinnern und sie annehmen.«

Die, welche da aus ihrer bedrohten Lebenswelt in Nürnberg heraus derart ihre Person dem im fernen Küsnacht im Exil Weilenden zur Verfügung stellt, gleichsam weiht, schließt sie diesen Brief doch mit der beinahe flehentlichen Bitte, er möge ihr seine »Freundschaft«, »die meinem Leben Sinn und Inhalt, meinem Streben Kraft und Ziel schenkt«, erhalten, hat inzwischen das 40. Lebensjahr schon überschritten. Aus der Mädchenliebe zum Werk, der ausdrucksgehemmten Liebe der jungen Frau ist eine unvergleichliche Tiefenbindung geworden. Nirgends aber in den Briefen, in denen Thomas Mann ihr antwortet, ist von einem Dementi dessen zu lesen, was ihr ausdrücklich als Freundschaft bzw. »Kameradschaft im Leiden« gilt. Für wen sind eigentlich Tagebücher bestimmt?

»Ida, du übertreibst.« Die Feststellung stammt von ihrer Freundin Käte Hamburger. Jenen Ausspruch übermittelt Ida Herz in aller Offenheit an ihren Poeten, und zwar in einem Brief vom 9. Juli 1935, als sie ihm ihren skandinavischen Reiseplan, Käte Hamburgers Exilort ist nahe bei Göteborg, mitteilt. In den Brief-Gesprächen der Jahre 1933 bis 1935 zwischen den beiden Frauen wird nicht nur über die eigenartige »Deutschheit« von Thomas Mann, von diesem im Tagebuch sogar notiert, konversiert, sondern auch über Ida Herz' Tendenz zur Idolisierung ihres Epikers. Jene auf den ersten Blick erstaunlich, befremdlich, womöglich kurios anmutende Vorstellung, daß ihre Freundschaft und Korrespondenz mit Thomas Mann nicht nur das »Wunder ihres Lebens«, »eine Bevorzugung des Schicksals« sei, vielmehr daß sie dieses Privileg sich stets neu zu »verdienen« habe, ist mehr als nur Symptom einer im Sinne Freuds pathogenen »Verliebtheit«, die längst zur »Faszination, zur verliebten Hörigkeit« sich aufgeschaukelt hat. Aus der persönlichen Seelenlage dieser in ihrer Art einzigartigen Jüdin aus Nürnberg, um deren Einzigartigkeit Thomas Mann ebenso wußte, wie er davor zurückschreckte, scheint noch etwas anderes auf. Es berührt Tiefenschichten, die wahrscheinlich Ida Herz in dieser Form selbst unbewußt geblieben sind. Gemeint ist die Illusion, der »wunschgeleitete Irrtum« einer Symbiose des jüdischen und deutschen Geistes. Dies sogleich hier schon pointiert, um allzu simplen, reduktionistisch-individualpsychologischen Ausdeutungen einen Riegel vorzuschieben. Die Nürnberger Jüdin ist nicht nur vom Zauber der Mannschen Prosa bezwungen: »Wohl«, schreibt sie am 18. Oktober 1933 an Thomas Mann, dem derart trunkene Worte nicht nur geschmeichelt, sondern den sie zuinnerst bewegt haben dürften, »alle Ihre Bücher bezwingen den Leser, aber in diesem Maße, bis zu dieser Restlosigkeit des Sich-und-alles-was-uns-umgibt-Vergessens, gelang es noch keinem, keiner hatte noch diese Verführung!« Aufgrund der Entführung in die Entrückung der poetischen Welt empfinde sie nicht nur »Trost«, sondern zudem ein »Gefühl der Geborgenheit und Beschütztheit«, so als halte der Meistererzähler von ferne her seine Hand über sie. Seelische Gewißheit inmitten einer Umwelt voller Ungewißheiten über die nächste Zukunft. Haben sich doch zu diesem Zeitpunkt nicht nur über Nürnberg die dunklen Wolken des Unheils zusammengezogen, die Bedrängnisse der Razzien, der Verfolgungen, welche zuletzt in die Katastrophe systematischer Vernichtung einmünden sollten. Dennoch, wiewohl sie keinen Zweifel an ihrer, an der Gefährdung der Juden an Leib und Leben, Hab und Gut hat:

> »Wohl lebe ich ungefähr wie bisher, aber das ist doch nur äußerlich. Diese Ereignisse bedeuten für uns alle einen ganz großen Bruch in unserer Existenz. Wir empfinden sie als erschütternd, am Lebensnerv getroffen«,

wie sie bereits am 13. März 1933 an Thomas Mann schreibt; obwohl sie, durchaus hellwach, die Politik der alltäglichen, stets lebensgefährdenden Schikanen um sich herum genau wahrnimmt, dominiert ihr Mitgefühl für den im Exil weilenden, nach einer mehr als nur provisorischen Bleibe Umschau haltenden Thomas Mann. Der hatte sich in einem Brief ihr gegenüber offenbart, wie entsetzlich es ihn ankomme, von Deutschland, von seinem Lese-Publikum, womöglich für länger, abgeschnitten zu sein. »Ich fühle mit«, antwortet sie ihm in dem Brief vom 13. März 1933, »wie entsetzlich, wie grausam das Schicksal eines Exils für Sie ist.« Die Briefe vom März und April 1933 klingen so, als ob ihr Lebenmüssen in der Stadt des pathologisch antisemitischen Julius Streicher, dessen Primitiv- und Brutalorgan *Der Stürmer* keinen Zweifel daran aufkommen läßt, wohin die Reise der Juden in Deuschland gehen soll, um einiges weniger schwer wiege als die Situation ihres Freundes in Frankreich bzw. der Schweiz.

Mit Datum vom 5. August 1935, bereits im Schatten der Barbarei von Staats wegen, der »Nürnberger Rassegesetze«, schreibt Ida Herz einen recht ausführlichen Brief an Thomas Mann, der inzwischen in Küsnacht bei Zürich lebt. Eine Art Reisebericht, dessen Ton und Stimmung unzweideutig mystischer Natur sind, wie denn ihre Beziehung zu ihm längst im emphatischen Sinne des Wortes mystische Züge angenommen hat, lautet doch die Übersetzung des griechischen Wortes *myein* schließen, besonders das Schließen von Lippen und Augen, Ausdruck von Versunkenheit. Auf ihrer Reise nach Skandinavien hat sie, wie sie Thomas Mann mit poetischer Empfindsamkeit mitteilt, »die Landschaft« seiner »Herkunft« durchquert: »Zum ersten Mal sah ich *Ihr* Meer.« Und dann schildert sie in geradezu mystischer Verzückung ihre »Traumfahrt nach Lübeck«: »nach innen konzentriert, (...) ähnlich der in Gott versunkenen Clausur des Frommen, bevor er seine Wallfahrt antritt. Und in dieser meiner Konzentration erlebte ich Lübeck.« Daß sich der Epiker solcherart Spurenlese wohlgefallen läßt, solange und sofern sie im Fernmedium des Briefes an ihn herangetragen wird, darüber herrscht kein Zweifel. Vom Religionssoziologen Max Weber stammt die Beobachtung, daß noch jeder Prophet und Poet, von Buddha und Jesus bis zu Stefan George und Thomas Mann, ein Faible für Bewunderungsgemeinden gehabt habe, zumal wenn weibliche Verzückung zu seinen Füßen spürbar werde. Aus nächster Nähe, in seinem Heidelberger Haus, hat der Kenner und Analytiker religiös durchhauchter Erotik dies beobachten können, nämlich jedesmal, wenn Stefan George mit priesterlicher Gebärde vortrug. George, ist er nicht der Autor der *Pilgerfahrten* (1891)? Lächle und sage doch niemand, die Zeiten seien dahin, daß Verzückung Platz greifen könne. Dahin gewiß die Zeiten, in denen Poesie die Quelle mystischer Entrückung und Verzückung gewesen ist. Nicht aber vorbei die Ausdruckssymboliken selbst. Allerdings auf der Ebene dessen, was der amerikanische Mediensoziologe Neil Postman trocken als den »trivial pursuit of happiness«[35] bezeichnet hat, wofür ein flüchtiger Blick auf das Kracauersche *Ornament der Masse*, auf die Wogen bewegt-erhabener, schließlich Kerzen, Feuerzeuge und Wunderkerzen gegen den abendlichen Himmel emporreckender Hände mehrerer Zehntausend trunkener Mass-Music-Enthusiasten, nicht nur auf Nürnbergs Zeppelinfeld unseligen Angedenkens, genügen möchte. Gewiß, in neuen Formen, aber noch immer wird in Ohnmacht gefallen, geraten nicht nur Mädchen, sondern längst auch Jungen und ältere Männer beim Anblick von Stars in Verzückung. Nur trivialer, kulturindustrieller inszeniert ist heute das Ganze.

Ida Herzens mystischen Anwandlungen nimmt es nichts, wenn sie bei Gelegenheit ihres Berichts von der »Traumfahrt nach Lübeck« am Schluß desselben Briefes freimütig ihren Stolz darüber bekundet, der Welt Thomas Manns zuzugehören und deshalb anmahnt, ihr endlich mitzuteilen, was es denn mit dem Gerücht der »englischen Heirat«, gemeint ist die Vermählung der geschiedenen Gründgens, also der Tochter Erika, mit dem englischen Lyriker und Essayisten W. H. Auden, auf sich habe: »weil man von meinen direkten Beziehungen weiß, fragt man mich dauernd danach, aber ich weiß auch gar nichts davon und wäre Ihnen dankbar, wenn Sie diesem Übel«, schreibt sie augenzwinkernd,

»abhelfen würden«. Erikas Vater, von dem sie, einen trefflichen Ausdruck verwendend, einen »Erzählbrief« wünscht, wird abhelfen und den kleinen skandinavischen Exil-Klatsch mit verläßlichen Infos versorgen. Wen wundert es noch, daß, diesseits aller mystischer Reiseschilderung, Ida Herz Thomas Mann an die Beschickung ihres Nürnberger »Archivs« nachdrücklich erinnert.

Später beginnt sich der Bann mystisch-verzückter Verehrung allmählich zu lösen. Hierfür läßt sich sogar ein exaktes Datum angeben. Den Brief vom 29. Dezember 1943, längst hat sich Ida Herz mehr schlecht als recht in London eingelebt, sie steht kurz davor, am ältesten Women's College Großbritanniens »Lectures« über Moderne Literatur »in Deutsch« zu geben, längst hat Thomas Mann mit den Seinen das Haus in Pacific Palisades, California, bezogen, eröffnet sie: »Ich weiß nicht was, aber irgend etwas macht mir das Schreiben an Sie so schwer, nachdem es mich viele Jahre hindurch als eine liebe und beglückend-befreiende Gewohnheit begleitete.« Bis zur Erreichung dieses werdenden Zustands reflexiver Distanznahme hat sie eine Seelengeschichte hinter sich gebracht, die manchmal skurrile, meist höchst feinnervig-kultivierte Ausdrucksformen gefunden hat.

Schenken ist eine hohe Kunst. Deren Verfall hat Adorno unübertroffen beim Namen genannt in jenen »Reflexionen aus dem beschädigten Leben«, den unter dem Titel *Minima Moralia* späterhin publizierten, synchron mit der Co-operation am *Doktor Faustus* im kalifornischen Exil niedergeschriebenen Aufzeichnungen:

> »Der Verfall des Schenkens spiegelt sich in der peinlichen Erfindung der Geschenkartikel, die bereits darauf angelegt sind, daß man nicht weiß, was man schenken soll, weil man es eigentlich gar nicht will. Diese Waren sind beziehungslos wie ihre Käufer. Sie waren Ladenhüter schon am ersten Tag (...) (mit) Vorbehalt des Umtausches«[36].

So ganz anders das Schenken der Jüdin aus Nürnberg. Ihre Gaben haben tatsächlich das »Glück in der Imagination des Glücks des Beschenkten.«[37] Ida Herz, Buchhändlerin und bibliophil versiert, ist es über die Jahrzehnte stets erneut gelungen, Thomas Mann, nun wahrlich mit Bücherladungen verwöhnt, mit Besonderheiten, Raritäten, Kostbarkeiten zu überraschen. Wer die gesammelten Tagebücher von Thomas Mann zur Hand nimmt, auch noch in die Anmerkungen schaut, wird entdecken, wie häufig er für Gaben von Ida Herz, und alles andere als nur zum Geburtstag, sich bedankt. Büchersendungen von ihr, weil stets mit Bedacht und Geschmack ausgewählt, sind immer willkommen, nicht zuletzt auch deshalb, weil sie oft genug auf seine gerade laufende Produktion bezogen sind, worüber er ihr im Briefgespräch häufig Mitteilung macht. Ihren Geschenken kommt nicht nur Zuneigungs-, sondern nachgerade Gebrauchswert zu, das Beste immerhin, was man von einem Geschenk sagen kann. Darunter auch Merkwürdiges wie *Die Josephslegende in aquarellierten Zeichnungen eines unbekannten russischen Juden der Biedermeierzeit* mit den zugehörigen Schriftstellen in der Verdeutschung von Martin Buber und Franz Rosenzweig und mit einer Einleitung von Erna Stein, erschienen im Schocken-Verlag, Berlin 1935. Allemal ein Geschenk, dessen Adressat Walter Benjamin, der »bibliophile Narr«, wohl gerne gewesen wäre. Artig wie immer, bedankt sich Thomas Mann, gerade mit der Fortführung seiner Josephs-Tetralogie befaßt, für das Geschenk:

> »St. Moritz, 17.2.1935. Liebes Fräulein Herz, recht vielen Dank für Ihren Brief und das kuriose Geschenk, das ich in seiner Treuherzigkeit und frommen Komik doch sehr zu schätzen weiß. Ist man mit einem Gegenstande so beschäftigt, wie ich es jedesmal mit meinem jeweiligen ›Gegenstande‹ bin, so ist *alles* einem interessant und gehört einem zu, was nur irgend in Beziehung dazu steht. So also hat der kleine Biedermeierjud' sich die Sache vorgestellt! Ich stelle sie mir und euch anders vor, aber obgleich ich Endgültigkeit fingiere, weiß ich wohl, daß die Sache für noch viele Vorstellungsarten frei bleibt.«

Oder ein andermal, mit Datum vom 27. Dezember 1937, bedankt er sich für eine Weihnachtsgabe:

»mit Ihren Geschenken haben Sie es vorzüglich getroffen: die Goethe-Interieurs schaue ich viel und aufmerksam an, wie ich ja zu den Menschen gehöre, die sich eigentlich nur um das ›Einschlägige‹ kümmern, um dieses aber auch sehr genau.«

Dem okzidental-christlichen Jahreskalender folgend zieht sich die manchmal fast kindlich-liebenswürdige Geschenkspur: »Die Herz schickte Ostereier«; »Die Herz schickte Cigarettentasche« ... Auch nach Besuchen bei Thomas Mann wie jenem delikaten im April 1935 hinterläßt sie ein oder mehrere Abschiedsgeschenke, die sowohl im Tagebuch: »Auf meinem Schreibtisch schöne lila Tulpen von der Herz, deren Tage zu meiner Erleichterung abgelaufen« (18. April 1935) als auch im Dankesbrief Erwähnung finden: die »Abschiedspflanze«, ein Topfgewächs, »blüht noch« (21. April 1935).

Dann ein Geschenk, das ein derartiges Wohlgefallen auslöst, daß er nicht genug tun kann, es zu loben, da es »hübsche Beiträge« zu seiner »Bequemlichkeit« seien: »Die Herz schenkte ein Leselämpchen und ein Drehbrett für den Eßtisch«, notiert Thomas Mann am ersten Weihnachtstag 1934. Mußte sie sich nicht, wenn er ihr später mitteilt, was er noch am selben Abend des 25. Dezember 1934 ins Tagebuch einträgt: »Schreibe bei der neuen Arbeitslampe; sie gibt ein schönes Licht«, gleichsam übers Geschenk ihm nahe fühlen? Stets erwidert er ihre Geschenke mit seinen Gaben, in der Regel signierte Kostbarkeiten aus des Meisters Feder. Dazu oft ein verschmitztes Lob, wie etwa im Brief vom 9. August 1928, als der Wagner-Liebhaber und Platten-Sammler schreibt: »Mich mit Grammophonplatten zu beschenken ist riskant. Ich bin auf diesem Gebiet sehr wachsam, und das Beste ist immer schnell bei mir.« Um welche Schallplatte es sich handelt, geht aus dem Brief nicht hervor, wohl aber, daß ihre »Wahl gut« war und er sie als »Doublette in Reserve« vorhalte. Da ist kein Falsch des Beschenkten!

Dann aber ein Geschenk, bei dessen Wahl das Herz ihrem Geschmack einen Streich spielt; eine rührende, libidinöse Gabe, die sich bereits an der Oberfläche tiefenpsychologisch selbst interpretiert. Just in jenem bereits erwähnten, sonderbaren Brief vom 3. Juni 1935, worin sie bekundet, die Freundschaft mit Thomas Mann stets neu sich verdienen zu müssen, kündigt sie ihm an, was sie zu seinem 60. Geburtstag ausgesucht habe: »Meine Freundschaftsgabe ist ein Kissen für Ihre Couch; Ihre liebe Frau hat mir verraten, daß ich Ihnen damit eine Freude machen könnte.« Wieviel Anteil mag ihr Unbewußtes daran gehabt haben? »West-östlicher Divan«, Liegestatt, Wahn und Gedicht nisten wort- und realgeschichtlich im Ausdruck »Divan«, Goethe und Hafis, Rumi, der Homoerotiker, Suleika und Hatem. Und endlich die Couch, Freuds Erfindung eines orientalischen Beichtstuhls, das Ödipus-Dreieck.

Ob »ohne weitreichende Lektüre«, wie im *Doktor Faustus* zur Kunigunde Rosenstiel eingeblendet, mag offenbleiben, jedenfalls ist es Ida Herz, die der Epiker am 9. Juli 1936 über die Wiederholung seines Festvortrages *Freud und die Zukunft* im kleinen Freundeskreis in Wien, unter Anwesenheit des Vaters der Tiefenpsychologie zu Ehren von dessen 80. Geburtstag, mit sachlicher Intimität unterrichtet: »Er hatte Tränen in den Augen am Schluß«, schreibt gerührt Thomas Mann der inzwischen aus Nürnberg geflohenen deutschen Jüdin. Welch ein singuläres Zeugnis von Vertrautheit dies darstellt, mag daran zu ermessen sein, daß der 1994 in Zürich erschienene Repräsentativ-Band *Thomas Mann. Ein Leben in Bildern* es aufgenommen hat.[38]

Wiewohl Thomas Mann sonst beinahe jede Geschenkgabe von Ida Herz geradezu in Pietistenmanier sorgfältig bucht, im Falle des Kissens schweigt das Tagebuch. Symptom der Pein? Oder Katias Schatten?

Eingesponnen worden ist der Faden der Gaben und Gegengaben, der bis zum Tode Thomas Manns nicht abreißt, allem Anschein nach im Februar 1925, ein Jahr nach dem denkwürdigen Aufeinandertreffen in der Trambahn von Fürth nach Nürnberg. Um welch »erwünschtes Buch« (ein offenkundig »prächtiges Geschenk (...) in so kostbarer und geschmackvoller Gestalt«, von dem er sich in einem Brief vom 5. Februar 1925 »sehr gerührt« zeigt) es sich handelt, ist nicht mehr auszumachen, da Thomas Mann seine Tagebücher der Dekade 1922 bis 1932 vernichtet hat und das im Zürcher Archiv einlagernde Bündel der Briefe von Ida Herz erst mit dem Jahr 1933 einsetzt, im übrigen eine seltsame Koinzidenz der Daten.

Vierzehn Tage später, am 19. Februar 1925, der im ganzen gesehen unglaublich rege und stete Briefwechsel ist in Gang gekommen, erreichen die Zufuhrstraße 15 diese Zeilen von Thomas Mann:

> »Ihren kleinen Aufsatz über den ›Zauberberg‹ habe ich mit Rührung und Vergnügen gelesen. Natürlich kann es mir nicht anstehen, selbst damit bei Redaktionen zu werben, obgleich ich sehr einverstanden wäre, wenn er in Druck erschiene.«

Weil es dem Naturell von Ida Herz widerstrebt, für sich bei Redaktionen hausieren zu gehen – anders verhält es sich, wenn es ihr geboten erscheint, für andere nach Möglichkeiten der Plazierung von Texten Ausschau zu halten –, bleibt ihre Miszelle zum *Zauberberg* ungedruckt. Wer auch nur einen Schimmer davon hat, wieviel feuilletonistischer »Dumpfsinn«, um einen Terminus aus dem *Zauberberg* zu gebrauchen, den Ida Herz in ihrer Besprechung zitiert, vor dem *Zauberberg* abgeladen worden ist, bedauert, daß jener kurze Text, von Thomas Mann mit Passierstempel versehen, nie publiziert worden ist.

Ein Geschenk der besonderen Art erreicht Thomas Mann zu seinem 50. Geburtstag. Zusammen mit Karl H. Silomon und Max Niederlechner widmet Ida Herz ihm eine bibliophile Liebenswürdigkeit, heute eine Rarität; ein Exemplar ist aufbewahrt im Zürcher Thomas-Mann-Archiv: *Thomas Mann und sein Zauberberg. Zum sechsten Juni MCMXXV. Gedruckt im Auftrage dreier Freunde Thomas Manns in Ungerschen Schriften bei Poeschel & Trepte in Leipzig in zweihundertfünfzig Exemplaren.* Die Hommage, werkkundig von der ersten bis zu letzten Zeile, wird eröffnet:

> »Thomas Mann! Drei Freunde, deren Freundschaft untereinander entstand und gebunden war durch die

Liebe und Freundschaft zu Ihrem Werke und Ihrer Persönlichkeit, sind und bleiben diesem Werke und Ihnen auf tiefste und innigste zu Dank verpflichtet.«[39]

Was für Buchhändler-Zeiten! Welch Phänomen, daß Literatur einmal gemeindestiftend gewesen ist! Jener Max Niederlechner ist es gewesen, der im Jahre 1922, es ist die Goethe-Festwoche, die Einladung an Thomas Mann und seine Frau Katia ausgesprochen hatte, das weltberühmte Antiquariat Baer, wo er als Antiquar tätig ist, zu besuchen. Er ist es gewesen, der Ida Herz ermuntert hat, den Zugang zu Thomas Mann über die Korrespondenz zu suchen, hatte er selbst doch schon eine mit Thomas Mann begonnen, die späterhin allerdings einschlief.

An der Kompetenz von Ida Herz für literarische Kultur, in Sonderheit fürs Werk von Thomas Mann, hat zumindest dieser keinen Zweifel gelassen, mit einer Ausnahme allerdings, doch davon später. (Ein jeder sehe nur, radikalisiert Max Weber seinen erkenntiskritischen Standpunkt, was er als Problem im Herzen trage.) Als Indiz mag gelten, daß der Epiker sie nicht nur regelmäßig über den Neubeginn von Produktionen informiert. Briefe an sie zum *Doktor Faustus*, zum *Erwählten* oder zur Wiederaufnahme der »Krull-Memoiren« mögen dies beispielhaft belegen. Weitere ließen sich zuhauf herbeizitieren. Zudem läßt Thomas Mann sie an Produktionsskizzen teilhaben, an Schwierigkeiten, die bis in die Tiefen seiner poetischen Biographie hinabreichen, namentlich im Umkreis der Arbeit am *Doktor Faustus*. Vor allem aber gewährt er ihr in seinen inneren Zustand während der kritischen Monate der Jahre 1933 und 1934 Einblick, als er heftig schwankt zwischen dem Wunsch, zumindest literarisch in Deutschland zu bleiben, und dem Erfordernis, dem Hitler-Regime offen den Rücken zu kehren. Und nicht zuletzt weiß er ihre Betrachtungen zu einer Erscheinung zu schätzen, die weniger ästhetische Urteilskraft denn geistespolitischen Spürsinn erfordert hat: zur Inneren Emigration, von der er allerdings, in der ersten Zeit des Exils einmal notiert, daß er recht eigentlich ihr zugehöre. Anläßlich einer windigen Rezension des letzten noch im Deutschland Hitlers erschienenen Bandes der Josephs-Tetralogie aus der Feder des betulichen Rudolf Alexander Schröder – dessen Art, Literatur quasi-kultisch zu zelebrieren, Hans Werner Richter wesentlich mit dazu bewogen hat, seine Gruppe 47 aus der Taufe zu heben – schreibt Ida Herz am 17. Mai 1935 an Thomas Mann, daß Schröder in betont »referierendem« Stil »sich von Ihren Problemen distanziert, als fürchte er, ich weiß nicht was von wem (...) Aber so winden sie sich heute alle durch, die sich bemühen, mit mehr oder weniger Gewissensskrupeln es auszuhalten«.

Wie anders da die couragierte Nürnberger Jüdin, deren Bescheidenheit sich nicht zuletzt auch darin äußert, daß sie in so spärlichem Umfang aus ihrer Nähe zu Thomas Mann und ihren Einblicken in dessen work in progress Vortragskapital und publizistisch-publikatorischen Gewinn geschlagen hat. Serielles Wichtigtun mit Büchern, Vorträgen und Artikeln ist ihr zeitlebens fremd geblieben. Am 12. Juni 1955, es sollte sein letzter Brief an Ida Herz sein, bedankt sich Thomas Mann ein letztes Mal, nämlich für »den fabelhaften Kalender«, den sie für jeden Tag mit einem Zitat aus den Werken des Meistererzählers versehen hat. Die Gegengabe fehlt auch dieses Mal nicht, ein »dickes Paket fürs Archiv«. Was hat ihn, dem sie, mit den Jahren zusehends dezenter, die Treue hielt, bewogen, ihr diese zurückzuerstatten? Nur seine ihm eigene, sprichwörtlich gewordene »Höflichkeit«?

Aus dem Echo seiner Briefe mußte Ida Herz jedenfalls den Eindruck gewinnen, daß Thomas Mann ihr nahestehe, in einem vertrauten Verhältnis zu ihr sich befinde, ihre Zuneigung auf seine Weise erwidere. Ist es denn nicht ein Ausdruck von menschlicher, allzumenschlicher Nähe, wenn er über Zahnschmerzen klagt und sie, wie am 22. April 1935, ihm in die Schweiz den Rat übermittelt, er möge für seine empfindlichen Zähne das »Zahnschmerzmittel Saridon« nehmen, für das sie gleichsam bürgen könne? Unterhalb der sonntäglichen Lichthöhen der Germanistik bewegt sich nicht nur das Freudsche Es, sondern auch die Soziologie des Alltags.

Zwischen Nürnberg und München

Wie so viele andere zieht es auch Ida Herz in den Jahren der relativen Stabilisierung der Weimarer Republik in die Metropole des Deutschen Reiches. Für eine ganze Reihe von Monaten ist sie beim S. Fischer Verlag, Berlin, Bülowstraße 90, tätig. Hier, an ihrer neuen Wirkungsstelle, erreichen sie fortlaufend Briefe und Karten von Thomas Mann, des öfteren mit einem schönen Poststempel: »Dürer-Jahr-Nürnberg«. In die Jahre 1927/28 fallen ein Brief aus dessen bekanntem Feriendomizil auf Sylt, Campen, Haus Kliffende, sowie eine Porträtkarte, die den Epiker im Sessel zeigt, angefertigt in einem Atelier in Wien, 1. Bezirk, Stubenring 2. Dazu dessen Nachfragen nach dem Gesundheitszustand der erkrankten Mutter; zuletzt mit »Herzlichem Glückwunsch zur Besserung«. Momentaufnahmen, die von einer gewissen Nähe, persönlicher Anteilnahme zeugen.

Dann das Ende der Zeit beim Fischer Verlag. Was vorgefallen ist, läßt sich nicht mehr ausfindig machen. Am 9. August 1928 schreibt Thomas Mann an Ida Herz:

> »Ich bin nicht voreilig in meinem Urteil und besitze viel zu wenig Einsicht in den Fall, um Lust zu haben, den Stab über Sie zu brechen. Bedauerlich und enttäuschend ist die Sache natürlich, darin stimmen unsere Gefühle überein.«

Jedenfalls wird er in den kommenden Jahren noch das eine oder andere Mal mit der Eigensinnigkeit und Eigenwilligkeit der Nürnberger Buchhändlerin konfrontiert werden. Sie scheint alles andere als der Typ der stromlinienförmig angepaßten Angestellten gewesen zu sein, den Siegfried Kracauer gegen Ende der zwanziger Jahre in der *Frankfurter Zeitung* so trefflich porträtiert hat.[1]

Ida Herz kehrt nach Nürnberg zurück. Den spärlich erhaltenen Unterlagen zufolge tritt sie nunmehr als Prokuristin in das elterliche Geschäft, jene Darmhandlung »Herz & Beselau«, Nürnberg, Leonhardstraße 3, ein. Womöglich hängt dies mit dem Tod des Vaters 1929 zusammen. Im übrigen wird Ida Herz nicht die einzige aus der verwandtschaftlichen Lebenssphäre in Nürnberg, Leonhard- und Zufuhrstraße, bleiben, mit der Thomas Mann in den kommenden Jahren, bis tief hinein in die Exilzeit, in Kontakt kommt. Seit jenem denkwürdigen Zusammentreffen in der Tram ist Ida Herz mit Geschick und Hartnäckigkeit darum bemüht, wann immer es geht, den Epiker nach Nürnberg zu locken. Dies um so ungenierter, als Thomas Mann sie im Jahre 1925, als sie dessen Bibliothek in München neu ordnet, in seinen Familien- und Bekanntenkreis einführt. Sie lernt beim Mittagsmahl die »zwei ›Großen‹, Klaus und Erika, damals neunzehn und zwanzig Jahre alt, kennen und die zwei ›Kleinen‹, die siebenjährige Elisabeth, Medi, das Kindchen, und den sechsjährigen Michael, Bibi genannt. Die beiden ›Mittleren‹, Golo und Monika, besuchen die Schule in Salem am Bodensee«[2]. Erinnerungen von Ida Herz bergen manch anschauliche Einzelheit aus dem Hause Mann:

> »Thomas Mann als Familienvater saß am oberen Ende der langen Familientafel. Bei aller bürgerlich gewahrten Disziplin war da auch eine künstlerische Freizügigkeit, die für mich eine neue und merkwürdig beglückende und befreiende Erfahrung war. Sie wirkte erlösend und befreiend auf die Schüchternheit und Befangenheit, die mich bis dahin beengt hatte. Vor den streng beobachtenden Augen von Frau Katia hatte ich immer noch etwas Angst.«[3]

Die strenge Observation der beiden eifersüchtigen Erzengel, Katia und später Erika, sollten noch andere zu spüren bekommen. Da mag der Hinweis auf die Streichorgien im Manuskript *Die Entstehung des Doktor Faustus* von 1949 genügen. Katia und Erika haben seinerzeit Thomas Mann geradezu bedrängt, den Anteil Theodor W. Adornos am Gelingen des *Doktor Faustus* unter das tatsächliche Maß, und das ist alles andere als gering gewesen, herunterzudrücken.

Zwischen 15. Juli und 5. September 1925 lernt Ida Herz im Hause Mann auch den Bruder, Heinrich Mann, kennen.

Mit trefflicher, von der adorierenden Liebe zu Thomas Mann geschärfter Beobachtungsgabe für den früh erworbenen ästhetizistischen Habitus, den Heinrich Mann zwar nicht in seiner Prosakunst, wohl aber im Sozialverkehr beibehält, notiert sie später:

> »Ich traf auch des öfteren seinen Bruder Heinrich. Ich habe es aber nie fertig gebracht, ihm so zwanglos zu begegnen wie seinem jüngeren Bruder. Er hatte nichts von dessen attraktiven Scharm. Heinrich wirkte kalt und hochmütig.«[4]

Auch Viktor Mann, den um mehrere Jahre jüngeren Bruder, lernt sie kennen; dazu die Familie Katias, der zur Mitte der dreißiger Jahre, als es um die Ausbürgerung Thomas Manns und die Aberkennung der Ehrendoktorwürde durch die Universität Bonn geht, die unflätigsten antisemitischen Ausfälle gelten« werden. Katias »schöne, geistreiche Mutter«, wird sich Ida Herz präzise erinnern, war

> »eine Tochter Hedwig Dohms, eine der ersten Frauenrechtlerinnen Deutschlands und daneben auch eine erfolgreiche Novellistin. Ihr Mann, Ernst Dohm, war Begründer der ersten satirischen Wochenschrift Deutschlands, des *Kladderadatsch*, die Bismarck hoch schätzte. Frau Katias Vater war ebenfalls eine berühmte Persönlichkeit, sowohl als Mathematiker wie als großer Kenner der Musik Richard Wagners. Er hatte ein paar der Orchesterpartituren für Klavier transponiert. Schon in früher Jugend und zu Wagners Anfangszeit war er sein großer Bewunderer und hatte zum Bau des Bayreuther Festspielhauses eine namhafte Summe beigetragen. Doch auf die persönliche Bekanntschaft mit dem großen Komponisten verzichtete er, nachdem er bei dem Empfang zur festlichen Eröffnung des Theaters eine antisemitische Bemerkung Wagners gehört hatte.«[5]

Der liebste der Gäste im Hause Mann ist Ida Herz Bruno Walter. Mit keinem habe sie Thomas Mann je so vergnügt gesehen wie mit ihm. Mit dem international renommierten

Dirigenten werden sie und Thomas Mann das Schicksal des Exils teilen.

Daß Ida Herz in ihren Erinnerungen betont, die Großmutter von Katia Mann sei eine »der ersten Frauenrechtlerinnen Deutschlands« gewesen, läßt aufhorchen. Ida Herz ihrerseits, und damit schwenkt der Blick auf Nürnberg um, bewegt sich nach ihrer Rückkehr aus Berlin in einem Kulturmilieu, in dem die Frauenemanzipation praktisch und theoretisch virulent ist. Im Gästebuch der Nürnberger Jüdin Else Dormitzer, einem unschätzbaren Dokument zur Geschichte der Nürnberger Juden im 20. Jahrhundert, findet sich mit Datum vom 21. März 1931 eine Notiz über den Besuch von Ida Herz. Indiz dafür, daß sie zum Kreis oder zur Sphäre jener bedeutenden jüdischen Frauen Nürnbergs gehört, die in Schrift, Wort und Tat dem geistigen Leben Nürnbergs, gerade auch der Frauenrechtsbewegung, seinen Stempel mit aufgeprägt haben. Die Ausstellung »Spuren und Fragmente. Jüdische Bücher, Jüdische Schicksale in Nürnberg«, im Jahre 2000 gezeigt, offenbart, von welcher geistig-kulturellen Strahlungskraft der Kreis um Else Dormitzer gewesen ist. Diese hatte »wohl als erste Frau im deutschen Judentum ihren Sitz in der Administration und der Gemeindevertretung der Israelitischen Kultusgemeinde Nürnberg«, und wurde »als erste Frau in den Hauptvorstand des ›Central-Vereins deutscher Staatsbürger jüdischen Glaubens‹ gewählt.«[6] Ida Herz darf füglich jener Welt »selbstbewußter und unerschrockener Frauen« in Nürnberg, wie es im Ausstellungskatalog heißt, zugerechnet werden, für die Else Dormitzer, die das KZ Theresienstadt überlebte, exemplarisch steht. Übrigens emigriert sie nach der Befreiung zu ihrer Tochter, just in jene Stadt, in der Ida Herz ihren Exilort hat, London. Der Milieuskizze fügt sich ein, daß in der Zufuhrstraße 15, 1. Stock, mit Lilly Huber eine weitere bedeutende Frau aus dem Umkreis von Else Dormitzer wohnt, jenem Hause, in dem im 4. Stock zur gleichen Zeit die um drei Jahre ältere Ida Herz wohnt. Das Schicksal Lilly Hubers, Mitglied im Synagogen-Chor, konnte bis heute nicht aufgeklärt werden.

Aus diesem Lebensmilieu heraus entwickelt Ida Herz ihre vielfältigen kulturellen Aktivitäten in der Stadt, über der sich die Umrisse des Schattens des »Frankenführers« Julius Streicher, des pathologischen Judenhassers und Herrenwitz-Erzählers mit »Schweinshirn«, wie es in dem im Ausstellungskatalog abgedruckten Gedicht von Ericht Weinert[7] heißt, schon Ende der zwanziger Jahre abzeichnen. Natürlich richtet Ida Herz ihr Hauptaugenmerk darauf, Thomas Mann nach Nürnberg zu lotsen, zuerst im April 1925, als in Nürnberg die Fiorenza-Erstaufführung ansteht. Es wird nicht das letzte Mal sein, daß er abwehrt, verzögert, taktiert. Entweder finde die Erstaufführung ohne ihn statt oder das Schauspielhaus bequeme sich zu einer Terminverschiebung, läßt er Ida Herz am 6. Mai 1925 wissen. Aus dem Nürnberg-Besuch will so recht nichts werden. Aber sie gibt die Hoffnung nicht auf. Ein Jahr später, im Sommer 1926, scheint ein Besuch neuerlich in greifbarer Nähe. Wie gut er ihr tun würde, zumal sie um diese Zeit arbeitslos ist. In seinem Brief vom 2. Juli 1926 äußert Thomas Mann Mitgefühl: »Es tut mir recht leid, daraus wieder zu ersehen, daß Sie unter Ihrer augenblicklichen Inaktivität leiden.« Er kenne ja ihr »Temperament« und ihren »Tatendrang«. Wieder keimt Hoffnung auf. »Vielleicht daß sich die Idee einer Autofahrt nach Nürnberg dann in einem schönen Herbst noch verwirklicht« (Thomas Mann an Ida Herz, 9. August 1926). Auch dieses Mal erfüllt sich der Wunsch nicht. Sie aber läßt nicht locker. Mehr Glück hat sie zunächst mit den Interventionen des Epikers für eine neue Beschäftigung, die sie dann zum S. Fischer Verlag nach Berlin führt. Nach dem Abbruch dort und ihrer Rückkehr nach Nürnberg sendet sie sogleich wieder Lockrufe aus: Bach werde in Nürnberg gespielt, läßt sie den Wagner-Fan wissen. Dann, am 7. Oktober 1928, der Bescheid: »Gegen Ihren Vorschlag, im Laufe des Winters in Nürnberg eine Vorlesung zu halten, habe ich garnichts einzuwenden.« Sogleich aber vorsorglich hinausschiebend: »im späten Winter, also Februar oder März (...) Wenn Sie die Sache mit Hilfe der Buchhändler selbst in die Hand nehmen wollen, können Sie mir ja Ihrerseits geschäftliche Vorschläge machen.« Der »feste Blick aufs Honorar«, wie es der Publizist Joachim Kaiser einmal recht hübsch von sich formuliert hat, ist für Thomas Mann zeitlebens erste Natur gewesen. Die Honorarverhandlungen mit Nürnberg, dies läßt der Briefwechsel spüren, sind zäh, Symptome von Sparsamkeit machen sich in der Stadt, in der Luthers Geist früh schon einzieht, geltend.[8] Thomas Manns Stilkunst läuft am 13. Februar 1929 zu hoher Form auf: »Nun zu Ihrer Vortragsangelegenheit, in der ich auch einen Brief der Firma Ernst Fromann und Sohn« (offenkundig hatte Ida Herz hier eine Sponsoring-Ader aufgetan) »erhielt. Nun ist aber diese Einladung so wenig einladend gehalten, sie ist, was die wirtschaftlichen Möglichkeiten in Nürnberg betrifft, so pessimistisch, daß sie eher wie ein Abraten klingt und keineswegs dazu beigetragen hat, die Hemmungen meines Innern, die ohnedies diesen neuen Reise-Unternehmen entgegenstehen, zu entkräften«. Schließlich erinnert er daran, daß auch er als Poet sich unternehmerisch verhalten, Investition und Gewinnerwartung nüchtern kalkulieren müsse:

> »Dies zusammen mit dem Kleinmut des Unternehmers hat für jetzt den Ausschlag zum Negativen gegeben, und so lassen Sie sich denn bitten, es nicht treulos zu finden, wenn ich die Sache vorläufig vertagen möchte. Ich muß mit meinen Kräften haushalten und kann Vortragsreisen als Wirtschaftshaupt eigentlich nur verantworten, wenn etwas Ansehnliches dabei herauskommt (...) Ich bitte, auch Fromann im Sinn dieser Zeilen zu verständigen.«

Gewiß eine herbe Enttäuschung für Ida Herz, für die seine Ansichtskarten aus Bad Gastein, wohin er statt nach Nürnberg sich begibt, kaum entschädigt haben dürften. Neuerliche Bemühungen von Ida Herz, Thomas Mann nach 1929 für Nürnberg einzuwerben, versanden in Vertagungsschreiben.

Dann der Spätherbst 1929. Ein Freitag im Oktober: Einbrüche an der New Yorker Börse, eine Serie von Kursstürzen mit unabsehbaren, zuletzt Stürzen von Sozial- und Staatsordnungen mit verheerenden Auswirkungen. Menetekel neuerlicher europäischer Katastrophen. Inmitten der schwarzen Nachrichten von der Wallstreet eine sensationelle Meldung aus Stockholm: nach siebzehn Jahren geht der Nobelpreis für Literatur wieder einmal nach Deutschland. Thomas Mann, inzwischen zum Kultur-Demokraten mutiert, erhält die Auszeichnung für einen Roman, der fast drei Jahrzehnte zuvor erschienen war: die *Buddenbrooks*. Freude auch bei Ida Herz: ihr Thomas Mann nunmehr auf dem Gipfel der Meriten. Sie gratuliert sogleich. Bald darauf ergeht auch in die Zufuhrstraße 15 eine vorgedruckte Dankes-Karte mit Stempel ›Oberammergau‹, worauf mit Datum vom 14. November 1929 Zeilen des Nobelpreisträgers zu lesen sind: »Herzlich danke ich für die mir anläßlich der Verleihung des Nobelpreises gewidmeten Glückwünsche, Dr. Thomas Mann.« Und inmitten des Festtrubels, der Reden, Empfänge, Ehrungen, am 10. Dezember findet der Festakt der Verleihung des Nobelpreises in Stockholm statt, vergißt er nicht, seinem »Fräulein Herz« eine Ansichtskarte zu schicken.

Der Geldregen, der mit einem Nobelpreis verknüpft ist, bleibt nur selten unbeachtet. Nicht daß Ida Herz irgendeine Zuwendung für sich erbittet. Aber sie findet nichts dabei, Thomas Mann zu bitten, einen kleinen Betrag seines Nobelpreis-Geldes für nicht näher genannte wohltätige Zwecke in Nürnberg abzuzweigen. Erstmals zeigt der sich ihr gegenüber unwirsch:

> »So hart es klingt, aber das kann nicht sein. Ich bin mit Gesuchen ähnlicher Art überschüttet (...) Die Geldsumme, die mir zugefallen ist, und nach der infolge einer kolossalen Zeitungsreklame alle Hände greifen, obgleich sie eine einmalige Einnahme und nicht größer ist, als das Jahreseinkommen manches Industriellen, ist ja nicht dazu da, für wohltätige Zwecke verzettelt zu werden, sondern um einen Künstler mit großer Familie in Jahren, wo er an einem großen Werk (gemeint ist die Arbeit am Joseph-Stoff – F. K.) arbeitet, dessen finanzielle Aussichten ungewiß sind, eine gesicherte Basis zu schaffen. Verzeihen Sie diese Ablehnung, zu der ich mich schon wiederholt gezwungen gesehen habe,

obgleich es eigentlich nicht meine natürliche Art ist, auf Hilfsbedürftigkeit abweisend zu reagieren.« (20. Januar 1930)

Die letzten Zeilen dieses Briefes prägen sich ins Gedächtnis von Ida Herz ein; bald schon wird sie darauf zurückkommen.

Übers Jahr 1930 hinweg erreichen die Zufuhrstraße Karten aus den verschiedensten Himmelsregionen: vom Nil und aus Palästina, wo Thomas Mann sich Anfang 1930 aufhält, um in Augenschein zu nehmen, woran er arbeitet: die legendäre Welt des biblischen Joseph; von der kurischen Nehrung, wo er sich in seinem Sommerhaus in Nidden erholt; und natürlich immer wieder aus München, Poschingerstraße. Ida Herz wäre nicht Ida Herz, wenn sie ihr Idol nicht immer wieder um Hilfe für andere anginge. Bekanntlich gehört es zum Alltag von prominenten Autoren, mit Manuskripten von Menschen überschüttet zu werden, die sich zum Schreiben, zur Poesie berufen fühlen. Eine innere Abwehrhaltung ist da ganz normal, zumal bei einem, der soeben den Literaturnobelpreis empfangen hat und nun waschkorbweise mit dergleichen Ansuchen traktiert wird. Ida Herz zeigt sich auch in ihrem Bekanntenkreis erbötig, als Zwischenträgerin den Zugang zu Thomas Mann zu öffnen, so unter anderem auch für einen französischen Übersetzer. Er zeigt sich durchaus willens, dem »Herrn Fournet« eine Chance zu geben, sogar für ein separates Bändchen diverser Erzählungen. Abweisend freilich wird er, wenn Ida Herz ihm poetische Ergüsse aus ihrem Bekanntenkreis zur prüfenden Lektüre vorlegt.

Der »Skandal um Thomas Mann«, wie die Presse titelt, zeigt das Wetterleuchten an. Am 17. Oktober 1930 hält Thomas Mann im Beethovensaal in Berlin seine *Deutsche Ansprache*, in der er vor den wachsenden Gefahren der Hitler-Bewegung warnt. Der Experte für Provokationen, der österreichische – heute würde man wohl sagen »Happening-Künstler« – Arnolt Bronnen, vor nicht allzu langer Zeit noch künstlerisch-publizistischer Kompagnon von Bertolt Brecht, versucht, flankiert von einer eigens von Goebbels hinbeorderten SA-Truppe, den Vortrag, worin Thomas Mann leidenschaftlich für eine Allianz zwischen Sozialdemokratie und humanistisch gesonnenem Bürgertum wirbt, mit Krakeel zu stören. Zur Clique der Störer um Bronnen gesellen sich allemal prominente Namen: Ernst Jünger und Alexander Mitscherlich, konservativ-revolutionär gestimmt, die dem »Strandgut des Wilhelminismus« an den Stehkragen wollen. Fortan muß Thomas Mann stets gewärtig sein, daß seine Lesungen und zumal seine Reden zu aktuellen Zeitfragen von rechts gestört werden.

Daß ein radikaler politischer Wetterumschwung bevorsteht, davon kann er sich am 11. Juni 1931 in Erlangen überzeugen. Auf Einladung des Republikanischen Studentenbundes trägt er an der dortigen Universität seine Gedanken zu *Europa als Kulturgemeinschaft* vor. Schon der Titel des Vortrags mag in braun-nationalistischen Ohren als Provokation empfunden worden sein. Trotz des massiven Auftretens nazistischer Gruppierungen, das einen akademisch-deutschen Vorgeschmack von dem gibt, was wenige Jahre später in der Aberkennung der Ehrendoktorwürde durch die Universität Bonn kulminiert, hat Thomas Mann alles in allem, das Erlanger Presse-Echo eingerechnet, den Eindruck, wie er Ida Herz kurz danach aus München schreibt, daß er »glimpflich weggekommen« sei. Erlangen hat Leute vom Kaliber Bronnen, Jünger und Mitscherlich eben nicht aufbieten können ...

Für Ida Herz gerät der neuerliche Besuch von Thomas Mann in Mittelfranken freilich aus ganz anderen Gründen noch zu einer Enttäuschung. Denn schon im Vorfeld hat er sie mit Brief vom 9. Juni 1931 wissen lassen, daß die Zeit für den »Ausflug« nach Erlangen »sehr knapp bemessen« sei, es also »kaum möglich« sei, den »netten Besuch in Ihrem Heim zu wiederholen«, den sie sich so sehnlichst gewünscht hatte. Es läßt sich nicht mit Sicherheit ausmachen, wann genau Thomas Mann der Zufuhrstraße 15, d. h. Ida Herz und den Ihren einen Besuch abgestattet hat; womöglich im Zusammenhang mit seinem Auftreten auf der 5. Jahrestagung der Platen-Gesellschaft am 4. Oktober 1930, über das Ida Herz am 10. Oktober in der Nürnberg-Fürther Lokalpresse ausführlich berichtet.

Mögen auch ihre persönlichen Erwartungen an den Vortragsbesuch Thomas Manns enttäuscht worden sein, ein wenig wird sie dennoch dafür entschädigt. Nicht nur, daß der Epiker sie mit Materialien für ihr Archiv, die er von einer Vortragsreise nach Straßburg mitgebracht hat, versorgt. Mit Datum vom 20. Juli 1931 erreicht sie eine Ansichtskarte aus Nidden mit dem persönlichen Zusatzvermerk: »Der Thomas-Mann-Blick« aufs Meer. Darüber hinaus hat, wie sich zeigt, der Erlanger Aufenthalt vom 11. Juni doch noch eine positive Auswirkung gehabt. Denn am Nachmittag des Vortragsabends ist Thomas Mann, auf Vermittlung von Ida Herz, mit dem ihr offenkundig nahestehenden, in Erlangen wohnenden Nürnberger Volkshochschuldozenten Dr. Mendelssohn-Bartholdy zusammengetroffen. Thomas Mann hebt kurz danach in einem Brief an Ida Herz hervor, daß Mendelssohn-Bartholdy auf ihn einen »sehr guten Eindruck« gemacht habe. Daß dies nicht nur so dahingeschrieben war, davon zeugt ein anderes: Nachdem Ida Herz ein Jahr später entsprechend vorgesprochen hat, teilt ihr Thomas Mann mit Brief vom 7. Juni 1932 mit, er sei gerne bereit, an den sich in Existenznöten befindlichen Dr. Mendelssohn-Bartholdy für eine unbestimmte Zeit »pro Monat 10 Mark« zu überweisen.

Unschwer zu spüren, daß Ida Herz eine Frau ist, die, obwohl selbst nicht mit dem Füllhorn des Glücks gesegnet, stets wachen Auges und Herzens ist, wenn es darum geht, Menschen in Notlagen zu helfen. Auch Thomas Mann wird alsbald die Kraft dieser Hilfsbereitschaft zuteil werden. Ida Herz selbst aber treibt im Herbst 1931 einer empfindlichen seelischen Krise zu, deren Ursache gewiß in ihrer um diese Zeit sich steigernden Zuneigung zu Thomas Mann zu suchen ist. Nachdem sie ihn im Spätsommer 1931 in München besucht hat, wird sie nach der Rückkehr nach Nürnberg von depressiven Stimmungen ergriffen. Thomas Mann, hinreichend empfindsam, zeigt Verständnis, mahnt aber zugleich auch mit väterlich-kühler Autorität, wenn er ihr am 27. September 1931 schreibt:

»Es tut mir leid, daß Sie neulich enttäuscht von hier fortgegangen sind. Freilich wußte ich es ja schon, fühlte mich aber schuldlos daran. Wenn Ihnen daran lag, die Zeit und Ihr eigenes Leben mit mir unter vier Augen zu besprechen, so hätten Sie mich das doch im voraus wissen lassen müssen, es hätte sich dann am Ende einrichten lassen.«

»Unter vier Augen«, just diese Konstellation wird für ihn noch angelegentlich von Zusammenkünften mit Ida Herz zu alptraumhaften Momenten führen und ihn zu Überreaktionen treiben, die für den ansonsten so Selbstbeherrschten recht ungewöhnlich sind. Gespiegelt in Tagebucheintragungen, die später die Oberflächen-Biographik zu den überheblichen Fehleinschätzungen der Beziehung zwischen Thomas Mann und Ida Herz verleitet haben.

In jenem Brief vom 27. September 1931 jedenfalls bemüht sich Thomas Mann, sie aufzurichten, indem er ihr nüchtern Tatsachen vorhält und Lebensmaximen anrät. Zu den letzten gehört die nun wahrlich viel zu wenig beherzigte Einsicht, daß »in Sachen« zwischenmenschlicher Beziehungen »Erörterungen tieferer Art« wenig brächten. Der Nietzsche-Kenner wußte wohl um die dann regelmäßig einschnappende Automatik der laufenden Mißverständnisse. Diskussionen über und innerhalb von »Beziehungskisten« enden häufig im Sarg der Beziehung; die kluge Lou Salomé grüßt von weitem. Dann fährt Thomas Mann mit schwer zu überbietendem Lakonismus fort: »Es schwer zu haben, ist heute längst keine Auszeichnung mehr. Zahllose Menschen haben es schwer«. Zuletzt spricht der an Nietzsche nicht weniger als an Freud geschulte Psychologe, wenn er Ida Herz, die sich offenbar in eine Lebenskrise hineindramatisiert, wissen läßt:

»Sie sind außerdem ein Mensch, der mir eigentlich zur Melancholie nicht geboren scheint, sondern zu einer gesunden und, so weit es heute möglich ist, vergnügten Teilnahme an den Genüssen des Lebens, auch an denen, die man nicht im sublimsten Sinne als ästhetische bezeichnet.«

Sein Attest: »Ihre organische Untauglichkeit zur Verzweiflung.« Wie zutreffend Thomas Manns Diagnose der seelischen

Verfaßtheit und Disposition von Ida Herz gewesen ist, wenngleich diese Anwandlungen depressiver Gestimmtheit zeigt, bezeugt die nächste Zeit: Im diametralen Gegensatz zur tendenziellen Handlungslähmung, zur Inertia des melancholischen Charakters, weiß Ida Herz in Situationen, in denen Entscheidung, Mut und Tatkraft gefordert sind, beherzt zuzupacken. Im Alter noch, bestätigt Klaus W. Jonas aus Yale, habe sie sich »ihr oft nur schwer zu bändigendes Temperament«[9], das leicht mit ihr durchzugehen pflegte, bewahrt.

Ist es ihr auch verwehrt, je für längere Zeit mit Thomas Mann zusammen zu sein, so möchte Ida Herz ihn doch in ihrer Augen-Nähe haben. Gewiß, da ist die verzaubernde Lektüre seiner Romane und Erzählungen. Aber sie möchte mehr. So erliegt die jüdische »Tochter Nürnbergs« der Versuchung, sich ein Bild von ihm anfertigen zu lassen. Nachdem sie mit dem Ansuchen an ihn herangetreten ist, daß eine Frau Diehm von ihm ein Porträt malen möchte, der Wunsch dieser Porträtmalerin dürfte zuvorderst und zutiefst der von Ida Herz, also vorgeschoben, gewesen sein, erteilt Thomas Mann ihr in jenem Schlüsselbrief vom 27. September 1931, für Ida Herz eine Art persönlicher »Schwarzer September«, Krisis und Erneuerung, eine deutliche Absage. Er wolle »nicht kostbar tun« mit seiner Zeit, aber, führt er mit einer Ironie, die nicht ohne leise Boshaftigkeit ist, fort, falls das Bild dann unverkäuflich sei, so sei er »gehalten, das Bild zu kaufen, und das will und kann ich nicht«. Er werde inzwischen »so von der Steuer gerupft, daß mir bald nichts mehr bleibt.« Schließlich mündet der abschlägige Bescheid in versöhnliche Ironie: »Mir ist nach Porträtmalen nicht sehr zu Sinn; ich bin nervös und sehe, wie mir scheint, auch nicht so stattlich aus, daß der Augenblick das günstigste wäre.«

Illusionen

Freud zufolge handelt es sich im Falle von Illusionen nicht schlichtweg um Irrtümer, die nach Einsicht so schlankweg korrigierbar wären; die Macht der Illusionen ist vielmehr deshalb so stark, weil es sich um wunschgeleitete Irrtümer handelt, die nur unter einigem seelischen Aufwand und Schmerzen abgeräumt werden können.[1] Ob die Idee der »deutsch-jüdischen Symbiose« von Anfang an eine Illusion gewesen ist, ob es je so etwas gegeben hat, das diesen Namen verdiente, und wenn, ob es nach Auschwitz je wieder dergleichen geben könne, all dies ist zutiefst umstritten, diese Fragen können hier jedenfalls nicht einmal im Ansatz entwickelt werden. Daß für Ida Herz der Wunsch nach Symbiose leitend gewesen ist, daran lassen die Zeugnisse wenig Zweifel. Im Katalog zur bereits erwähnten Ausstellung »Spuren und Fragmente. Jüdische Bücher, Jüdische Schicksale in Nürnberg« wird nicht nur der Wunsch der rasch in die Stadt strömenden jüdischen Neubürger nach sozialer Eingemeindung betont: »Sie wollten keine Außenseiter sein, sie wollten dazugehören.«[2] Darüber hinaus wird für die Nürnberger Juden unterstrichen, daß sie »ausgesprochen patriotisch gesinnt«[3] waren, so daß es sie um so schmerzlicher getroffen hat, als sie nach 1918 haben registrieren müssen, daß nicht einmal ihr soldatisches Engagement für ihr Deutschland etwas daran geändert hat, daß mit dem verlorenen Krieg der Judenhaß neuerlich eskalierte. Anders, die jüdische Heimatliebe wird gleichsam mit dem Undank des Vaterlandes quittiert. Noch bevor im Jahr 1923 Streicher sein antisemitisches Hetzblatt *Der Stürmer* in Nürnberg aufzieht, erscheint 1921 ein bemerkenswertes Buch im S. Fischer Verlag Berlin mit dem Titel *Mein Weg als Deutscher und Jude*. Autor ist der Fürther Jude Jakob Wassermann. Darin findet sich der harsche Satz: »Leider steht es so, daß der Jude heute vogelfrei ist. Wenn auch nicht im juristischen Sinn, so doch im Gefühl des Volkes.«[4] Damit korrespondiert eine Sachverhaltsbeschreibung, welche fernab ist von allen symbiotischen Illusionen: »Wer eine Geschichte des Antisemitismus schriebe, würde zugleich ein wichtiges Stück deutscher Kulturgeschichte schreiben.«[5] Die Bayreuther Weihestätte sodann als »Zentralhexenküche« für »verhängnisvolle antisemitische Machenschaften« beim Namen zu nennen, davon mußte sich ein Poet, der »Schopenhauer, Wagner und Nietzsche« soeben als sein Dreigestirn deklariert hat, angesprochen fühlen, konnte ihm doch nicht entgangen sein, was Nietzsche in wahrheitsgetreuer Undifferenziertheit seinem *Jenseits von Gut und Böse* anvertraut hat, nämlich daß er keinen Deutschen kenne, der den Juden gewogen sei.[6] Nach Übersendung des Buches *Mein Weg als Deutscher und Jude* antwortet Thomas Mann seinem geschätzten Prosa- und Fabulierkollegen Wassermann mit einem bemerkenswert langen Brief. Er sei von der Lektüre tief ergriffen worden, wehre sich aber gegen den pessimistischen, allzu pessimistischen Ton des Buches: »Ihr subjektives Erleben nochmals in höchsten Ehren, – aber ist denn das alles wirklich so? Ist nicht doch viel dichterische Hypochondrie im Spiel?« Sollte Deutschland denn, so schließt Thomas Mann in abwehrendem Zweifel, »ein Boden sein, worin das Pflänzchen Antisemitismus je tief Wurzel fassen konnte? Wie ich bin und lebe so muß ich fragen.«[7] Wie er war und wie er lebte, zumal wie er schrieb, hat er seinerzeit fragen müssen, er, Thomas Mann, für den »das Jüdische« von *Wälsungenblut* (1906 zurückgezogen, 1921 neu publiziert) bis zur Figur des Saul Fitelberg im *Doktor Faustus* (1947) eine, wie Hermann Kurzke in seiner Thomas-Mann-Biographie zutreffend unterstreicht, »wesentliche Kategorie«[8] gewesen ist. Allerdings taucht Kurzke das Bedenkliche der Beziehung Thomas Manns zum Jüdischen in ein allzu mildes Licht.

Thomas Mann und die jüdische Religions-, Kultur- und Geisteswelt, eine äußerst verwickelte Angelegenheit, was nicht zuletzt mit dem zu tun hat, worüber gerade Käte Hamburger subtil reflektiert: das eigenartige »Deutschtum«[9] des Epikers, das zureichend zu ergründen einer dezidiert religionssoziologisch-mythologischen Studie zu seinem Beicht-Buch, dem *Doktor Faustus*, vorbehalten bleiben muß. Daß Thomas

Mann so unwirsch auf Käte Hamburgers Besprechung seines Schlüsselwerks reagiert hat, ist Symptom genug.

»Mann ist unverkennbar ein großer Freund der Juden«[10], steht im Antrag auf Aberkennung der deutschen Staatsbürgerschaft von 1934 zu lesen. Am Respekt vor der jüdischen Lebenskultur, dem jüdischen Geist, sofern er in vornehmer Kultiviertheit gefaßt ist, kann kein Zweifel bestehen; ebensowenig am Faible für die weibliche Schönheit mit der Note der »Wüstentraurigkeit«, wie natürlich überhaupt an der Weiblichkeit hintergründig-exotischen Zuschnitts. Von den »Judenmädchen« wußte nicht nur der Sohn einer Brasilianerin zu schwärmen, sondern auch der Schriftsteller Gustav Regler, der, animiert durch einen Aufenthalt in Nürnberg, im Jahre 1926 das Lob »der schönen Jüdinnen Nürnbergs«[11] singt. Mit der Heirat des »Judenmädchens« Katia exerziert Thomas Mann gleichsam für sich selbst und seine Lebenswelt jenen Traum von der deutsch-jüdischen Symbiose, den – schon hier sei es mit einem Ausrufezeichen versehen – auch Ida Herz träumt. Anders steht es, wenn jüdische Intellektualität ihm in Gestalt des »Zivilisationsliteratentums«, der »Freiheits- und Menschenrechts-Gestikulanten« entgegentritt; wenn Publizisten sein Leben, sein Werk »schimpfieren« (Thomas Mann), gar noch, wenn sie auf den gärenden Untergrund seiner, gemessen am herrschenden wilhelminischen Ideal deutscher Mannes- und Kriegerzucht, homoerotischen Neigung anspielen. So verbindet ihn mit dem Starkritiker Alfred Kerr zeitlebens eine Intimfeindschaft. Im Falle von Theodor Lessing bricht es derart vehement aus ihm hervor, verliert Thomas Mann in einer derart ungewöhnlichen Weise die Fassung, daß die Ausfälle ins Bösartige eskalieren. Als er von der Ermordung Lessings durch die Nazis hört, schreibt er an seinen Sohn Klaus: »War immer schon ein falscher Märtyrer.«[12] Unverhohlen gibt er eine aus dem Unbewußten hervorbrechende Genugtuung zu Protokoll. Am 1. September 1933 notiert er in sein Tagebuch: »Mir graust vor einem solchen Ende, nicht weil es das Ende, sondern weil es so elend ist und einem Lessing anstehen mag, aber nicht mir.« So macht es denn wenig Sinn, wie es die Oberflächen-Biographik eine von der anderen übernimmt, die Gereiztheit Thomas Manns in Gegenwart von Ida Herz, welche diese zu spüren bekommt, zumal über die Fernwirkung der Tagebuch-Aufzeichnungen (»Zu Tische leider die Herz«), zu notieren, ohne zu reflektieren, in welcher prekären Seelenlage sich der deutsche Dichter, dessen tiefste Schichten angerührt sind, befindet, welch drückende Zerrissenheit ihn während der Jahre des inneren Schwankens, also zwischen 1933 und 1935, in den Zustand dauernder nervöser Spannungen versetzt.

Er, der so sorgsam formuliert, spricht in jenem Antwortbrief an Jakob Wassermann auf dessen *Mein Weg als Deutscher und Jude* vom »Pflänzchen Antisemitismus«. Dem ist allemal ein erkleckliches Maß von dem eingeschrieben, was Freud als Illusion gilt. Ihren Nährboden hat diese Illusionsbildung und -fertigung nicht zuletzt in der Tatsache, daß Thomas Mann in eine jüdische Familie eingeheiratet hat, daß er sein Leben lang von einem jüdischen Verlag verlegt worden ist, Samuel Fischer, daß Zeit seines Lebenswerkes jüdische Freunde und Briefpartner ihn umgeben haben, von Max Brod über Julius Bab, Hermann Broch, Franz Werfel bis zu Bruno Walter und spät: Theodor W. Adorno. Was gerne in diesem Zusammenhang vergessen wird: Beziehungen des Respekts haben ihn mit Georg von Lukács und Sigmund Freud verbunden. Daran hat Hermann Kurzke zu Recht erinnert, aber übersehen, daß auch jüdische Frauen zu diesem Kreis gehören: allen voran die miteinander befreundeten Käte Hamburger und Ida Herz. Letztere ist es, die 1960 einen instruktiven Artikel in der *Information*, dem Hausorgan der »Association of Jewish Refugees in Great Britain«, veröffentlicht, in dem sie in knapper Form über *Thomas Mann und der deutsche Antisemitismus* referiert. Dort erinnert sie daran, daß Thomas Mann noch zu der Zeit, 1933, als »die nationalsozialistischen Judenhetzjagden begannen«[13], vom Glauben »an den ›gesunden Sinn des deutschen Volkes‹« nicht ablassen mochte und daß er ihr im März 1933 aus der Schweiz nach Nürnberg geschrieben habe, daß er an den »revolutionären Antisemitismus innerhalb der sueddeutschen Menschlichkeit nicht sehr stark glaube.« Sie wußte, wovon sie schrieb, weil auch sie selbst seinerzeit noch in den symbiotischen Illusionen befangen gewesen ist. Er habe, so Ida Herz, nur langsam und mit schmerzlichem Widerwillen angesichts der »Macht der brutalen Wirklichkeit« die Notwendigkeit einer Illusionendämmerung einräumen mögen. Sie weiß auch die Stunde, in der Thomas Mann sich diese Dämmerung eingesteht. 1936 ist das Jahr, in dem Thomas Mann nolens volens Abschied nimmt von Deutschland, von den letzten Illusionen: es ist das Jahr seiner Ausbürgerung.

Es ist bekannt, daß Thomas Mann im Jahr 1907, im Zuge einer Prominenten-Umfrage, sich unmißverständlich für die Fortschreibung der Assimilationsbestrebungen, für die Eingemeindung der Juden in die europäische Kultur, zumal für Mischehen, was für ihn nahelag, ausgesprochen hat.[14] Das Judentum ist für ihn ein »unentbehrlicher europäischer Kultur-Stimulus«[15] gewesen. Mehr noch, dies aber steht in einem eigentümlichen, nicht zu übersehenden Spannungsverhältnis zur Idee der Assimilation, Thomas Mann, nicht zuletzt gerade an diesem Punkt durch Nietzsches Optik in seiner Wahrnehmung geschärft, kehrt ausdrücklich das Außenseitertum geradezu als Vorzug des Judentums hervor. Die Auszeichnung durch das Leiden ruft seine empathischen Gefühle hervor. Der Nexus von »Erwähltheit und Leiden« war Thomas Mann ebenso wohlvertraut wie ihn – und nicht nur – der junge Walter Benjamin zu einem »Sendungsbewußtsein« aufgipfelt.[16] Es sei »die Tragik im Dasein des Juden, daß er zwei Gefühle in seiner Seele« vereinige: »das Gefühl des Vorrangs und das Gefühl der Brandmarkung«, schreibt Jakob Wassermann in seinem *Weg* von 1921.[17] Vier Jahre nach dessen Erscheinen blickt Freud auf die Psychoanalyse-Bewegung zurück und pointiert:

»Um sich zu ihr zu bekennen, brauchte es ein ziemliches Maß von Bereitwilligkeit, das Schicksal der Vereinsamung in der Opposition auf sich zu nehmen, ein Schicksal, das den Juden vertrauter ist als einem anderen.«[18]

Thomas Mann, längst vertraut mit Freuds Forschungen und Funden, wird seinem »deutschen Tonsetzer«, wird Adrian Leverkühn in komplexer Verwicklung just mit dem »Schicksal der Vereinsamung in der Opposition« ausstatten. Die Arbeit am *Doktor Faustus* aber bezeichnet genau jene Zeit, in der, mit Zustimmung und den besten Wünschen von Seiten der politischen Spitzenbürokratie des Hitlerregimes auf der Wannsee-Konferenz, die Vernichtung der europäischen Juden in vollem Gange ist. »Vernichtet, ausgelöscht« wird »das Milieu, in dem die ersten zaghaften Schritte zu einer deutsch-jüdischen Symbiose getan wurden«[19], wie Leibl Rosenberg in seiner Porträtskizze über Jakob Wassermann 1988 schreibt.

In dieser Porträtskizze steht auch zu lesen, daß Jakob Wassermann »am meisten Verständnis, Ermunterung, Echo und Anhängerschaft« für seinen schwierigen, schmerzhaften, enttäuschungsvollen, zuletzt vergeblichen Weg einer Vermittlung zwischen »jüdischem und deutschem Wesen« – bei »jüdischen Frauen« gefunden habe.[20] Zu den bewegenden Zeugnissen der Hoffnung auf einen fruchtbaren Nexus zwischen »jüdischem und deutschem Geist«, genauer der Hingabe an den letzteren, gehört eben jene persönliche Festgabe in zweihundertfünfzig Exemplaren »dreier Freunde« zum 50. Geburtstag von Thomas Mann im Jahre 1925, deren eine Ida Herz ist. Hier, in der liebevoll geschriebenen Widmung für »Thomas Mann und seinen Zauberberg« wird dem »Praeceptor Germaniae«, einer der »ausgeprägtesten lebenden Erscheinungen deutschen Geistes von europäischem Rang«, eine glühende Verehrung zuteil, deren Gehalt Licht auf das Verhalten der Mitautorin Ida Herz bereits vor, gerade aber auch nach dem Einschnitt von 1933 wirft:

> »Harmonieentfremdet gelangten wir nicht zur Humanität. Unsere Seelen wurden leer, weil unsere Zeit es längst war. Das ist unsere geistige Situation gestern und heute. Ein Lichtschein dämmert: Glaubensbereitschaft, Erwartungsfreude zieht in einzelne ein, die des reinen Subjektivismus müde sind. Auch Thomas Mann ging diesen Weg. Er kommt im Zauberberg aus der Subjek-

tivität in die Objektivierung einer lebensnahen und lebensbejahenden Humanität.«[21]

Nur das Wort von der leidensbereiten Hingabe, im besonderen Fall von Ida Herz eine Verdichtung von persönlicher Leidenschaft für Thomas Mann und sein Werk sowie der tief eingegrabenen Hoffnung auf eine innere Allianz zwischen Deutschtum und Judentum, reicht hin, um Wort und zumal Tat der »Tochter Nürnbergs« in der Zeit um das Jahr 1933 herum aufzuhellen, zu verstehen.

Einmal mehr ist sie bemüht, Thomas Mann für einen Vortrag in Nürnberg zu gewinnen. Wie immer gestaltet sich das Vorhaben schwierig, zäh. Am 15. April 1932 antwortet Thomas Mann:

»Daß Luppe (Nürnbergs Oberbürgermeister, der 1933 von den Nazis aus seinem Amt entfernt und durch den Nazi-Gefolgsmann Liebel ersetzt wird – F. K.) jetzt nicht viel Gedanken für einen Nürnberger Vortrag von mir übrig hat, (natürlich sind Dr. Luppe die Provokationen und Turbulenzen anläßlich jener Vorträge in Berlin und im nahen Erlangen zu Ohren gekommen – F. K.), kann ich gut verstehen. Auf jeden Fall soll es mich freuen, wenn die Sache in der intimen Form, die Sie vorschlagen, zustande käme und zwar am Dienstag den 10. Mai«.

Mithin ein ominöses Datum, denn auf den Tag genau ein Jahr nach diesem von Thomas Mann anvisierten Termin wird sich die düstere Prophezeiung Heinrich Heines erfüllen, daß dort, wo man zuletzt Menschen verbrenne, zuvor mit der Verbrennung von Büchern begonnen werde. Insofern hat die Nürnberger Ausstellung »Spuren und Fragmente« im Untertitel den Problemgehalt im Kern getroffen: »Jüdische Bücher, Jüdische Schicksale in Nürnberg«.

Das für den Vortrag in Nürnberg gewählte Thema lautet: *Goethes Laufbahn als Schriftsteller*, zuerst gehalten am 21. März 1932 in der Stadthalle zu Weimar. Der Zuruf an die Deutschen, sich auf den europäischen, sich auf Goethes Humanismus zu besinnen, statt im »Tollhaus« zu enden,

zitiert en passant Goethes Sentenz: »Übers Niederträchtige /
Niemand sich beklage; / Denn es ist das Mächtige, / Was
man dir auch sage«[22], und mündet in zwei Zeilen aus dem
West-östlichen Divan, die zu zitieren erkennen lassen, daß
Thomas Mann längst weiß, was ihm noch blühen mag: »Sie
lassen mich alle grüßen / Und hassen mich bis in den
Tod.«[23]

»Auf Wiedersehen also am großen Tag« endet der Brief
vom 28. April 1932, in dem Thomas Mann die »freundliche
Einladung« von Ida Herz zum Mittagessen in Nürnberg
annimmt, um Quartierbestellung für das »Hotel Fürstenhof«,
Doppelzimmer mit Bad, bittet und ferner Grüße an den Lei-
ter der Nürnberger Volkshochschule, Eduard Brenner, aus-
richten läßt:

> »Ferner möchte ich gleich bitten, Herrn Professor Bren-
> ner von der Volkshochschule meinen verbindlichsten
> Dank für seinen Brief vom 21. auszusprechen und ihm
> zu sagen, daß ich mich sehr freue, vor dem Publikum
> der Volkshochschule zu sprechen.«

Gleichsam in letzter Stunde vor Volkshochschul-Publikum
zu sprechen, Einladungen wie die im Herbst 1932 nach
Wien (*Rede vor Arbeitern in Wien*), die so viel Staub aufge-
wirbelt hat, oder nach Nürnberg anzunehmen, mögen dafür
Indiz sein, wie ernst es Thomas Mann damals mit der Idee
einer Allianz von antinazistisch-humanistischem Bürgertum
und Arbeiterbewegung gewesen ist.

Am meisten dürfte sich gewiß Ida Herz gefreut haben,
daß endlich, wie Thomas Mann ihr – darum wissend –
schreibt, der »große Tag« naht, an dem ihr Herzensidol in
ihrer Geburts- und Heimatstadt spricht. Ein Wiedersehen der
auszeichnenden Art. Sie konnte sich freuen und stolz sein,
als der Tag vorüber war. Das von ihr initiierte Erscheinen
Thomas Manns in Nürnberg ist von Erfolg gekrönt. Starker
Zulauf zum Vortrag, Einnahmeüberschüsse werden erzielt,
die der Erwerbslosenarbeit der VHS zugeführt werden. Ein
Kapitel für sich ist das Presse-Echo, eine unfreiwillige Posse
über den Provinz-Journalismus, die Hans Fallada nicht bes-

ser hätte schreiben können. Einen Tag nach der von den »Freunden der Volkshochschule« organisierten Veranstaltung, am Mittwoch, den 11. Mai 1932, teilt die liberale *Nürnberger Zeitung* in beleidigtem Ton ihrer Leserschaft mit:

> »THOMAS MANN sprach gestern abend im Verkehrsmuseum auf Veranlassung der Volkshochschule. Die Veranstalter hatten für sich selbst die erste Sitzreihe reserviert. Das ist ihr gutes Recht. Darüber hinaus waren sie wohl der Anschauung, die eingeladene Presse werde sich in dem vollen kleinen Saal selbst Plätze erkämpfen oder mit Stehplätzen vorliebnehmen. Auch dieser Gedankengang ist ihr gutes Recht, zeugt aber von einem bemerkenswerten Mangel an Verständnis für die einfachen Höflichkeitsformeln gegenüber der Presse. Daß wir nun unsererseits *dafür* kein Verständnis haben, wird man verstehen. Über den Abend kann darum leider nicht berichtet werden.«

Da mochte der *Fränkische Kurier* nicht nachstehen. Tags darauf, am 12. Mai, mühte dessen Lokalberichterstatter sich, den Witz der Konkurrenzzeitung noch durch ausgesuchten Sprachwitz zu überbieten:

> »Thomas Mann. Die Städtische Volkshochschule hatte uns zu einem Vortrag Thomas Manns ›Goethe's Laufbahn als Schriftsteller‹ eingeladen. Sie übersah aber die den einfachsten Höflichkeitsbegriffen entsprechende Gepflogenheit, Presseplätze bereitzustellen. Wir ließen die zuständigen Herren auf dies Versehen, oder wie man es nennen will, aufmerksam machen. Man hielt es aber nicht für nötig, uns Bescheid zu geben, geschweige denn, uns Plätze einzuräumen. Die hieraus zu folgernde Zumutung, daß wir uns irgendwo im Hintergrund an eine Säule lehnen könnten, veranlaßte uns, den Saal zu verlassen, so daß wir nicht in der Lage sind, unseren Lesern mitzuteilen, wie Thomas Mann über den Schriftsteller Goethe denkt.«

Oder anders, vielleicht hat es ja ein Jahr später, am 10. Mai 1933, Plätze in der ersten Reihe gegeben ...

Im Herbst 1932 kommt es zu einer ernsthaften Verstimmung zwischen Ida Herz und Thomas Mann, die von der Bewunderin ausgeht und auf die der Bewunderte mit einem aufschlußreichen Brief antwortet, der nicht nur Auskunft über die geistespolitische Position Thomas Manns am Vorabend der Machteinsetzung Hitlers gibt, sondern Vorzeichen für dessen Haltung in den nächsten Jahrzehnten birgt: sein unzweideutiges Ja zur Politik des New Deal und seine merkliche Öffnung zur Sowjetunion hin. Letztere treibt die keineswegs taube Tagebuchblüte aus der Zeit des amerikanischen Exils, Ende der vierziger Jahre, wonach eher Stalin ihn zum Präsidenten einer deutschen Nachhitler-Republik machen würde denn die Amerikaner. Tatsächlich wird er ja, vor allem wegen und dank des dort waltenden Georg von Lukács, in Moskau höher gehandelt als der »linke Brecht«. Jedenfalls entspinnt sich im November 1932 im Anschluß an Thomas Manns *Rede vor Arbeitern in Wien* zwischen ihm und Ida Herz eine heftige Briefkontroverse, während der diese vom Gefühl einer »plötzlich auftauchenden Notwendigkeit« befallen wird, »mich in Fragen der politischen Stellungnahme von Ihnen trennen zu müssen.« Mit der Wiener Rede vom 22. Oktober 1932 hatte Thomas Mann seine dritte, explizit politische Grundsatzbestimmung im Zeichen des heraufziehenden Regimes des Nationalsozialismus vorgenommen. Zwar grenzt sich der Nobelpreisträger gegenüber dem Marxismus ab, bezweifelt er im Grunde die Perspektive einer eigenständigen proletarischen Kulturentwicklung; Thomas Mann bekennt sich zur Wohlfahrts- und Gerechtigkeitsidee des Sozialismus, leitet aber sein Votum für den Sozialismus dezidiert aus der Tradition des bürgerlichen Humanismus ab, darin im übrigen seinem Verehrer Georg von Lukács durchaus nahe. Schroff kritisiert Thomas Mann den Kult des neuen Irrationalismus, die Bewegung der »konservativen Revolution« à la Ernst Jünger, den vitalistischen Nietzscheanismus und um diese Zeit längst auch den von Spengler aufgewärmten Caesarismus. Was Ida Herz irritiert

haben dürfte, ist nicht die Kritik der »konservativen Revolution«, ihrer faktischen Vorarbeit für Hitler, sondern die von
Thomas Mann in dramatischer Stunde unmißverständlich
favorisierte Allianz des humanistisch gesonnenen deutschen
Geistes mit der antinazistischen Arbeiterbewegung. Dies
mochte ihr als Frevel an der Erwähltheit des deutschen Geistes, seiner Exklusivität und Vornehmheit erschienen sein.
Nicht zufällig erinnert sie im Brief vom 22. Februar 1932,
der gleichsam als Dokument der Aussöhnung von ihrer Seite
her gelesen werden kann, den Dichter an jene exklusive
»Gabe von 1925«. Gemeint ist die Hommage »dreier Freunde«
zum 50. Geburtstag Thomas Manns (*Thomas Mann und sein
Zauberberg*), worin seine exzeptionelle Stellung als
Repräsentant des geistigen Deutschland, als Praeceptor
Germaniae überschwenglich gefeiert worden ist. Derart
hoch hat sie den »Deutschen Geist« gesockelt, und sie steht
diesbezüglich unter dem deutschen Judentum mitnichten
alleine da, daß sie blind ist für die barbarische Rückseite
dessen, was Europa als »Deutschen Geist« bewundert und –
fürchtet.

Am 15. November 1932 bekennt sich Thomas Mann
nachdrücklich zu seiner *Rede vor Wiener Arbeitern*, und er
fährt Ida Herz förmlich an, daß er sich von ihr »die Erinnerungen« an Wien »nicht trüben lassen« möchte. Überhaupt
eröffnet er den Brief: »Ich wundere mich, daß Sie sich über
mich wundern.« Warum Ida Herz gerade wegen der »Wiener
Ansprache« eine »so betrübte Oppositionsstellung« gegen
ihn einnehme, habe er doch dort im Grunde »nichts Neues«
gesagt. Was zutrifft, aber Ida Herz scheint vor allem der
Massencharakter des Forums, das Plebejische gestört zu
haben. Dann aber wird Thomas Mann ernst, indem er –
unausgesprochen – auch und gerade die Illusionen über die
»deutsch-jüdische Symbiose«, den Glauben, daß das, was
anscheinend zusammengehört, auch zusammenwächst,
nämlich die einzigartige jüdische Tradition und der einzigartige deutsche Geist, tangiert: »Wenn Sie die Interessen des
Geistes, der Freiheit, der Zukunft beim heutigen Bürgertum
besser aufgehoben glauben als bei der Arbeiterschaft, so

müssen Sie eben bürgerlich wählen. Ich«, fährt der erfahrungsgesäuerte Intimkenner des deutschen Bürgertums fort,

> »habe in diesem Punkt schwere Zweifel, die durch alle
> bisherigen Erfahrungen sehr gerechtfertigt sind. Meine
> politischen Überzeugungen sind heute sozialistisch,
> unter Wahrung des demokratischen Prinzips«.

Fürchtet Ida Herz, Thomas Mann könnte die Größe des deutschen Geistes dem plebejischen Charakter der Arbeiterbewegung überantwortet haben, so ist der sich längst sicher, daß die Mehrheit des deutschen Bürgertums dabei ist, den Humanismus des deutschen Geistes, dessen Europäisches vom Zuschnitt Goethes, der Kloake der Hitlerbewegung zu opfern.

Ida Herz registriert in diesen Tagen aufmerksam alles, was über Thomas Manns Stellung in der Zeit berichtet wird. Nachdem sie gewahr wird, daß seine »Botschaft des Geistes« gegen die »Revolution des großen Zurück«, gegen den drohenden Rückfall in aufgewärmte Archaik, sprich Barbarei, gerichtet ist, er die »deutsche Geistestradition«, den »Adel des Geistes« gerade durch die Allianz mit der Arbeiterbewegung retten möchte, er, wie sie es einmal formuliert, »ein echter Aristokrat des Geistes«[24] auch fortan zu bleiben gewillt ist, teilt sie ihm mit Brief vom 22. Februar 1933 mit, »daß ich wieder uneingeschränkt (...) positiv zu Ihnen stehen« kann. Zwar ist die Verstimmung zwischen beiden abgeflaut, Thomas Mann aber läßt noch ein Nachbeben vernehmen. Um diese Zeit weilt er bereits im Ausland, er hat soeben seine folgenreiche Tournee mit dem Vortrag *Leiden und Größe Richard Wagners,* zuerst am 10. Februar 1933 in München gehalten, hinter sich, sowenig wie Ida Herz ahnend, daß diese Vortragsreise die Passage ins Exil ist. Ob er an ihr »Archiv« gedacht habe, da »Ausländisches« so schwer zu beschaffen sei, hatte sie noch angefragt und den Wunsch geäußert: »Von Ihrer großen Reise, die hoffentlich nicht zu anstrengend, nur erfreulich-befriedigend war, hoffe ich Sie gesund zurück.« Aus Arosa, Schweiz, antwortet Thomas Mann mit einer exemplarischen Bestimmtheit, deren

Beben unüberhörbar ist, auf den Zwist vom November und die Wiederannäherung:

»Arosa, 28.2.1933 – Ihren Brief habe ich erhalten. Ich leugne nicht, daß ich es als eine Kundgebung gewöhnlichster Torheit empfunden habe, als Sie mir mit Ihrem Kummer über meinen ›Marxismus‹ kamen und sich politisch glaubten von mir trennen zu müssen. Die Umstände sind nicht danach angetan, zu heiterer Nachsicht und zur Güte zu stimmen. Sogenannte Freunde meines Lebens, die mich heute, wo ich unter den deutschen Schriftstellern fast allein, verhöhnt und beschimpft vom nationalistischen Pöbel, mich der hereinbrechenden Barbarei entgegenstemme – soweit das überhaupt noch möglich ist – im Stiche lassen und sich mit solchen ›Bedenken‹ von mir distanzieren, entwerten damit auch jedes Verständnis, das Sie meiner künstlerischen Arbeit entgegenzubringen schienen und gehen mich nichts mehr an. Selbst wenn Sie mir aus klassenmäßig-kulturellen Besorgnissen, die ich nur als kümmerlich empfinden kann, nicht zu folgen vermochten, war es eine Taktlosigkeit, mir das zu schreiben und es besser wissen zu wollen, statt lieber zu warten, bis Ihnen das Licht aufginge, das Ihnen jetzt aufgegangen zu sein scheint – ich weiß nicht recht, wodurch. Durch die Ereignisse gewiß mehr als durch mich. Denn was Grimme von mir verlesen hat und was Sie nun auf einmal gut finden, ist ja eine fast wörtliche Wiederholung dessen, was ich schon in Wien vor den Arbeitern gesagt habe, und was Sie damals mißbilligten.

Ich beglückwünsche Sie, daß Sie zu lernen imstande sind. Auch ich habe gelernt und bin mir wohl bewußt, daß mein ganzer Vorzug darin besteht, daß ich etwas schneller zu lernen weiß als das Gros. Wenn die Schande sich vollendet, wenn das Friedhofsschweigen der nationalistischen Diktatur sich über Deutschland gesenkt hat, kein Charakter sich mehr verwirklichen, kein Mut sich mehr bewähren kann, die deutsche Sprache, die geschaffen ist, der Körper der Wahrheit zu sein, untersagt sein wird, dann wird auch meine Kollegen, die deutschen Schriftsteller ein Grauen ankommen vor ihrer feigen Sympathie mit den Gewalten des Ungeistes. Jede Sorge um die ›bürgerliche Kultur‹ ist läppisch, wenn es wie jetzt zum Aeußersten kommen soll. Kommunisten und Sozialdemokraten müssen sich finden, und mit ihnen muß das katholisch-universalistische Deutschland, die protestantische Bildung, das Judentum, die Künstlerschaft, – müssen alle, alle, die noch einen Funken geistiger Ehre im Leibe haben, *eine* entschlossene Front bilden, damit diesen Kriegslümmeln, diesen Henkern deutscher Freiheit und Geistigkeit das Handwerk gelegt werde.

Wer das nicht begreift, der fahre hin. Wenn Sie es jetzt begriffen haben, so halten Sie fest an Ihrer Erkenntnis.«

Er selbst habe lernen müssen; dieses Eingeständnis deutet an, warum der »Praeceptor Germaniae« der jüdischen Buchhändlerin, die er noch in verhängnisvollen Illusionen befangen sieht, derart vehement und grundsätzlich antwortet. Hat diese ihm doch anläßlich der »Aktion Rust« (mit 4. Februar 1933 Kommissar für das preußische Kultusministerium, ab 30. April Reichsminister für Wissenschaft, Erziehung und Volksbildung), der Operation des Hinauswurfs von Heinrich Mann aus der Preußischen Akademie der Künste, Sektion Dichtung, nicht ohne Ahnungen, aber noch mit einer gehörigen Portion Naivität am 22. Februar 1933 geschrieben: »Sie treiben es ein bißchen zu stark. Das führt zu nichts Gutem. Mir bangt ein wenig vor der nächsten Zukunft.« Aber auch mit der Illusion, die Nazis überspannten den Bogen und würden bald abgewirtschaftet haben, stand ja Ida Herz mitnichten alleine da ...

Thomas Mann, der bei Erscheinen von Wassermanns *Mein Weg als Deutscher und Jude* dessen Pessimismus nicht teilen mochte, wird sich 1935, im Vorwort zur Wassermann-Biographie von Martha Karlweiß, Wassermanns zweiter Frau, öffentlich korrigieren. Der Fürther Jude Jakob Wassermann, der große Fabulierer, sei hellhöriger, hellsichtiger gewesen als viele andere, auch als er, Thomas Mann.[25]

Nachdem die Würfel gefallen sind mit 1936, wird sich Thomas Mann noch mehrfach mit der Frage, den Chancen und dem Scheitern der jüdisch-deutschen Symbiose befassen. Die Stellungnahmen sind 1966, mit Genehmigung von Katia Mann, unter dem Titel *Sieben Manifeste zur jüdischen Frage 1936-1948* von Walter A. Berendsohn ediert worden. Bezeichnenderweise – oder leider – nur in einer einmaligen Auflage von 200 Exemplaren. Die Positionsbestimmungen verdienten eine gesonderte Befassung, weshalb hier nur angedeutet werden soll, was die geistige Beziehung zwischen Ida Herz und Thomas Mann tangiert. Auf die öffentliche Frage der *Jüdischen Revue* von 1936, Mukacevo: »Warum braucht das jüdische Volk nicht zu verzweifeln?« antwortet Thomas Mann mit Goethe: »Sie sind das beharrlichste Volk der Erde, sie sind, sie waren, sie werden sein, um den Namen Jehova durch die Zeiten zu verherrlichen.«[26] Darüber hinaus schildert Thomas Mann in einer knappen Skizze seine Beziehung zum Judentum, die zu reflektieren immer noch lohnt:

> »Mein privates Verhältnis zum Judentum ist durch die Tatsache bestimmt, daß ich zeit meines Lebens unter Juden meine besten Freunde und meine ärgsten Feinde gehabt habe, woraus persönlich-stimmungsmäßig folgt, daß ich am liebsten weder Gutes noch Böses von diesem Geblüt sage.«

Sich einen Philosemiten zu nennen, dafür gebe es zu viele verschiedene Juden.

> »Der deutsche Antisemitismus aber, als Produkt und Zubehör eines rassischen Pöbel-Mythus ist mir in der Seele zuwider und verächtlich. Er ist der Not-Aristokratismus kleiner, sehr kleiner Leute. ›Ich bin zwar nichts, aber ich bin kein Jude‹: darauf läuft es hinaus. Nicht ›liberalistische‹ Allerweltsphilantropie, sondern das einfachste religiöse Gefühl hat mich von je her gehindert, diesem Unwesen das geringste Zugeständnis zu machen.«[27]

In den späteren Stellungnahmen pointiert er, was er gewiß auch an Ida Herz schätzt, die intime Beziehung zum Wort:

»Die Juden heißen ›das Volk des Buches‹ – man muß verstehen, was alles in dem Worte ›Buche‹ an Empfindlichkeit, Empfänglichkeit, seelischer Reife, Leidenskenntnis, Liebe zum Geistigen symbolisch sich andeutet, um die Dankbarkeit zu begreifen, die der literarische Geist gerade in Deutschland den Juden schuldet.«[28]

In dem 1937 auf Einladung des Zürcher Clubs »Kadimah« gehaltenen, internen Vortrag vor »ganz überwiegend israelitischem Publikum« entwickelt Thomas Mann nicht nur seinen Begriff von Antisemitismus:

»Der Antisemitismus ist ein Zubehör und Losungswort aller trüben, wirren und mit viel Bestialität vermischten Massenmenschlichkeit und Massenmystik von heute. Er ist kein Gedanke, kein Wort, er hat keine Menschenstimme, er ist ein Gegröhl.«[29]

Nicht ohne hintersinnige Anspielung auf die Diskussion über die Differenz zwischen dem Massenordinären und dem Plebejisch-Demokratischen, hält er sodann, ungeachtet seines Plädoyers für politische Allianzen mit der Arbeiterbewegung, unbeirrt am »Adel des Geistes« fest: »Der Aristokratismus des Geistes ist eine Notwendigkeit, und er ist etwas weitaus Rechtmäßigeres als das armselige Vornehmheitsbedürfnis, das sich, unter anderem, im Antisemitismus äußert.«[30]

Schließlich zieht sich durch alle Beiträge eines wie ein roter Faden: die Bekräftigung der von Goethe schon betonten Affinitäten zwischen dem jüdischen und deutschen Geist: »es läßt sich so vieles über Deutsche und Juden gemeinsam sagen!«[31] Im Fitelberg-Kapitel des *Doktor Faustus* (XXXVII), in dem das Aufeinandertreffen des Pariser Impressario Saul Fitelberg und des deutschen Tonsetzers Adrian Leverkühn geschildert wird, finden sich brisante nicht weniger als abgründige Notate zum Verhältnis zwischen Juden und Deutschen. Notate, in die nicht zuletzt auch Erfahrungen eingegangen sind, die Thomas Mann in den Jahren seiner Korrespondenz mit Ida Herz gesammelt hat. Fitelberg: »Wir Juden haben alles zu fürchten vom deutschen Charakter, qui est essentiellement anti-sémitique«. Und beim Abschied: »Die Deutschen sollten es den Juden überlassen, pro-deutsch zu sein.«[32] Und als hätte er Ida Herz als einer Repräsentantin des jüdischen Geistes in Deutschland in die Tiefenkammern der Seele geblickt, pointiert er in seiner BBC-Rundfunkansprache vom 27. September 1942, einer von fünfundfünfzig an die »Deutschen Hörer!«, bereits in vollem Wissen, wie er formuliert, um das »Ghetto von Warschau« und den »irrsinnigen Ernst mit der Ausrottung der Juden«:

> »Selbst heute noch nicht sind sie eure Feinde; ihr seid nur ihre. Ihr bringt es fertig, den Haß wechselseitig zu machen. Juden sind fast immer deutschfreundlich, und wenn es mit euch zum Ärgsten kommt, wie es wahrscheinlich ist – sie gerade, unemotional und altersweise, wie sie sind, werden davon abraten, euch Gleiches mit Gleichem zu vergelten, – sie werden vielleicht in der Welt eure einzigen Freunde und Fürsprecher sein.«[33]

Tragik ist wohl das Wort. Dem Wunsch der deutschen Juden nach Symbiose, wie er in Ida Herz exemplarisch sich manifestiert, hat auf Seiten der deutschen Majorität, gleich ob christlich oder konfessionslos, zu keinem Zeitpunkt eine Entsprechung gefunden. Von einem »Mutualismus«, den die diversen Lexika der Eigenart symbiotischer Beziehungen zuerkennen, kann für das jüdisch-deutsche Verhältnis nicht die Rede sein. Den eminenten Beitrag der jüdischen Minorität zum vielzitierten Deutschen Geist hat die nationale Majorität mit der diffamierenden Formel vom »Parasitentum« quittiert. Wenn, dann hat es eine Einseitigkeit mit tödlichem Ausgang für die Minorität gegeben.

Flaschenpost

»Auf Wiedersehen in München. Wir sind dort ab 5. September«, schreibt Thomas Mann mit Datum vom 26. August 1932. Noch weilt er mit seiner Familie in Nidden, Kurische Nehrung, Haus Thomas Mann. Nachdem Ida Herz ihn im Herbst 1932 »in seinem schönen Münchner Heim« besucht hat, überschlagen sich die Ereignisse in Berlin, und also auch in München und Nürnberg. Die Turbulenzen der nächsten Monate spiegeln sich eindringlich im Briefwechsel der beiden, der nunmehr seine höchste Dichte erreicht; nicht nur, weil Ida Herz für Thomas Mann zur wichtigsten Gewährsfrau in Deutschland wird, sondern auch, weil sie für ihn Aufträge übernimmt, die erhebliche Umsicht und eine gehörige Portion Mut verlangen. Später wird Thomas Mann sie in periodischen Abständen wissen lassen: »Haben Sie Dank für Ihr Zumirhalten.« Die Loyalität zu Thomas Mann, nachdem dieser von der Wagner-Vortragsreise im Frühjahr 1933 nicht mehr nach Deutschland zurückkehrt, ist für Ida Herz mehr als nur Ausdruck eines innigen freundschaftlichen Zugetanseins, einer geradezu emphatischen Anhänglichkeit. Thomas Mann ist für sie nicht nur der »raunende Beschwörer des Imperfekts«, dessen Sprachzauber sie erlegen ist, sondern der Repräsentant jenes deutschen Geistes, dessen Liaison mit dem jüdischen je schon ihr Herzenswunsch gewesen ist. Über beidem, dem Wunsch des Herzens nach Symbiose zwischen jüdischem und deutschem Geist und dem Begehren nach personaler, innigster Nähe zu Thomas Mann, liegt von Anfang an der Schatten der Vanitas, der vergeblichen Liebesmüh' im strikten Sinne des Wortes.

»Es war damals«, während der Jahre 1933/34, »paradoxerweise sicherer, gewagte Nachrichten auf offener Karte ins Ausland zu senden.«[1] Dieser rückblickenden Notiz von Ida Herz aus dem Jahre 1965 hat man inne zu werden, sitzt der Nachgeborene im Jahre 2000 in der Arbeitsstube des Züricher Thomas-Mann-Archivs, den Wechsel der Briefe und Karten mit einiger Verwunderung ob der Ungeniertheit, namentlich auf seiten der Briefschreiberin, registrierend. Die beeindruckende Bescheidenheit, mit der sie nach dem Kriege in London über die postalische Korrespondenz der ersten Zeit nach 1933 spricht, darf nicht darüber hinwegtäuschen, unter welcher Konstellation sie sich vollzieht: Thomas Mann schreibt, häufig mit wechselnden Absendern in Frankreich und der Schweiz, vom Ausland aus. Wenngleich, das hat bekanntlich die Entführung des Schriftstellers Bertold Jakob durch die Nazis gezeigt, auch das Ausland kein absolut sicherer Boden gewesen ist, so stellt sich die Situation von Ida Herz freilich ungleich heikler dar. Sie versendet Post an einen und empfängt Briefe und Ansichtskarten von einem Mann, der bis zu seiner Ausbürgerung im nationalen und internationalen Rampenlicht steht, um den es auch innerhalb der Nazi-Cliquen ein Tauziehen darum gibt, wie mit ihm geschickterweise zu verfahren sei: die Skala reicht bezeichnenderweise von den guten Wünschen für eine »Sommerfrische in Dachau« bis zur insgeheimen Hoffnung, man könne den Literaturnobelpreisträger für Deutschland umgarnen. Daß der Briefwechsel zwischen Ida Herz und Thomas Mann ruchbar geworden ist, davon zeugen die späteren Gestapo-Akten, in denen der Antrag auf Ausbürgerung von Ida Herz aus dem deutschen Staatsverband gestellt wird.

Mehr noch, Ida Herz führt den Briefwechsel mit ihrem Nobelpreisträger, dem seit seinem Wagner-Vortrag im Februar 1933 in München das Gift der im Lande verbliebenen, karrierehungrigen und eventversessenen Kultur-, insbesondere Frackprimadonnen- und Musikanten-Prominenz entgegenspritzt, vom Boden einer Stadt aus, die als besonders gefährlich für eine »jüdische Tochter« eingestuft werden darf. Nürnberg ist nicht nur die »Stadt der Reichsparteitage«, sondern die Operationsbasis des berüchtigtsten Judenhassers, Gauleiter Streicher. Sodann darf nicht vergessen werden: die Adresse, bei der Thomas Manns Post eintrifft, Nürnberg, Zufuhrstraße 15, ist in einem jüdisch geprägten Lebensmilieu zu verorten, einem Viertel, in dem die Nazi-Behörden alsbald jene »Judenhäuser« schaffen, um die Juden, in kenntliche Quartiere zusammengelegt, leichter dem Zugriff der Schergen und Transportunternehmungen zuzuführen. Die Adresse »Zufuhrstraße 15« ist um diese Zeit ein Haus, bezeichnet eine nachbarschaftliche Umwelt, in der auf vielen Stockwerken jüdische Familien, deutsche Juden arbeiten und leben. Eine Lebenswelt mit einem empfindlichen Gefährdungspotential für Leib und Leben der dort Wohnenden.

»Am 20. Juli 1933«, also auf den Tag genau ein Jahr nach dem Putsch der Nazis in Preußen,

> »veranstalteten die Nazis eine große ›Judenhatz‹. Mit Tagesanbruch überfielen Hitlers berühmte Landsknechte, die SA, die jüdischen Wohnungen, holten alles, was männlichen Geschlechts war, heraus, warfen alte und junge Männer, ja sogar Knaben, mit Schlägen und Hieben auf die wartenden Lastautos und entführten sie, wir wußten nicht wohin. Nach wenigen Stunden kehrten die Opfer zurück, mit Blicken, aus denen Todesangst sprach. Kein Fragen, auch noch so eindringliches, konnte sie zum Sprechen bringen. Mit welchen Drohungen man wohl ihr Schweigen erzwungen hatte?«[2],

so erinnert sich Ida Herz viele Jahre später. Für sie bedeutet dieser Tag des Terrors ein unübersehbares Warnsignal; zunächst die Aufgabe, zumindest Vertagung ihrer Reisepläne. Sie hatte den kühnen Plan, zwei oder drei Wochen nach Sanary-sur-Mer zu fahren, wo nicht nur Thomas Mann, sondern so mancher der deutschen Schriftsteller von Rang und Resonanz zunächst Quartier bezogen hatten. Sie habe sich »vor allem nach Aussprache mit dem großen Freund«[3] gesehnt. Weil dies nun erst einmal durchkreuzt worden ist, verlegt sich die Aussprache auf den Briefwechsel. Nicht, daß nur Ida Herz ihr Herz ausgeschüttet hätte, nein, vielleicht wie nie zuvor und nie mehr danach weiht der Epiker sie in seinen seelischen Zustand voller Bedrückung ein, öffnet er sich ihr.

Wer die Tagebücher Thomas Manns der Jahre 1933 und 1934 auch nur mit ein wenig Aufmerksamkeit liest, wird konstatieren, wie genau er die Nachrichten aus Nürnberg liest, wie häufig er Ida Herz, manchmal an einem Tag mehrere

Briefe, schreibt, antwortet. So lautet etwa der Eintrag vom 28. Juli 1933: »Nachricht von der Herz, die von ›Fieber‹ schreibt und damit wohl die persönlichen Erfahrungen gelegentlich der neuen Judenhetze in Nürnberg andeutet.« Oder der Eintrag vom 15. September 1933: »Ergreifender Brief von I. Herz über ihr Leben in dem extrem antisemitischen Nürnberg.« Oder, inzwischen hat sich Thomas Mann in Küsnacht bei Zürich, Schiedhaldenstraße 33, niedergelassen, der Eintrag vom 28. September 1933: »Langer, guter und als Stimmungsbild interessanter Brief der Herz.« Dazwischen des öfteren Notizen zu seiner intensiven Presse-Lektüre, die nur allzu deutlich bestätigt, was Ida Herz beobachtet hat und mutig ins Ausland berichtet. »In der ›Prager Presse‹ Nachricht über Pogrom-Untaten in Nürnberg«, lautet der Eintrag vom 3. August 1933. Einen Tag später eine Notiz, die unmittelbar das private Thomas-Mann-Archiv von Ida Herz in Nürnbergs Zufuhrstraße tangiert, da er es ja, entsprechend dem fast unbekümmert zu nennenden Ersuchen von Ida Herz, weiterhin mit Materialien aus dem Ausland versorgt:

> »Nachricht von der Setzung der Todesstrafe auf Einführung ›staatsfeindlicher‹ Literatur von außen. Ersatz der – durch den Code Napoleon eingeführten – Guillotine durch ›das Beil‹. Das sind Errungenschaften.«

Bemerkenswert schließlich der Eintrag vom 14. März 1934: »Die Herz schreibt eine in Censur-Sprache abgefaßte Karte, worin sie die – in Nürnberg besonders krasse – Verstärkung des Antisemitismus andeutet und zu verstehen gibt, daß ihre Reise in die Schweiz gefährdet ist.« Trotz aller Meisterschaft in der Kunst des Andeutens bleibt dennoch anzumerken, wie couragiert die »Tochter Nürnbergs« aus der bedrohlichen Stadt des Judenhetzers Streicher heraus den Briefwechsel führt: »Die Herz«, so der Tagebucheintrag vom 2. Mai 1934, »schickte eine Ritualmord-Nummer des Nürnberger ›Stürmer‹«.

Wie es in Nürnberg steht, davon berichten die detaillierten Brief-Schilderungen von Ida Herz. Das Leben »für uns zuhause« sei »immer düsterer und hoffnungsloser, dazu immer noch einsamer«[4] geworden, resümiert sie in den sechziger Jahren ihre diesbezüglichen Erinnerungen. In dieser Situation,

> »als ich noch in Nürnberg, der übelsten Nazi-Stadt lebte, und er, Gott sei Dank schon außer Landes war, wenn auch heimatlos von Ort zu Ort zog, war unsere Korrespondenz besonders lebhaft. Oft hatte ich in der Woche zwei Briefe von ihm. Für mich war es eine unbeschreibliche Wohltat, mich mit ihm über die Qual des Lebens in Deutschland, oder noch schlimmer, in Nürnberg, auszusprechen, und er begrüßte es sehr, auf diese Weise über die hassenswerten Verhältnisse in der barbarisierten Heimat unterrichtet zu werden.«[5]

Daß Ida Herz für Thomas Mann eine verläßliche Beobachterin des Alltags nach dem Nazi-Umschwung gewesen ist, daß hiervon sein Deutschland-Bild wesentlich mit geprägt worden ist, dies ist von der Standard-Biographik kaum gewürdigt worden; gelegentlich amüsiert sich einer wie Klaus Harpprecht, daß Thomas Mann sozusagen auch dem Unglaublichsten, was Ida Herz geschildert hat, aufgesessen sei;[6] notorisch verkennend, daß das Unglaubliche die Chronik des Normalen während des Hitler-Regimes gewesen ist.

Was Ida Herz Thomas Mann übermittelt, liefert Facetten des Alltags in Deutschland – freilich aus der Sicht einer bedrohten Jüdin. »Hier ist es so: man hat bei Luppe (dem Oberbürgermeister – F. K.) Haussuchung gehalten, ihn in Schutzhaft genommen. Man hat«, führt sie im Brief vom 19. März 1933 fort, »die städtischen Behörden von Juden und Marxisten gründlich ›gesäubert‹. Mein Freund Mendelssohn-B. hat seine Stellung als Opern-Konzert-Referent bei der Nürnberger Zeitung verloren«, eben jenem Organ, das in dümmlich-verletzter Eitelkeit einen Berichterstattungs-Boykott über den letzten Auftritt von Thomas Mann in Nürnberg, am ominösen 10. Mai 1932, an der städtischen Volkshochschule (*Goethes Laufbahn als Schriftsteller*) verhängt und in läppischer Witzigkeit der Leserschaft »begründet« hatte. Ida

Herz informiert Thomas Mann des weiteren über die Drohung der neuen Herren der Stadt mit ökonomischen Pressionen gegenüber der *Nürnberger Zeitung,* »wenn sie ihre jüdischen Mitarbeiter nicht sofort entläßt«, gleichgültig, ob diese »seit Generationen getauft« seien oder in »gemischten« Ehen lebten. Hierauf dann die Unterrichtung über die Vorgänge an der VHS Nürnberg: »Im Augenblick bearbeitet man die Volkshochschule. Mein Freund Prof. Br. wird vielleicht morgen schon nicht mehr ihr Direktor sein.« Ida Herz ist durchaus im Bilde, denn kurz danach wird ihr »Freund«, Eduard Brenner, den Thomas Mann ein Jahr zuvor, am 10. Mai 1932, noch hat kennenlernen können, von den Nazi-Behörden entlassen. Derjenige, der da in den Festschriften *70 Jahre Volkshochschule* zu Anfang der neunziger Jahre als aufrechter, linker Volksbildungsmann gewürdigt, gefeiert worden ist, scheint auch eine andere, abgeschirmte Seite gehabt zu haben. Immerhin fällt auf, daß der Lebensverlauf von Brenner an der Hochschule für Wirtschafts- und Sozialwissenschaften nach 1933 ins Grau verschwindet, Leerstelle der Festschriften. Schon in jenem Brief vom 19. März deutet Ida Herz an, was zu beobachten ist und worauf man sich einzustellen hat: »Das Schlimmste von allem ist die Lauheit + Apathie des Durchschnittsbürgers (...) Der größere Teil der Bürgerschaft versucht sich einzurichten, sich abzufinden. Und das ist schlimm.« Eingerichtet könnte sich auch der ehemalige Direktor der VHS haben, der als außerordentlicher Professor an der Hochschule für Wirtschafts- und Sozialwissenschaften geführt wird.

Für deutsche Akademiker kann es nicht Wunder nehmen, daß sie dem neuen Geist der Zeit, wenn auch unauffällig, Tribut zollen. »Sehen Sie«, schreibt Ida Herz am 24. April 1933 in merklicher, nicht eindeutig zu entziffernder Camouflage, »da ist z.B. mein bester Freund, der in den Kreisen der Volksbildungsbestrebungen schon viele Jahre eine ziemlich bedeutende Rolle spielt.« Der arrangiere sich nicht nur, sondern vollziehe einen Geistesschwenk zu den Nazis, weniger aus Existenzsorgen denn aus Gründen des neuen Volks-Geistes. Bekanntlich ist nicht nur das Volk, sondern auch die Idee des Volkes vielfältig knetbar. »Welch ungeheuere Konflikte dadurch in unsere Freundschaft schon hineingetragen worden sind!« Sie habe darunter sehr gelitten, und nun sei es zwischen ihm und ihr zum Bruch gekommen. Schon in jenem Brief vom 19. März 1933 hatte Ida Herz Thomas Mann mitgeteilt, sie werde in Zukunft »mehr ›durch die Blume‹ sprechen, aber Sie werden mich sicherlich doch verstehen.«

Trost sei vor allem der Briefwechsel mit ihm, Trost und Kraft spendend auch die Lektüre des 1933 noch in Deutschland erscheinenden Eröffnungsteils der Joseph-Tetralogie *Joseph und seine Brüder. Die Geschichten Jaakobs.* Anläßlich eines Vermerkes über eine Besprechung dieses Buches von Ernst Krenek, die von einer »Ergriffenheit« zeuge, die der ihren entspräche, erläutert sie – mit dem charakteristischen Signum der »kaufmännischen Und-Zeichen«, die als Beobachtungssplitter im *Doktor Faustus* angelegentlich in der Figur »Kunigunde Rosenstiel« wiederkehren werden –, warum für das deutsche Judentum in diesen dunklen Tagen gerade die Wahl und Durchführung dieses Themas so überaus bedeutsam sei:

> »Ich möchte in diesem Zusammenhang es Ihnen einmal gesagt haben, was, meines Erachtens, uns deutschen Juden an Ihrem Werk so besonders rührt: es ist für uns die Inkarnation der *liebenden Verschmelzung des deutschen Geistes mit dem jüdischen* (Herv. F. K.). Es ist eine Verheißung von der Möglichkeit dieser Verschmelzung + Kraft in unseren hoffnungslosen + tiefgetroffenen Herzen. Die meisten Juden verzweifeln ja in ihrem Glauben an das Deutsche als geistige + körperliche Heimat. Und da erscheint uns nun ein Dichter, ein *deutscher* Dichter, bemüht sich ein deutscher Dichter um eine Welt, die wir so ganz als die unsere betrachten, die schon von jeher der Ausdruck unseres Weltgefühls war, das auch unser besonderes Schicksal ausmachte, heute noch ausmacht: Ferment zu sein innerhalb des Volkskörpers, in dem wir leben, in dem aufzugehen, unsere Spuren zu hinterlassen unsere ewige Sehnsucht ist.

Nicht im Sinne oberflächlicher Assimilation, sondern im Sinne von Auflösung als Erlösung.«

Mag die mystische Inbrunst in der Besonderheit der Beziehung von Ida Herz zu Thomas Mann liegen, des ungeachtet birgt diese Passage aus ihrem Brief vom 5. Juli 1933 einen Gehalt, worin die ganze Tragik der nunmehr als vollends gescheitert sich abzeichnenden jüdisch-deutschen Symbiose-Bestrebungen verdichtet ist und im Lichte der messianischen Schriften des jungen Walter Benjamin einmal gegenzulesen wären.[7]

Es ist Käte Hamburger, die Freundin von Ida Herz, gewesen, die dem »biblischen Werk« von Thomas Mann, den Joseph-Romanen und der Moses-Erzählung *Das Gesetz* von 1944, nicht nur die wohl eindringlichste und subtilste Analyse, von Thomas Mann hochgeschätzt, gewidmet hat, sondern die vor allem ob ihrer intimen Vertrautheit mit der jüdischen und christlichen Vorstellungswelt, vielleicht wie keine andere, die Tiefendimensionen der Wirkung der Joseph-Romane auf die noch in Deutschland lebenden Juden hat ermessen können.[8] Welch ein gerade auch seelisches Debakel für eine Frau wie Ida Herz, als sie zur Kenntnis hat nehmen müssen, daß dieses Deutschland nicht nur Geist, sondern ganz wesentlich auch Ungeist, Barbarei aus sich hervortreibt, einen beispiellosen Antisemitismus in mörderische Massentat umsetzt. Es ist gerade jene Sehnsucht nach gleichsam kontrapunktischer Auflösung in »innerweltliche Erlösung«, welche antisemitische Seismographen wie Ernst Jünger auf den Plan gerufen hat, um darin, in den symbiotischen Bestrebungen, das eigentlich Gefährliche des Judentums in Deutschland, weil »Parasitäre *im* deutschen Volkskörper« zu diffamieren. Jüngers publizistische Arbeiten aus der zweiten Hälfte der zwanziger Jahre legen hiervon fatales Zeugnis ab.[9]

Die Vorarbeiten am *Joseph* datieren weit zurück vor 1933: die konzeptive Idee bis ins Jahr 1923, als ein Maler namens Hermann Ebers ihm eine Bilderfolge der Joseph-Geschichte vorlegt. In einer öffentlichen Arbeitsinformation vom 31. Oktober 1928, *Ein Wort zuvor. Mein Roman ›Joseph und seine*

Brüder«, hat Thomas Mann seine Motive erläutert, von denen eines, die Würdigung des »hebräischen Monotheismus« zum Leitmotiv wird. Ida Herz hat zutreffend vermerkt, daß der Epiker nicht ein »Judenepos« habe schreiben wollen, sondern ein »Menschheitsepos«.[10] Gleichwohl »das A und O des Menschenbenehmens«, das »ABC« der Gesittung gründe im »Judenepos«. Bei Erscheinen der Jaakobsgeschichten im Jahre 1933 muß das Joseph-Werk wie ein eindringliches Bekenntnis zum Judentum gelesen, wahrgenommen werden, gerade auch in den jüdischen Gemeinden. Thomas Mann, das belegen die Tagebuch-Aufzeichnungen, weiß darum und ist darob erleichtert.

Verständlich, daß zu einer Zeit, da, wie Ida Herz im Herbst 1933 an Thomas Mann schreibt, die »Bildungschristen« die Juden zu meiden beginnen, – füglich darf der Ausdruck »Bildungschrist« als Chiffre für den Kulturprotestantismus genommen werden –, die Jaakobsgeschichten nicht nur für die Nürnberger Jüdin wie ein letzter Funke Hoffnung erscheinen. Vielleicht ist es doch noch nicht zu Ende mit dem Traum von der Symbiose. Nur, der, welcher die Hoffnung poetisch noch bewahrt, lebt bereits im Exil ... Just in dieser geschichtlichen Stunde verwandelt sich für Ida Herz der Traum von der »Verschmelzung« des deutschen und des jüdischen Geistes in die Trauer einer »Leidensgemeinschaft«, von der sie in der Rückschau noch mehrfach spricht: »So wuchs eine Kameradschaft im Leiden, die mich noch unbedingter an sein Werk und seine Welt band.«[11] Ida Herz berührt tatsächlich den Fonds des Selbstverständnisses vieler Juden in Deutschland, einformuliert seit Moses Mendelssohns Aufklärungszeiten, wenn sie am 5. August 1935, wenige Wochen vor den »Nürnberger Rassegesetzen« an Thomas Mann addressiert, die »Freundschaft« zwischen ihnen habe ihren »Ursprung im Geistigen«.

Wenige Tage vor Thomas Manns 60. Geburtstag, gut ein Jahrzehnt währt nun die Korrespondenz zwischen beiden, am 3. Juni 1935, verbindet sie die Glückwünsche und Gaben mit dem Hinweis: »Auch ein Kreis Ihrer *Nürnberger* Gemeinde schließt sich dem Zug der Gratulanten an.« Namentlich erwähnt werden ihre »hiesige Schwester Adele Putzel«, geborene Herz, und »ein junger Künstlerfreund« mit Namen Ernst Pflaumer. Dieser hat eigens eine Gratulationsmappe gestaltet. Es handelt sich um den Tafelbildmaler, Radierer und Graphiker Ernst Pflaumer aus Röthenbach an der Pegnitz, der 1939 zur Wehrmacht einberufen, im Jahre 1942 in der Ausstellung »150 Jahre Nürnberger Kunst – anläßlich der Gründung des Albrecht-Dürer-Vereins der Freunde bildender Kunst 1792«, mit drei Bildern vertreten ist. Spezialist für Landschaften und Architektur.

So viele Menschen freilich dürften es in Nürnberg nicht mehr gewesen sein, die um diese Zeit, als das Vor-Verfahren zu seiner Ausbürgerung bereits in vollem Gange ist, in Versuchung kommen könnten, Thomas Mann zu gratulieren. Wer sich da aber per Brief- und Paketgruß zu dem im Exil verharrenden deutschen Autor bekennt, das sind vornehmlich Nürnberger Juden, und dies am Vorabend der »Nürnberger Legalismen« zur förmlichen Ausgrenzung der deutschen Juden. Joseph Roth ist beizupflichten: das deutsche und deutschsprachige Judentum ist von jeher der beste Anwalt der deutschen Poesie gewesen. Und nicht nur der deutschen Poesie, sondern des gesamten geistigen Deutschtums, dem es sich kulturell und politisch zugehörig fühlte. Manchmal steigert sich denn die Hingabe bis zur Selbstpreisgabe. Sie wolle, schreibt Ida Herz an Thomas Mann in einem Brief vom 25. September 1933, »das ganze Geschehen (nicht) nur unter dem engen Gesichtswinkel des unterdrückten Juden sehen«, um dann etwas hinzuzufügen, was den Nachgeborenen ob des Ausmaßes der Verinnerlichung in die Nähe der Sprachlosigkeit treibt:

> »Sagen Sie, hochverehrter Herr Dr., wären wir schließlich nicht alle bereit, das Ganze gutzuheißen, auch wenn es sich gegen unsere geistige und körperliche Existenz richtet, wenn wir Gutes für das Vaterland davon erhoffen könnten?«

Ihre Liebe zum Deutschtum, der Terminus ist damals noch eine kulturelle Selbstverständlichkeit gewesen, trübt jedoch

nicht ihren Wirklichkeitssinn, denn nichts sei fürs Vaterland
zu erhoffen vom neuen Regime, zu sehen sei »nur Nieder-
gang«.

Mut

Im Herbst 1932 besucht Ida Herz Thomas Mann zum letzten Mal in München. Bald darauf kommt es zu einer folgenschweren Inszenierung gegen ihn. Er hatte sich »erdreistet«, aus Anlaß des 50. Todestages von Richard Wagner, im Auditorium Maximum der Universität München ein differenziert-kritisches Bild des Gesamtkunstwerkers zu zeichnen. Das ist am 10. Februar 1933 gewesen. Nach zweimonatiger Ladehemmung feuert die Crème jener Metropole, die Alban Berg, wie Adrian Leverkühn im Jahre 1885 geboren, einmal »die dümmste Stadt« Deutschlands genannt hat, volle Breitseiten auf Thomas Mann. Den »Protest der Richard-Wagner-Stadt München« zieren die Unterschriften des bayerischen Kultusministers, des Präsidenten der Akademie der bildenden Künste, des Generaldirektors der Bayerischen Staatsgemäldesammlung, des Generalintendanten der Musikalischen Akademie, des Präsidenten der Industrie- und Handwerkskammer. Dazu eine »Frack-Primadonna«, Komponisten und ein Zeichner: Knappertsbusch, Strauß, Pfitzner, Gulbransson. Aber Ida Herz läßt sich von solch geballter Kultur-Prominenz nicht beeindrucken. Wenige Tage nach dem »Münchner Protest« gegen Thomas Mann, der mit seinem Wagner-Vortrag inzwischen auf Europa-Reise ist, erscheint in der *Neuen Zürcher Zeitung* ein Artikel *Thomas Mann, Richard Wagner und die Münchner Gralshüter,* der sich mit letzteren kritisch auseinandersetzt und Thomas Mann gegen die dümmlichen Anwürfe, er habe das Bild Wagners getrübt, in Schutz nimmt. Diesen Schweizer Artikel, den die aufmerksame, hellwache Ida Herz sich besorgt, vielleicht am Bahnhofskiosk, schickt sie umgehend, mit Bedacht und anonym, an den Palestrina-Setzer nach München. Hans Pfitzner, getroffen, schäumt, meldet sich alsbald in der *Frankfurter Zeitung* zu Wort, zetert über das »Geschmeiß der Anhänger« von Thomas Mann, den der vielberufene »Gott schützen« möge vor dergleichen.[1] Ein paar Tage später, am 10. Juli 1933, schreibt Thomas Mann aus Sanary-sur-Mer in die Zufuhrstraße: »Ich bin augenblicklich mit einer Erwiderung auf den

Pfitznerschen Artikel beschäftigt, die ziemlich ausführlich wird. Auch das ›Adjutanten-Geschmeiß‹ nehme ich in Schutz darin.« Die Hoffnung, die Erwiderung werde in Deutschland gedruckt, trügt; weder die *Frankfurter Zeitung* noch die *Neue Rundschau* wagen es, sie zu veröffentlichen. Desungeachtet ist für Ida Herz die Erwiderung ein untrüglicher Erweis der Loyalität des Epikers. Es tut ihr gut. Nicht umsonst also ist ihr Anerbieten gewesen, Thomas Mann, wann und wie auch immer, helfend zur Seite zu stehen in schwieriger, turbulenter Zeit. Sie hat das berechtigte Gefühl von Gegenseitigkeit, das Beste, was man vom Vertrauen sagen kann. Bereits am 13. März 1933, die Adresse lautet dieses Mal Arosa/Engadin, Neues Waldhotel, hat Ida Herz ihm in hingebungsvoller Sprache ihre Dienste angeboten, das Kürzel des Vornamens wohl mit Absicht gewählt:

> »Ich fühle mit, wie entsetzlich, wie grausam das Schicksal eines Exils ist (...) Ich bitte Sie, Hochverehrter Herr T., nehmen Sie mich in Anspruch, wofür es auch sein soll, ich will alles was ich kann für Sie tun! Ich bin ein Niemand, ein Name aus der Masse, ich kann leichter als ein anderer Ihrer Freunde etwas für Sie unternehmen.«

Unterschrieben ist der Brief mit einer Art Gelöbnisformel: »für immer Ihre ergebene IH.« Wiederholte Beteuerungen folgen. Thomas Mann dürfte durchaus gespürt haben, daß ihm mit Ida Herz eine Frau zueigen ist, die die Proben der Verläßlichkeit bestehen wird. Am Abend des 3. Mai 1933 schreibt er von Basel aus nach Nürnberg: »Wir haben eben mit Frau Dr. C. B. telephoniert und wissen sie im Besitz der Bücher. Wir werden sie morgen aufsuchen.« Bei Frau Dr. C. B. handelt es sich um die Gattin des Basler Rechtsanwaltes Dr. Christoph Bernoulli, der als Deckadresse für die durch Ida Herz aus der Münchner Wohnung herausgeschleuste Handbibliothek für die Joseph-Arbeit diente. Was Thomas Mann hier bestätigt, dahinter verbirgt sich eine allemal mutige Aktion von Ida Herz. Auf Bitten von Thomas Mann und nach seinen Anweisungen hat sie im Münchner Haus, das längst beschlagnahmt ist und unter der Observation der

Nazi-Organe steht, das dringend benötigte Arbeitsmaterial zur Fortsetzung der Joseph-Romane zusammengestellt, in Kisten verpackt und an eine Deckadresse in Basel gesandt. Nun macht es sich bezahlt, daß er sie im Jahre 1925 damit beauftragt hat, seine Bibliothek neu zu ordnen. Es sind wirre Zeiten, als Ida Herz diese Aktion erfolgreich abwickelt; und es entspricht ganz ihrem Naturell, auch viele Jahre später, als der Alp der Hitlerzeit längst gewichen war, wenig Aufhebens davon zu machen, auf jegliche Renommage zu verzichten: »Es gehört in die Annalen der Weltliteratur«, schreibt sie 1965,

>»daß die Fortführung und Vollendung des Joseph-Romans nur durch die Tapferkeit Erika Manns möglich geworden sind. Es war eine Leistung außerordentlichen Mutes, daß sie, selbst tödlich verfolgt, es wagte, bei Nacht und Nebel, über die ›Schwarze Grenze‹ zu fahren, um das Joseph-Manuskript für den Vater aus dem beschlagnahmten Haus zu retten.«[2]

Daß sie selbst die zugehörige Handbibliothek herausgebracht hat, tritt in ihrer Erinnerung in den Hintergrund. An jenem Mittwoch, den 3. Mai 1933, notiert Thomas Mann, der in Basel den ganzen Tag über unruhig und deprimiert auf Nachricht gewartet hat, in sein Tagebuch: »Schrieb kurz an die Herz, die in der Poschingerstr. lebt und die Joseph-Bibliothek verpackt und an Dr. Bernoulli hier geschickt hat. K. telephonierte mit der Frau (Bernoulli – F. K.).« Wenige Zeilen später ein Eintrag, der Licht darauf wirft, in welch einer dramatischen Zeit die Nürnberger Jüdin die Courage hat, sich von Nürnberg nach München auf den Weg zu machen, um im heikel gewordenen Hause Mann mit Ruhe, Sorgfalt und Umsicht eine Bücher-Sendung zum Joseph-Epos zusammenzustellen: »Nachricht von der Verhaftung aller deutschen Gewerkschaftsführer. Neuer Gewaltstreich, vorbereitet für den Tag nach dem ›Fest der Arbeit‹.«
Darüber hinaus findet Ida Herz in München noch Zeit, ihre Freundin Käte Hamburger aufzusuchen, um, wie sie Thomas Mann später nach Lugano schreibt, mit ihr über

dessen »exemplarische Deutschheit« nachzusinnen. Schließlich teilt sie gar noch mit, daß sie bereit wäre, an Sonnta-
gen oder während eines zu nehmenden Urlaubs in der
Poschingerstraße 1 das Haus mitzubesorgen. In dieser Zeit
befindet sich Golo Mann noch in Deutschland; über ihn ist
jene Bücheraktion, wie sie viele Jahre später in einem Brief
an Hans-Otto Mayer mitteilt, eingeleitet worden:

> »Golo hatte seinerzeit ein sehr unangenehmes Rencontre
> mit SA-Männern, die seinen Wagen ›requiriert‹ =
> gestohlen hatten, und er konnte darauf hin sich nicht
> mehr ins Haus wagen. So hat er Fräulein Marie Kurz
> (die Haushälterin in der Poschingerstraße) gebeten, sich
> mit mir in Verbindung zu setzen. Zu meiner Orientie-
> rung hinterließ Golo für mich des Vaters Brief. Von dem
> nachgesandten Material sandte ich Thomas Mann eine
> Liste, und ich habe auch selbst eine Kopie (...) Es han-
> delte sich damals *nur* um Material zum Joseph, das in
> fünf dicken Paketen verpackt wurde.«[3]

Thomas Mann war klug beraten von seiner Frau Katia. Er tat
gut daran, das Schicksal des »Joseph-Materials« in die Hände
der Jüdin aus Nürnberg zu legen. Am 27. April 1933 findet
sich der aufschlußreiche Tagebucheintrag:

> »K. rät Golo telephonisch dringend, München zu verlas-
> sen, da sie mit seiner ›Sicherstellung‹ ebenfalls rechnet.
> Auch das Ausbleiben des Handkoffers mit den Tage-
> büchern ist unheimlich. Die Büchersendung (Joseph-
> Material) widerrufe ich zunächst telephonisch bei der
> Kurz. Die Herz wird brieflich beauftragt, die Sendung
> herzustellen und an eine Baseler Adresse gehen zu las-
> sen.«

Ida Herz' Aktion, auch sie gehört in die Annalen der Weltliteratur. Nach Anlangen der Pakete auf sicherem Basler Boden
bedankt sich Thomas Mann zusammen mit seiner Frau Katia
für die Freundschaftsdienste. Nur Freundschaft, die sich
bewährt, dürfte diesen Namen verdienen. So hat es schon
seinen Sinn, wenn im *Doktor Faustus* die kurze Reflexion

aufscheint, Ida Herz alias Kunigunde Rosenstiel und deren »Freundschaft« zu Thomas Mann bzw. Adrian Leverkühn betreffend: »(war es denn übrigens nicht auf Dauer wirklich dergleichen?)«. Biographen, die spöttisch, allzu spöttisch über die Beziehung zwischen Ida Herz und Thomas Mann sich auslassen, haben immerhin konzediert, daß die Nürnberger Jüdin tapfer und zuverlässig gewesen sei und er wohl besser gefahren wäre, wenn er alle Briefe und Manuskripte, statt sie der Obhut des Anwalts Heins zu übergeben, Ida Herz zur sicheren Verwahrung und Expedierung anvertraut hätte. Später, in den USA, als es dann darum gehen wird, an der Yale University eine Thomas-Mann-Collection aufzubauen, wird der Epiker manches davon schmerzlich vermissen. Anderes, vieles eben nicht, sofern er es der Obhut von Ida Herz anvertraut hat, wie Klaus Harpprecht zu Recht einräumt:

> »Es wäre besser gewesen, sie hätten die kostbaren und unersetzlichen Dokumente der tapferen Ida Herz anvertraut, die unterdessen ins Haus am Herzogpark gezogen war, um die Bibliothek und das Archiv zu ordnen. Ihr gelang es, etwa zwei Drittel der Bücher und einige Manuskripte nach draußen zu schaffen. Im Gang der Monate expedierte die Buchhändlerin siebenunddreißig Kisten in die Schweiz: nicht nur Bücher, sondern auch einen guten Teil des Familiensilbers, kostbares Geschirr, das Grammophon und die Schallplatten.«[4]

Aus Sanary-sur-Mer schreibt er Ida Herz am 1. Juli 1933, die Joseph-Aktion ist bereits erfolgreich abgeschlossen:

> »Ich denke viel an meine Bibliothek und bringe, da Sie nach Aufträgen fragen, Ihren Besuch damit in Zusammenhang. Der Dr. H[ans] F[eist] hat schon gelegentlich eine ziemliche Anzahl Bände heraus- und zu sich genommen, aber manches beunruhigt mich, was noch da ist und woran ich hänge, sodaß ich es, während die Mieter im Hause sind, nicht gern darin hätte: Der Brockhaus'sche Schopenhauer; die Briefe Nietzsches in Halbleder; das Faksimile der Tristan-Partitur und die

von Doré illustrierten Perrault-Märchen (die beiden letzteren auf dem runden Büchertisch); das 2bändige Wörterbuch auf dem Bord rechts überm Sofa; endlich von den griechischen Bildwerken einiges, die rechts oben auf dem (ehemaligen) Lenbach-Bord stehen: ›Der schöne Mensch‹ (glaube ich) und die 3bändige griechische Kulturgeschichte, deren Verfasser Licht heißt, wenn ich nicht irre. Diese Dinge wüßte ich gern anderswo, etwa bei Gockele, zu meiner etwaigen Verfügung und wäre sehr dankbar, wenn Sie es bewerkstelligen könnten.« Sie konnte es »bewerkstelligen«.

Während Thomas Mann mit Herbst 1933, trotz so mancher Ärgernisse und Unannehmlichkeiten, einigermaßen zur Arbeitsruhe zurückfindet, immerhin hat er mit Küsnacht ein passables Dauer-Domizil gefunden, stehen Ida Herz erst noch dramatische Zeiten bevor. Zunächst setzt sie ihre Rettungsaktion im Münchner Hause Mann fort. Dank ihres umsichtigen Elans hat alles, was durch ihre Hand gegangen ist, unbeschädigt den Bestimmungsort im Ausland erreicht:

> »Ich glaube sagen zu dürfen, daß es mehr war als 2/3 der Bibliothek, die ich verpackt habe. Ich war froh, als alles erledigt war ohne jede feindselige Störung, es war ein gefährliches Unternehmen, wir mußten sogar mit der Beleuchtung vorsichtig sein, um nicht die Aufmerksamkeit des von der Gestapo und mißliebigen Nachbarn unentwegt bewachten Hauses zu erregen.«[5]

Keine rührselige Liebe zu Mann, eine tatkräftig-mutige vielmehr. Mitte August 1933 können alle aufatmen, die daran beteiligt waren; zuallererst der nervöse Poet, der sich nunmehr in der Dankesschuld der Nürnberger Jüdin weiß. Danach ruht die Korrespondenz erst einmal. Am 29. Oktober meldet sich Thomas Mann aus Küsnacht: »Ich bin froh, daß Sie mein Schweigen in den letzten Wochen richtig gedeutet haben«. Sodann informiert er Ida Herz über allerhand verlagspolitische Probleme, Querelen, taktische Maßnahmen, von denen wohl das Dementi, zusammen mit René Schickele und Alfred Döblin, man habe irgendetwas mit der

Amsterdamer Exil-Zeitschrift *Die Sammlung* und deren antifaschistisch-politischen Aktivitäten zu tun, das Bemerkenswerteste ist. Nach wie vor will Thomas Mann den Kontakt nach Deutschland, will er sein dortiges Lesepublikum nicht verlieren; weshalb er alles, was den neuen Herren in Berlin als Provokation erscheinen könnte, tunlichst vermeidet. Auf diese Weise gelingt es ihm, *Die Geschichten Jaakobs* auf dem deutschen Markt zu plazieren. Über alles nun setzt er Ida Herz, die wieder in Nürnberg weilt, ins Bild. Deren Trost »in elender Zeit« ist dessen Prosa: »Meine freie Zeit«, schreibt die im väterlich-verwandtschaftlichen Geschäft als Prokuristin Tätige am 18. Oktober 1933, »ist herrlich ausgefüllt mit der Lektüre Ihrer ›Jaakobs Geschichten‹«, die ihr ein »Gefühl von Geborgenheit und Beschütztheit« vermitteln. Ihr Schwager, Otto Putzel, Mitglied der Nürnberger Maimonides-Loge, der wie sie in der Zufuhrstraße 15 lebt, hatte in der Schweiz zu tun und scheint von der Familie Mann kurz zu einer Visite empfangen worden zu sein. Denn sie schreibt im Oktober 1933 an Thomas Mann: »Seine Berichte haben meiner Sehnsucht nach einem Wiedersehen mit Ihnen neue Nahrung gegeben. Ach fänden sich doch ein paar freie Tage für eine Reise zu Ihnen.« Sie vergißt nicht, die »gnädige Frau«, also Katia Mann, zu grüßen. Ida Herz hat den Wunsch, im Hause Mann zu wohnen, wenn sie kommen sollte, da ja schon die Reise so teuer sei.

Fast wäre es soweit gewesen, aber mit Stempel »Amt Nürnberg« erreicht sie in der Zufuhrstraße ein Telegramm: »17.1.34 – Bitten herzlich Besuch auf den wir uns freuen, Ende Februar verschieben. Brief unterwegs. Mann.« Zum Ausgleich sendet Thomas Mann eine Serie von Ansichtskarten von da und dort. Dann aber, im März 1934, ist es soweit. Nach telephonischer Vorankündigung trifft Ida Herz am Sonnabend, den 24. März 1934, in Zürich ein. Katia Mann holt sie vom Bahnhof ab, danach »Thee mit der Herz und nachfolgendes ausgedehntes Gespräch über ihre Lage und unsere Angelegenheiten.« Einen Tag später verstreute Notizen im Tagebuch, Phantastisch-Groteskes, das Ida Herz aus

Nürnberg berichtet, wofür ein psychoanalytischer Poet wie Thomas Mann natürlich ein feines Ohr hat, gleichgültig des Wahrheitsgehaltes en detail:

> »Mittags Spaziergang mit der Herz, die u. a. erzählte, daß in Nürnberg 120 Kinder von der Firmung wegen Schwangerschaft zurückgewiesen werden mußten, die vom nationalistischen Parteifest datiert, bei welchem Hitler seine Kulturrede hielt.«

Wie naiv doch ein zeithistorisch so versierter Mann wie Klaus Harpprecht und wie ungeeignet für ernst zu nehmende Biographik, wenn der Thomas Mann Leichtgläubigkeit und Ida Herz Exaltiertheit attestiert.[6] Ist nicht jede imaginierte Verrücktheit dann von der Wirklichkeit unterm Hitler-Regime überboten worden?!

Thomas Mann hört den Berichten von Ida Herz aufmerksam zu, widmet ihnen überdurchschnittlich viele Zeilen im Tagebuch vom 25. März 1934, wo es zuletzt heißt:

> »Die Herz, ziemlich belastend wie immer, genießt das Draußensein, die seelischen Ferien von dem entsetzlichen Nürnberg, einem der schlimmsten Orte Deutschlands, bis zu häufigen Tränen.
> Ihre erregten Erzählungen von dem gräßlichen Geschrei des polnischen Juden, der auf der Straße vor den Augen vieler Fenster-Zuschauer von S.A.-Leuten verprügelt wurde. Von der Haussuchung bei ihr und den in zwei Staffeln vor der Wohnungstür aufgestellten Rowdys, die dem öffnenden Mädchen sieben Revolver entgegenhielten.«

Längst ist Ida Herz wieder in Nürnberg, als sie ein Exemplar des *Stürmer*, der Polit-Pornographie schlechthin, nach Küsnacht schickt: »Die Herz schickte eine Ritualmord-Nummer des Nürnberger ›Stürmer‹, die an verbrecherischem Schwachsinn das Äußerste darstellt. Wie steht es um ein Land, wo dies möglich ist?« (Tagebuch, 2. Mai 1934) Dann folgt ein Zusatz, der bereits auf der Höhe der Zeitdiagnose, wie sie im *Doktor Faustus* gegeben wird, in der Analyse des

»Großen Zurück« ins Vorethische zu verorten ist, eine analytische Tiefenschärfe, mit der Harpprecht nichts hat anfangen können: »Man spricht wohl richtiger von der *Zeit*, die dies zuläßt. Man hätte im (fortschrittsbefangenen – F. K.) 19. Jahrhundert die Wahrsagung eines solchen Rückfalls ungläubig belächelt.«

Im Mai 1934 sticht Thomas Mann in See. Die erste Amerika-Reise steht bevor. Frucht dieser Reise ist die *Meerfahrt mit Don Quijote,* die 1935 noch im Berliner S. Fischer Verlag erscheint; eingefügt in den berühmten Essay-Band *Leiden und Größe der Meister.* Es ist Ida Herz nicht entgangen, daß Passagen aus einem ausnehmend ausführlichen Brief an sie, geschrieben auf hoher See, sich in jenem Reisebüchlein wiederfinden. Der Epiker hat sich zumeist Mühe gegeben, wenn er ihr schrieb, so sehr, daß es literaturfähig war. Was mag, dies so nebenher, der Nürnberger Postbote sich gedacht haben, als er einen Brief mit Stempel »R.M.S. ›Volendam‹« der »Holland-Amerika-Linie« in die Zufuhrstraße trug?

Während Thomas Mann noch en route ist, wird Ida Herz in Nürnberg denunziert, schließlich in Untersuchungshaft genommen. In schlechtem Dossier-Deutsch hält der Antrag auf Aberkennung der Reichsbürgerschaft vom November 1937 die Frevel jener Tage im Juni 1934 fest:

> »Ida Herz ist, obwohl sie keiner politischen Partei angehörte, als fanatische Gegnerin des nationalsozialistischen Staates zu betrachten. Nicht nur, daß sie auch nach der nationalen Erhebung aus ihrer schwärmerischen Verehrung für den inzwischen ausgebürgerten Schriftsteller Thomas Mann keinen Hehl machte und mit ihm in persönlichem Gedankenaustausch stand, sie hat auch wiederholt die Reichsregierung und den Gauleiter Julius Streicher in der heftigsten Weise angegriffen.
>
> So äußerte sie sich im Juni 1934 einem Vertreter gegenüber, das deutsche Lumpengesindel müsse wegrasiert und ausgehungert werden, die fräßen ihnen (gemeint sind die Juden) noch aus der Hand. Julius

Streicher sei s. Zt. als Volksschullehrer entlassen worden, weil er sich an den ihm anvertrauten Kindern sittlich vergangen habe. Architekt Troost habe sich selbst erschossen, weil er von der nationalsozialistischen Bewegung dazu getrieben worden sei. Auf diese Äußerungen hin wurde Ida Herz in Haft genommen. Nach einer 7 wöchigen Untersuchungshaft wurde das Verfahren – Sg I 308/34 – auf Grund der Amnestie am 22.8.1934 eingestellt.«[7]

Mut ist Ida Herz so leicht nicht abzusprechen. Thomas Mann allerdings ist es der Courage zuviel. Er schilt sie ob ihrer »aufsässigen Reden«, die sie ins Gefängnis gebracht haben; so die Tagebuch-Notiz vom 9. Juli 1934. Als eine Schwester von Ida Herz in Küsnacht erscheint, notiert er am Abend des 29. Juli 1934:

> »Nach Tische, zum Kaffee, Besuch einer Schwester der I. Herz, Frau Loeb aus Kempten, die über den Zustand der törichten Unglücklichen berichtete. Über die Adresse der Frau L. soll K. ihr schreiben. Wir schenkten Photographien.«

Kaum ist Ida Herz aus der Haft entlassen, das Verfahren anläßlich der Amnestie zu Hindenburgs Tod eingestellt, sinnt sie auf einen Besuch in der Schweiz, wohin Thomas Mann inzwischen, also Mitte Juni, zurückgekehrt ist. Er bestätigt den Eingang ihres Briefes und notiert am 13. August 1934 ins Tagebuch: »Brief von der Herz, die dank der Amnestie wieder auf freiem Fuß. Sie bittet um einen Aufenthalt bei uns, den ich aber werde abschlagen müssen.« Er sei in eine »Arbeitskrise geraten«, wehrt er einen Tag später tatsächlich ab, er brauche »in dieser nicht leichten Situation absolute Ungestörtheit und Unbeansprucht heit«. Eröffnet wird dieser Brief vom 14. August 1934, der bislang in bezeichnender Weise, d. h. dem Herz-Klischee anbequemt, nur in verstümmelter Form veröffentlicht worden ist, mit den Worten: »Es war ein recht rührender Moment, als ihr erster wieder in Freiheit geschriebener Brief bei uns eintraf.« Er und seine Frau »hoffen ebenso herzlich, daß die psychischen und körperlichen Nachwirkungen dieses deutschen Erlebnisses sich rasch verlieren werden (...) Es würde vielleicht menschlich wohltun, Sie für das Erlittene hier ein wenig zu entschädigen«. Er entschuldigt sich aber: »Unser Haus ist zur Zeit voller Kinder.« Eigene Kinder bedeuteten »kaum Störung« und den »Verwandten widmet sich meine Frau.« Dann aber nähert er sich dem wahren Beweggrund des Abwinkens. Er ist erleichtert, daß Ida Herz es gebilligt habe, daß er während ihrer sechswöchigen Haftzeit in postalischem Schweigen verharrt sei: »eine Annäherung war mir nicht ratsam und unter Umständen schädlich«; das mag auf Ida Herz bezogen sein, vor allem aber ist es ihm um ihn zu tun, wovon Tagebucheintragungen ebenso zeugen wie der August-Briefwechsel mit der Freundin von Ida Herz, der späterhin so renommierten Literaturwissenschaftlerin Käte Hamburger. Ihr schreibt er am 8. August 1934:

> »Sehr verehrtes Fräulein Hamburger,
> haben Sie vielen Dank für Ihren Brief. Ich war über Ida Herz' Schicksal und Zustand durch ihren Schwager und ihre Schwester ziemlich auf dem Laufenden, aber Ihre Ergänzungen waren mir sehr willkommen und erfreulich, insofern daraus hervorzugehen scheint, daß sich die Lebensbedingungen der Verunglückten noch in letzter Zeit gebessert haben. Offen gestanden bin ich nicht ohne Vorwurf gegen sie. Ich habe sie hier oft genug, indem ich ihre innere Würde anrief, zur Selbstbeherrschung ermahnt; aber eben daran hat sie es fehlen lassen aus einer gewissen Überheblichkeit, an der, wenn ich recht sehe, meine Existenz nicht ganz unschuldig ist und die ich darum mit einiger Ungeduld empfinde. Dies unter uns. Sie büßt schwer genug, und ich hätte ihr längst ein Trostwort gesagt, wenn ich nicht aus den Aeußerungen der Verwandten den Eindruck gehabt hätte, daß ich besser tue, mich aus dem Spiele zu halten. Photographien, die wir der Schwester, Frau Loew, mitgaben, hat diese auch lieber vorläufig nicht abgegeben.«[8]

Die Tagebucheintragungen vom 2. und 9. Juli 1934, während der Haftzeit von Ida Herz also, sind in mehrfacher Hinsicht beredt. Zutreffend erörtern sie Sachverhalt und Motivierung der Inhaftierten; zugleich aber geben sie preis, was und wie Thomas Mann seinen Unmut über die Unvorsichtigkeit von Ida Herz sich zurechtrationalisiert:

»K. brachte die von einer Schwester der Herz eingegangene Nachricht, diese sei wegen einer gegen einen Fremden getanen unvorsichtigen Äußerung verhaftet worden und könne nicht schreiben.« Und ein paar Tage später: »Ebenso mache ich mir über das arme Wurm I. Herz Gedanken, die wegen aufsässiger Reden im Gefängnis sitzt. Da sie nicht schreiben darf, wird sie auch keine Briefe empfangen dürfen. Wenn sie zugrunde geht, so bin ich gewissermaßen schuld daran, bzw. ihre ›Freundschaft‹ mit mir ist es, durch welche sie überdreht und über ihre Verhältnisse verpflichtet worden ist. Ihr nicht schweigen können hängt zweifellos mit ihrem Stolz auf diese ›Freundschaft‹ zusammen.«

Was ihn irritiert, weshalb er sich postalisches Schweigen während dieser Zeit verordnet, ist nicht nur ein Anflug von schlechtem Gewissen, insofern es ja er gewesen ist, der Ida Herz im Rahmen jener Rettungsaktionen seiner Bibliothek, zwar auf ihr Anerbieten hin, in die namentlich für eine Jüdin allemal gefährliche Pflicht genommen hat. Vielmehr ist es auch dies: alles ist ihm zuwider, was ihn unnötigerweise in Verlegenheit bringen, ihn in Zug- und Entscheidungszwang treiben könnte. Denn zu diesem Zeitpunkt hat sich Thomas Mann noch immer nicht klar und deutlich von Deutschland verabschiedet, er ist noch immer nicht auf offenen Konfrontationskurs mit dem Nazi-Regime gegangen, er hat sich noch immer nicht öffentlich zum Exil bekannt. Er zögert, wartet, umgeht. Er favorisiert eine Taktik der »Dunkelheiten«, um einen Ausdruck zu verwenden, dessen er sich in einem Brief an Ida Herz vom 25. August 1934 bedient. Nur vor diesem Hintergrund erschließen sich der abschlägige Bescheid an Ida Herz in Sachen Schweiz-Besuch, die prompten Empfehlungen für eine Kur im Schwarzwald, nicht ohne sie sogleich zu ersuchen, für ihn die »Kulturrede des Führers« vom September 1934 zu besorgen; gemeint ist der Reichsparteitag in Nürnberg, auf dem Hitler sich gegen platte Tümelei (»jene Rückwärtse«) ebenso wendet wie gegen eine Öffnung zur Moderne (»Kunstverderber«). Nein, Thomas Mann wünscht unter keinen Umständen eine Sorte von Aufsehen zu erregen, die in Berlin zu schnellen Reaktionen führen könnte. Dabei sind dort die treibenden Kräfte für seine Ausbürgerung bereits voll in Aktion; denn inzwischen hat, kein anderer registriert dies so aufmerksam wie Ernst Jünger[9], dort die Münchner Nazi-Crew um Heinrich Himmler die Schaltzentralen des Terrorapparats besetzt und die Protégés von Göring, die »Berliner Gang«, allen voran Rudolf Diels, den ersten Gestapo-Chef, verdrängt.

Mit guten Wünschen für die geplante Göteborg-Reise zu ihrer Freundin Käte Hamburger in ihrem dortigen Exil-Ort, und mit der Zusage, ihr den Zugang zu Selma Lagerlöf zu eröffnen, verabschiedet Thomas Mann Ida Herz am 16. Dezember 1934 ins neue Jahr, das für Ida Herz zu einem schicksalsschweren werden, tiefgreifende Veränderungen bringen wird: »Sie haben zwar schon alttestamentlich gefeiert, aber das Fest der Kinder, des Friedens und des Wohlgefallens auf Erden mit zu begehen wird ja wohl auch Ihnen verstattet sein.« Zwei Jahre riskanter Unternehmungen in Nürnberg und München liegen hinter ihr.

Seiten 126–128: Ausbürgerungsakte Ida Herz
(Politisches Archiv des Auswärtigen Amts, Inland II A/B,
83–76, Ausbürgerungen 27. Liste A–Z, R 99689)

Geheime Staatspolizei

Staatspolizeistelle Nürnberg - Fürth

Nr. 6003/II.

Nürnberg 1; Abholfach 210
Fernsprecher Nr. 25541 und 27741
Postscheckkonto Nürnberg Nr. 35696

Nürnberg, den **11. Nov.** 1937.

An die

      Geheime Staatspolizei

      Geheimes Staatspolizeiamt

                      B e r l i n .

Betreff: Aberkennung der Reichsangehörigkeit der Jüdin
           Ida Herz, geb. am 18.10.1894 zu Nürnberg.

Bezug: Erl. v. 3.11.1937 Nr. II B - H. 3297 - E.

Beilagen: 5 fach.

    Ich schlage vor, die Jüdin
Ida H e r z , geb. am 18.10.1894 zu Nürnberg, gemäß § 2
d. Ges. v. 14.7.1933 (RGBl. I S. 480 ff) der deutschen
Staatsangehörigkeit für verlustig zu erklären.
    Ida Herz ist die Tochter der jüdischen Kaufmannsche-
leute Moritz Herz und Lina geb. Besselau. Als Angehörige
der jüdischen Bekenntnisgemeinschaft ist sie demnach Rasse-
und Bekenntnisjüdin. Ihre inzwischen verstorbenen Eltern
zogen im Jahre 1890 in Nürnberg zu und gründeten hier die
Fa. Herz u. Besselau, Darm-, Gewürz- und Fleischerutensilienhandlung.
    Am 21.11.1916 wurde Ida Herz durch Urkunde der Re-
gierung von Mittelfranken in den Bayerischen Staatsverband
aufgenommen. Sie ist somit deutsche Reichsangehörige.
    Ida Herz war zuerst Buchhändlerin beim S. Fischer-
Verlag in Berlin, später trat sie als Prokuristin in das
väterliche Geschäft ein. Bis zu ihrer Flucht aus Deutschland wohnte sie Nürnberg, Zufuhrstr. 15/IV bei ihrer
Schwester Adele Putzel. Am 16.9.1935 verließ sie Nürnberg,
um sich nach der Schweiz zu begeben. Gegenwärtig hält sie
sich in London auf, wo sie angeblich Verwandte hat.

Sie ist im Besitze eines gültigen Reisepasses Nr. 125 mit
Gültigkeitsdauer bis 6.5.1940.

Ida Herz ist, obwohl sie keiner politischen Partei ange-
hörte, als fanatische Gegnerin des nationalsozialistischen
Staates zu betrachten. Nicht nur, daß sie auch nach der nationalen Erhebung aus ihrer schwärmerischen Verehrung für den
inzwischen ausgebürgerten Schriftsteller Thomas Mann keinen
Hehl machte und mit ihm in persönlichem Gedankenaustausch
stand, sie hat auch wiederholt die Reichsregierung und den
Gauleiter Julius Streicher in der heftigsten Weise angegrif-
fen.

So äußerte sie sich im Juni 1934 einem Vertreter gegenüber, das deutsche Lumpengesindel müsse wegrasiert und ausge-
hungert werden, die fräßen ihnen (gemeint sind die Juden) noch
aus der Hand. Julius Streicher sei s.Zt. als Volksschullehrer
entlassen worden, weil er sich an den ihm anvertrauten Kindern
sittlich vergangen habe. Architekt Troost habe sich selbst erschossen, weil er von der nationalsozialistischen Bewegung dazu
getrieben worden sei. Auf diese Äußerungen hin wurde Ida Herz
in Haft genommen. Nach einer 7 wöchigen Untersuchungshaft wurde
das Verfahren - Sg I 308/34 - auf Grund der Amnestie am 22.8.
1934 eingestellt.

Bereits im September 1935 mußte Ida Herz wieder wegen Vor-
gehens gegen das Heimtückegesetz zur Anzeige gebracht werden. Ver-
anlassung hiezu waren abermals Beschimpfungen führender Persönlichkeiten in Staat und Partei. Sie äußerte damals ihrem Dienst-
mädchen gegenüber, Adolf Hitler sei nichts anderes gewesen als
ein Brockenmaler und Häuseranstreicher. Die Leute, die jetzt an
der Macht seien, würden Greuel verüben. Ein anderes Mal sagte
sie: "Wenn ich nur dem Streicher sein blödes Gesicht sehe, da
wird es mir schon schlecht." Julius Streicher mache die schlimm-
sten Geschichten mit Frauenspersonen. Der strafrechtlichen Verfolgung entzog sich Ida Herz noch am gleichen Tage durch die Flucht
ins Ausland. Es wurde gegen sie Haftbefehl erlassen, das Verfahren
(Sg I Is 509/35) vorläufig eingestellt.

Infolge ihrer staatsfeindlichen Gesinnung ist mit Sicherheit
anzunehmen, daß sie auch heute im Ausland Greuelpropaganda treibt.
Auf Grund ihrer guten internationalen Verbindungen einerseits, und
ihrer an Verfolgungswahn grenzenden Hysterie andererseits ist sie
als besonders gefährlicher Staatsfeind zu betrachten. Die Ausbür-

gerung ist daher gerechtfertigt und geboten.

In kri ineller Hinsicht liegt gegen Ida Herz nichts vor, auch hat sie im Inlande keinerlei Vermögen mehr.

Personalien:

Herz Ida, led. Prokuristin, geb. am 13.10.1894 in Nürnberg, Jüdin, deutsche Reichsangehörige, Eltern: Herz Moritz und Lina geb. Besselau, wohnhaft zuletzt Nürnberg, Zufuhrstr.15/IV, nunmehr in London.

Foto Seite 129 oben: Ida Herz 1925 im Garten vor Thomas Manns Haus in der Poschingerstraße in München

Seite 129 links unten: Ida Herz 1934 nach ihrer Entlassung aus siebenwöchiger Haft zur Erholung im Allgäu

Seite 129 rechts unten: Genf, 1936

Seite 130: Thomas Mann mit seiner Frau Katja (links) und Ida Herz (rechts) in der Oxford Street in London am 21.5.1947

Seite 131 oben: 1957 in London

Seite 131 unten: Ida Herz (rechts) kurz vor ihrem Tod mit ihrer Nichte Traudl Kuppe-Loew im Seniorenheim in London

129

Flucht aus Nürnberg

Anfang Februar 1935 wird mit Thomas Manns Hilfe Ida Herz' Besuchsreise in die Schweiz vorbereitet. »Die Herz in fliegender Aufregung über unsere Erlaubnis, demnächst zu kommen«, notiert er am 5. April ins Tagebuch. Kein Wunder auch, denn in Nürnberg grassiert das antisemitische »Fieber«. Ein »Besuch im Freien« wird ihr guttun. Dann ihr freudiger Tag, am Samstag, den 13. April 1935 sitzt sie zusammen mit ihrem Epiker zum »Thee«. Der freilich absolviert die Besuchstage seiner Verehrerin mit gebotener Höflichkeit, d. h. sie ist »nun einige Tage in Kauf zu nehmen«. Er spannt sie, zusammen mit Katia, in die Arbeit am dritten Band des Joseph-Epos ein. In diesen Tagen befällt ihn mancher Zweifel, ob *Joseph in Ägypten* richtig angelegt sei, vor allem ob die »Spannkraft« für dieses Marathon-Werk reiche. Keine günstige Stunde für Besuch in der nächsten Nähe, im Haus. Zu diesem Zeitpunkt ringt Thomas Mann um »Muts Traum«. Was von Hans Fallada einmal gesagt worden ist, er sei ein chronischer »Pechvogel« gewesen, trifft nicht weniger auf Ida Herz zu. Zumeist dann, wenn die Nerven bei Thomas Mann blank liegen, ist sie gerade in seiner Nähe. Nicht zufällig entschlüpft ihm das Wort von der »unseligen Herz«, im Tagebucheintrag vom 16. April 1935. Während ihrer Anwesenheit gelingt ihm jedoch das »Traum-Kapitel«: »Der Traum ist gut, und die Frau wird einen erbarmen; das ist etwas.« (Tagebuch, 16. April 1935) Hätte er das nicht auch von Ida Herz sagen können? Es kann wohl sein, daß ihm, ohne daß er dessen so recht innegeworden ist, die »Gestalt der Frau«, die da traumdeutungsfähig träumt, gleichsam verrutscht ist in die Nähe der Herz. Es handelt sich um Mut-em-enet, die Frau Potiphars. Von ihr heißt es im Roman:

> »Eine Nymphe? Ein lockeres Frauenzimmer? Es ist wahrhaft zum Lachen. Eine elegante Heilige war Mut-em-enet, eine weltkühle Mondnonne, deren Lebenskräfte teils von einer anspruchsvollen Zivilisation verzehrt wurden, teils sozusagen Tempelgut waren und in geistlichem Stolze aufgingen.«[1]

»Das Problem des III. Bandes macht mir in den letzten Tagen wieder viel Sorge. Der Figur der Mut, wie ich sie jetzt, zu schön, festgelegt habe, würde ich im Grunde lieber eine andere, hexen- und zauberinnenhaftere Nuance geben. Aber es muß nun schon so sein und ist danach von vornherein angelegt. –« (Tagebuch, 18. April 1935)

Die Tage des Besuchs aus Nürnberg sind noch nicht ganz abgelaufen. Vor der Tür steht der 19. April, ein Karfreitag. Kein Tag wie jeder andere, worüber im »Versuch über die Nähe« noch zu berichten sein wird. Am Karsamstag begibt sich der Epiker zum Friseur.

Danach reist Ida Herz ab. Aber schneller als alle ahnen konnten, wird sie wiederkehren. Erst einmal übersendet sie ein Buch mitsamt Empfehlung. Hat sie, die an den Transkriptionen des Kapitels über »Muts Traum« im dritten Joseph-Band vor Ort, in Küsnacht, beteiligt gewesen ist, eine Assoziation gehabt? Jedenfalls notiert Thomas Mann am 10. Mai 1935 in sein Tagebuch: »Die Herz sendet und empfiehlt ein Buch des Katholiken J. Pieper über die *Tapferkeit* (Herv. F. K.).« Und noch immer ist der Bruch mit Deutschland nicht vollzogen ...

Am 9. Juni 1935 begibt sich Thomas Mann erst einmal auf große Seefahrt. Seine zweite Amerika-Reise wird ihn bis ins Weiße Haus führen, privates Dinner bei Roosevelts. Auch Ida Herz geht in diesem Sommer auf Reisen, Ziel: Göteborg. In der Nähe dieser Stadt hat ihre Freundin Käte Hamburger ihr Exil-Quartier bezogen. Eine herrliche Zeit für Ida Herz.

Doch der Frühsommer 1935 verheißt nichts Gutes. Erika Mann wird die deutsche Staatsbürgerschaft entzogen; dank der Heirat mit dem englischen Poeten W. H. Auden wird sie mit der britischen gleichsam entschädigt. Dann überstürzen sich die Ereignisse, in Nürnberg sowohl wie in Küsnacht.

»Donnerstag den 12. IX. 35 / Weiterer blauer Tag (...) Geschlafen (nach Maeterlinck-Lektüre – F. K.) und nach dem Thee an die Herz geschrieben (...) Morgenblatt der N. Z. Z. Einberufung des ›Reichstags‹ nach Nürnberg,

Theatercoup. Stupid-überspannte Reden Hitlers jeden Tag. Geschimpf auf Opposition, Tausend Jahr-Festlegungen; *Streicher oben auf* (Herv. – F. K.) (...) berechtigter Schrecken der deutschen Juden.«

Der im Tagebuch erwähnte Brief an Ida Herz berichtet vom schlechten Zustand der Nerven des Epikers, den politischen Ereignissen, vor allem aber der Sorge um die Bewältigung des dritten Bandes des Joseph-Epos. Keine Seelenlage, die ihn für Überraschungen, insbesondere für unerwartete Nähen disponiert sein lassen. Ausgerechnet dahinein platzt Ida Herz, was ihre Rencontres mit Thomas Mann angeht, wahrlich ein »Pechvogel« – die »unselige Herz«. Am Dienstag, den 17. September 1935, ein trüber regnerischer Morgen, jagt eine Nachricht ins Haus bei Zürich:

> »Während der Arbeit überrumpelnde Nachricht vom Eintreffen der aus Nürnberg flüchtigen *Herz*. Schlimm und lästig. Mit K. über Itschnach. Zum Essen die Flüchtige, der wir zureden u. die wir mit etwas Geld zu versehen hatten. Hoffnung, daß sie in wenigen Tagen zurückkehren kann.«

Der Tagebuch-Wunsch geht nicht in Erfüllung. Rückkehr für Ida Herz ausgeschlossen.

Was war passiert? Jenes Gestapo-Dossier im Zuge des Antrags auf Aberkennung der deutschen Staatsbürgerschaft vom 11. November 1937 gibt Auskunft:

> »Bereits im September 1935 mußte Ida Herz wieder wegen Vergehens gegen das Heimtückegesetz zur Anzeige gebracht werden. Veranlassung hiezu waren abermals Beschimpfungen führender Persönlichkeiten in Staat und Partei. Sie äußerte damals ihrem Dienstmädchen gegenüber, Adolf Hitler sei nichts anderes gewesen als ein Brockenmaler und Häuseranstreicher. Die Leute, die jetzt an der Macht seien, würden Greuel verüben. Ein anderes Mal sagte sie: ›Wenn ich nur dem Streicher sein blödes Gesicht sehe, da wird es mir schon schlecht.‹ Julius Streicher mache die schlimmsten

Geschichten mit Frauenspersonen. Der strafrechtlichen Verfolgung entzog sich Ida Herz noch am gleichen Tage durch die Flucht ins Ausland. Es wurde gegen sie Haftbefehl erlassen, das Verfahren vorläufig eingestellt.«[2]

Ida Herz, eine »Wiederholungstäterin« gegen das Nazi-Regime, ist erneut denunziert worden. Der September 1935 aber ist nicht irgendein September in Deutschland, in Nürnberg zumal. Am 15. September, es ist ein Sonntag, findet um 20 Uhr im Saal des Nürnberger Kulturvereinsgebäudes, unweit von der Zufuhrstraße, eine Sitzung des Reichstages statt, um drei Gesetzesvorlagen der Reichsregierung zu verabschieden. Hitler hatte stets Sinn für symbolische Politik. Es ist das erste und einzige Mal während der Zeit des Nazi-Regimes, daß eine Reichstagssitzung außerhalb Berlins abgehalten wird. Seit dem Jahr 1543 hat kein deutscher Reichstag mehr in Nürnberg stattgefunden. Dieser nun läutet eine entscheidende Phase der Terrorisierung der deutschen Juden, später dann der Vernichtung der europäischen Juden insgesamt, *in Staatsregie* ein, denn ausdrücklich verknüpft Hitler seinen Kommentar zu den »Nürnberger Rassegesetzen« mit dem Hinweis, daß er eine »gesetzliche Regelung« wünsche, d. h. den legalisierten Terror dem spontan-individuellen den Vorzug gebe. Vor allem das Reichsvolk als ganzes (»das einige Volk der Brüder«) soll in die Pflicht des organisierten Antisemitismus genommen werden. Göring leitet das Legalismus-Spektakel, erklärt, statt der schwarz-weiß-roten, nunmehr die Hakenkreuz-Flagge zum Zeichen der politischen Nation der Deutschen:

> »Das Hakenkreuz ist für uns ein heiliges Symbol geworden und deshalb ist es ganz selbstverständlich, daß, wenn in Zukunft diese Flagge über Deutschland wehen soll, kein Jude dieses heilige Zeichen hissen darf.«[3]

Nach dergleichen steht nun der an Leib und Leben bedrohten »Tochter Nürnbergs« gewiß nicht der Sinn. Sie, über ihr das Damoklesschwert einer neuerlichen Denunziation, hat sofort verstanden, sinnt, der Vernunft folgend, auf Flucht. Nur nicht zuwarten, bis die Gestapo vor der Tür steht. Einen

Tag nach Verabschiedung der »Nürnberger Gesetze«, es ist der 16. September 1935, bricht sie von der Zufuhrstraße 15 auf, eilt vorbei an dem Gebäude, in dem die »Rassen- und Flaggengesetze« am Abend zuvor beschlossen worden sind, erreicht alsbald den Nürnberger Hauptbahnhof, nimmt offenkundig den Abendzug in Richtung Zürich. Nur weg von hier, der Stadt ihrer Geburt, ihrer Kindheit und Jugend. Nürnberg ist für sie zu einem Alptraum geworden. Während Ida Herz aus Nürnberg flüchtet, klingt auf der neu gestalteten Zeppelinwiese der »Tag der Wehrmacht« aus. So kommt sie am nächsten Morgen

> »als Flüchtling zu ihm, mit nichts als einem Handköfferchen, in dem, neben persönlichen Unerläßlichkeiten, die beiden inzwischen erschienenen Bände des Joseph-Romans am meisten Platz einnahmen.«[4]

Zurück in der Gefahr bleiben ihre nächsten Anverwandten, Freunde und Bekannte in und rund um die Zufuhrstraße 15.

Wie hatte doch Thomas Mann bereits am 1. April 1933 in sein Tagebuch geschrieben: »Die Züge aus Deutschland sind lang und voll.« Im Unglück hat die »unselige Herz« das Glück des Entkommens. Bald werden Züge *durch* Deutschland fahren, die »lang und voll« sind, organisiert vom Fahrplan-Organisator des Todes, Adolf Eichmann, paraphiert von jenen feinen Herren in Nadelstreifen, jenen Ministern und Staatssekretären, die auf der Wannsee-Konferenz vom Januar 1942 das Urteil zur Vernichtung der europäischen Juden ausfertigen.

»Schauderhaft, höchst schauderhaft«, notiert Thomas Mann am 15. September 1935, als er von der neuen Gesetzgebung »zum Schutze des deutschen Blutes« Kenntnis bekommt. Wenige Stunden später, am Morgen des 17. September, steht Ida Herz, den von Globke und seinesgleichen juristisch vorbereiteten Fangarmen der Nazis entkommen, in der Tür seines Küsnachter Hauses. Harpprecht mag von einer »verstörten Frau«, die in »panischer Angst vor einer neuen Verhaftung zum Bahnhof gestürzt«[5] sei, fabulieren, in gründlicher Verkennung der Persönlichkeit von Ida Herz.

Die Flucht zeugt vielmehr von ihrer schon mehrfach bewährten, zupackenden Beherztheit, schwierige Umstände, hier eine unhaltbar gewordene Situation, zielstrebig zu bewältigen, auf die Freundschaft mit Thomas Mann vertrauend.

In der Schweiz

»Zu Tische leider die Herz.« So oder ähnlich die stereotype Tagebuchformel der nächsten Wochen, der Napf, dem die Mann-Biographen ihre Nahrung entnehmen, um die Eigenart der Beziehung zwischen Thomas Mann und Ida Herz nach bestem Unwissen zu· verzeichnen. »Zum Essen die Herz«, der Tagebucheintrag ohne pejorativen Akzent datiert vom 27. Oktober 1935, als die häusliche Nähe zu Ida Herz ihrem Ende sich zuneigt.

Ida Herz nimmt Quartier im Hotel »Schiffli«, Küsnacht-Goldbach, Seestraße. Auf diese Adresse ist ein Zeugnis vom 26. November 1935 ausgestellt, mit dem Thomas Mann ihr den Zugang zu einer Beschäftigung im Arbeitsbereich »Wort« erleichtern möchte:

> »Fräulein Ida Herz ist mir seit einer Reihe von Jahren persönlich bekannt und war vorübergehend auch als Ordnerin meiner Bibliothek in meinem Hause tätig. Aufgrund dieser langjährigen Bekanntschaft kann ich bestätigen, daß sie, obwohl sie Deutschland zur Zeit aus politischen Gründen meiden muß, ihr ganzes Leben lang politisch durchaus inaktiv gewesen ist, keiner politischen Partei angehört hat, und daß keine wie immer geartete politische Betätigung, die ihre Gegenwart in der Schweiz unerwünscht machen könnte, von ihr zu erwarten ist.«

Thomas Mann weiß durchaus, in welchem Land er sich befindet; bis zum Fall von Stalingrad ist die Eidgenossenschaft mehr als deutschfreundlich, auf gewinnbringenden Ausgleich mit dem Hitler-Regime bedacht, zum Nachteil deutscher Emigranten, für die die Schweiz alles andere als ein Exilland mit geöffneten Armen darstellt. Um so besser, wenn ein Nobelpreisträger sich für eine aus Nürnberg geflüchtete Jüdin verwendet. »Durch seine wertvolle Fürsprache fand ich bald Arbeit in dem tapferen, antinationalsozialistischen Verlag des Dr. Emil Oprecht«[1], erinnert sich Ida Herz später. Keineswegs aber ist es nun so, daß das Wort von Thomas Mann für die nächste Zukunft alle Schwierigkeiten und Hindernisse beseitigt hätte: »Amtliche Unannehmlichkeiten wegen der Herz, deren ›Schwarzarbeit‹ bei Oprecht aufgekommen«, lautet der Tagebucheintrag vom 27. Dezember 1935.

Wiewohl nicht sonderlich angetan von der Präsenz Ida Herz' in Zürich, bemüht er sich nach außen hin um Höflichkeit und Freundlichkeit in diesen Wochen. Er weiß wohl, was er ihr, die seine Bibliothek gerettet hat, schuldig ist. Kurzkes lakonische Notiz in seiner Mann-Biographie: »Wem Besuch noch nie auf die Nerven ging, der werfe den ersten Stein.«[2] Dazu kommt noch ein anderes, schwerer Wiegendes: Wer ist schon gerne zu Dank verpflichtet. Katia Mann ist es, die dem jüdischen Flüchtling ein Gefühl von Geborgenheit zu geben versucht; gemeinsam werden Theater und Konzerte besucht. Auch der Epiker ist bemüht, zumal mit Buch-Geschenken, Ida Herz wohlzutun, die nun wahrlich in keiner beneidenswerten Lage ist: »Zu Tische die Herz, die eine Unterstützung ihres Gesuches um Aufenthalts- und Arbeitserlaubnis braucht« (Tagebuch, 22. November 1935), die er ihr mit dem eingangs zitierten Zeugnis ein paar Tage später gibt.

Es sind nicht eben problemfreie Zeiten, während derer Ida Herz sich in Küsnacht aufhält. Die Tagebucheintragungen vermitteln hiervon einen anschaulichen Eindruck. Da ist die »Affaire Jacob«, die seine Nervosität steigert. (Sie wird in dem Zeitpanorama *Exil* von Lion Feuchtwanger (1940) eine erhebliche Rolle spielen). Der Publizist Berthold Jacob war vor 1933 militärpolitischer Mitarbeiter der *Weltbühne* unter Carl von Ossietzky. Wegen seiner Enthüllungen über die »Schwarze Reichswehr« hatte er großes Aufsehen erregt und den speziellen Haß der Nationalsozialisten auf sich gezogen. Jacob emigrierte 1932 nach Straßburg. 1935 lockt ihn ein NS-Agent in die Schweiz, von wo aus er von der Gestapo nach Deutschland entführt wird. Nach Intervention der Schweizer Regierung wird er freigelassen und in die Schweiz zurückverbracht, die sogleich seine Ausweisung verfügt.

Da ist der wachsende Druck, sich endlich gegenüber Deutschland, d. h. dem Nazi-Regime, offen zu erklären. Mit der offiziellen Befürwortung der Vergabe des Friedensnobelpreises an Carl von Ossietzky tut Thomas Mann einen ersten Schritt in diese Richtung. Dann erreicht ihn aus Oslo, dem Ort, der Ossietzky von den Nazis verwehrt wird, wiewohl ihm der Nobelpreis zuerkannt worden ist, eine andere, sehr enttäuschende Nachricht. Thomas Manns Nobelpreiskollege Knut Hamsun ist der nationalsozialistischen Quisling-Partei beigetreten. Des weiteren wird er mit einer »viehischen Ausgabe des ›Stürmer‹«, produziert in eben jenem Nürnberg, aus dem Ida Herz geflohen ist, konfrontiert. Zudem quälen die Schwierigkeiten, den dritten Joseph-Band voranzubringen. Schließlich noch die Nachricht: »die Herz, bei der eine Haussuchung stattgefunden« (Tagebuch, 24. September 1935). Kein Wunder, daß er am liebsten »allein mit dem Hund«, der schweigt, zusammen ist: »Unwohlsein und Unbehagen von *Darm* (Herv. – F. K.) oder vegetativem Nervensystem her« (Eintrag vom 26. September 1935). Wohl vermerkt er, was draußen und drinnen nottut: »In Berlin hat sich das Klingler-Quartett aufgelöst, weil der Cellist Silberstein ausscheiden mußte. Anständig.« (Tagebuch, 1. November 1935) Nach außen glänzt freilich das »Dritte Reich«:

> »die ›Olympiade‹, deren winterlicher Teil schon im Januar in Garmisch international beginnen soll und die zu einer katastrophalen Monstre-Reklame für das Dritte Reich zu werden droht. Wäre sie in ihrer elend gesinnungslosen, weltfreundlich-friedlichen Lügenhaftigkeit zu konterkarieren!«

Mit diesem Tagebucheintrag vom 12. November 1935 deutet sich an, daß es in Thomas Mann auf eine Entscheidung hindrängt. Er spürt, ein öffentliches Bekenntnis ist an der Zeit, das wiederum steigert seine Gereiztheit. Der Heilige Abend 1935 ist gekommen, »der dritte, den wir im ›Exil‹ (beachtenswert die Anführungszeichen – F. K.) verbringen (...) Trubel im Haus. Stärkungskorb für die Herz. Baumschmücken und Ungeduld der zögernd einlaufenden Geschenke wegen.«

140

Für den zweiten Weihnachsfeiertag ist Ida Herz eingeladen. »Zu Tische die Herz, deren Lage hier unhaltbar«, notiert er ins Tagebuch. Aber auch seine Lage wird in bestimmter Weise »unhaltbar«. Und endlich am 3. Februar 1936 erfolgt bei geeignetem Anlaß, in der Schweizer Presse ist die Emigrantenliteratur mit der jüdischen gleichgesetzt worden, endlich die öffentliche Solidaritätserklärung mit der Emigration, von vielen, nicht zuletzt von seinen Kindern Erika und Klaus, herbeigesehnt:

> »Die tiefe, von tausend menschlichen, moralischen und ästhetischen Einzelbeobachtungen und -eindrücken täglich gestützte und genährte Überzeugung, daß aus der gegenwärtigen deutschen Herrschaft nichts Gutes kommen *kann*, für Deutschland nicht und für die Welt nicht, – diese Überzeugung hat mich das Land meiden lassen, in dessen geistiger Überlieferung ich tiefer wurzele als diejenigen, die seit drei Jahren schwanken, ob sie es wagen sollen, mir vor aller Welt mein Deutschtum abzusprechen.«[3]

Das Leben, der Alltag von Ida Herz ist um diese Zeit strapaziös; stets muß sie Mißhelligkeiten befürchten, vor allem die, womöglich ausgewiesen zu werden. Aber die fürsorgende »invisible hand« des in der Schweiz hoch geachteten Nobelpreisträgers scheint sie einstweilen zu schützen. In Genf findet sie Arbeit. Sie wohnt im »Foyer de la Femme«, wo sie Ansichtskarten von Thomas Mann aus Wien und Budapest erreichen. In Wien weilt er, um seine Hommage an den Begründer der Psychoanalyse *Freud und die Zukunft*, anläßlich dessen 80. Geburtstags, vorzutragen. Ida Herz fühlt sich in Genf offensichtlich nicht wohl, sinnt auf Veränderungen von größerer Reichweite. Am 8. Juli 1936 notiert Thomas Mann: »Bericht der Herz aus Genf über Versuche bei Hübsch und Knopf wegen der Verwaltung des ›Archivs‹ in Amerika.« Aber ihre Bemühungen, einen amerikanischen Anker zu finden, gründen gleichsam auf einem »ungedeckten Scheck«. Denn in jenem September 1935 hatte sie Nürnberg

»von einer Stunde zur anderen verlassen (müssen), um meiner Verhaftung durch die Gestapo zu entgehen. Viele wertvolle Stücke hatte ich in meiner Wohnung zurück-gelassen, vor allem die vor 1933 erschienenen Werke, die fast alle handschriftliche Widmungen des Autors an mich enthielten. Dies alles«, berichtet sie im Jahre 1965, »ist unwiederbringlich verloren«.[4]

(Den Nachgeborenen in Nürnberg drängt sich die Frage auf, wer sich da bereichert haben mag! Das Kapitel des biblio-philen Raubgutes Julius Streichers steht an, geschrieben zu werden). Der 1933 vor dem Zugriff der Nazis gerettete Archiv-Bestand aber lagert im Keller der französischen Legation in München. Sie wird bis in die Zeit des zweiten Weltkrieges hinein nicht locker lassen, eben diesen Bestand aus München herauszubringen.

Im Juli 1936 durchstreift Thomas Mann die »Nietzsche-Landschaft«, wie er an Ida Herz in Genf am 25. des Monats schreibt. Poetisch-zart, melancholisch gestimmt, erzählt er ihr aus Sils-Baselgia von der

»in den See vorspringenden Halbinsel Chasté, wo eine Gedenktafel ›Oh Mensch, gib Acht‹ angebracht ist. Dies Zusammentreffen von Erinnerungen an eine Zeit und Welt, in der ich mich geistig so zuhause fühle, hat etwas Bewegendes für mich.«

Mit den »besten Wünschen (...) besonders für die Verwirkli-chung des amerikanischen Traumes« beschließt der Epiker diesen Brief, dem Ansichtskarte auf Ansichtskarte durchs Jahr 1936 folgen. Doch nicht die USA, London sollte der Ort sein, an dem Ida Herz ihre weiteren Lebensjahre verbringen wird.

Im Spätherbst 1936 erhält sie ein permit für England. Bei Thomas Mann ist die Freude sozusagen doppelter Natur. Er freut sich für sie nicht weniger als für sich, da die ihm Erge-bene den Schweizer Nahraum nunmehr verläßt: »Haupt-punkt«, gratuliert er Ida Herz am 29. Oktober 1936, »der Erfolg in England«. Fügt etwas spitz hinzu: »Es zeigt sich wieder, daß Sie im Vergleich mit tausenden anderen

Menschen ein vom Schicksal *für heutzutage* begünstigtes Wesen sind.«

Alles in allem, in diesem Spätherbst wirkt Thomas Mann weitaus entspannter. Er hat sich zu Anfang des Jahres öffentlich zum Exil bekannt. Er hat den dritten Joseph-Band fertig, geschrieben in schwieriger Zeit. »Heute Vormittag *schloß ich ›Joseph in Ägypten‹* ab, – ein merkwürdiges Datum«, es ist der 23. August 1936, »wenn ich bedenke, daß die Arbeit an diesem Bande diese ganzen 3 Jahre und annähernd 6 Monate begleitet hat, seit wir München verließen.« Als Ida Herz hiervon erfährt, darf sie still in sich hineinsagen, daß nicht zuletzt ihr Mut und Engagement, die Handbibliothek zum Joseph-Epos aus dem von den Nazis beschlagnahmten Haus in Münchens Poschingerstraße herauszuschmuggeln, mit dafür gesorgt haben, daß es keinen Riß in der Arbeit an diesem Großwerk gegeben hat.

Nach Abschluß der Arbeiten geht die Reise nach Südfrankreich. Besuche der Stätten seiner ersten Tage im Ausland nach dem Februar 1933. Bandol und Sanary-sur-Mer stehen auf dem Programm, darunter »Besuch bei Feuchtwangers« und beim Bruder Heinrich. Es ist bemerkenswert und zeugt von Dank, daß Katia und Thomas Mann in Genf einen Halt einlegen: »abgestiegen im neuen Hotel am Bahnhof. Abendessen vor einem Restaurant mit der Herz und nachfolgender Spaziergang mit ihr durch die Altstadt.« (Tagebuch, 2. September 1936) Auch auf der Rückfahrt von Südfrankreich lenken sie ihr Auto nach Genf. Dort empfängt sie die Frau, deren unerschrockene Beihilfe zum »Dritten Joseph« so überaus bedeutsam gewesen ist:

> »Reizender Blick auf Park, Fontaine, See. Guter Thee und Rahm. Gebäck und Früchte der Herz. Rasiert. Nach 7 mit der Herz ausgegangen, vor einem Restaurant am Quai gut zu Abend gegessen und nachher vor einem Café mit Musik gesessen.« (Tagebuch, 23. September 1936)

Beim September 1936 scheint die Tagebuch-Lektüre der Mann-Biographen einen Aussetzer gehabt zu haben, sonst wäre das Bild der Ida Herz allein schon deshalb differenzierter ausgefallen!

Alsbald steht ihr Abschied von der Schweiz an. Noch einmal möchte sie länger mit ihrem Dichter zusammensein. Der aber, wissend und ahnend, wehrt ab, er wünsche »kein Dramolett«, schreibt er ihr am 29. Oktober, und fährt – so gut er kann – fort:

> »Da lassen Sie mich fragen: finden Sie nicht auch, daß ein kurzer Abschied einem in die Länge gezogenen entschieden vorzuziehen ist? Ihren Aufenthalt bei uns, einige Tage dauernd, mit der Vorstellung Ihrerseits, daß es das letzte Zusammensein vielleicht für lange, vielleicht für immer ist, stelle ich mir wenig erquicklich vor.«

Wenn sie »via Zürich« fahre, könne er sich einen Aufenthalt »ja für eine Nacht« vorstellen. Zuletzt dann die ermutigende Selbstvergewisserung: »Denn mir scheint doch, daß die Gefahr des Einander-aus-den-Augen-Verlierens nicht sehr groß ist.« Thomas Mann kennt seine Herz. Die aber schreibt vergrätzt zurück, was ihm wiederum »schmerzlich-unverschämt« dünkt.

Am Montag, den 23. November 1936 geht Ida Herz' Zeit in der Schweiz zu Ende; zwischen ihr und ihrem Epiker werden nunmehr die Abstände, nicht nur räumlich, größer. Nahe beieinander haben für sie Freude, Hochgefühl und Enttäuschungen gelegen. Auf der »Durchreise nach London« ist sie »zum Thee und Abendessen« geladen. Am Abend nehmen Katia und Thomas Mann sie mit zum Zürcher Rundfunkhaus, wo er – doppelsinnigerweise – das Kapitel »Die Öffnung der Augen« aus dem *Joseph* las und »die gegebene Zeit überschritt«. Danach begleitet er sie zum Bahnhof, »wo wir im oberen Restaurant mit ihr Thee tranken. Freunde von ihr kamen zum Abschied hinzu.« Jahre später erinnert sich Ida Herz:

> »mir war nur abschiednehmend zumute. ›England ist doch nicht aus der Welt. Sie werden hierherkommen und wir kommen nach London‹, tröstete er mich, als ich

beiden mit nassen Augen aus dem Coupéfenster die Hand zum Abschied reichte.«[5]

Thomas Mann sollte recht behalten. Aber wie mag der Nürnberger Jüdin da im Abteil zumute gewesen sein? Wie weit lag schon die Zeit in der Zufuhrstraße zurück ... Und lebten dort nicht noch ihre Anverwandten, Freunde und Bekannten in Gefahr!

London: bis zuletzt

»In meiner hiesigen Vereinsamung lebe ich mehr als je mit
den Briefen und Sendungen aus der Ferne + ich bin mit
meinem Eigentlichen weniger hier als anderswo.« Die da mit
Datum vom 20. Januar 1937 so traurig aus London schreibt,
ist mittlerweile eine Frau von 42 Jahren. Hinter ihr liegt ein
bewegtes Leben, ereignisreich, spannungsgeladen, hoffnungs-
dicht, mit schmerzhaften Stichen der Enttäuschung. Es hat
sie in den Innenhof einer Werkstätte der Weltliteratur, es hat
sie, wollte man es boshaft formulieren, an Gestade geführt, wo
das »Strandgut des Wilhelminismus« einen letzten poetischen
Glanz entfaltet. Hinter ihr liegen vor allem einschneidende
Trennungen: die von ihrer der Barbarei anheimgefallenen
Heimatstadt Nürnberg und nun auch die von dem, dem sie
ihr Dasein gewidmet hat, Thomas Mann. Sie lebt in Sorge
um die in Deutschland zurückgebliebenen Anverwandten
und Freunde. Es gelingt ihr, einem Teil ihrer Familie den
Weg nach London zu öffnen und damit deren Leben zu
bewahren. Sie lebt in Sorge um ihre Zukunft, nichts ist
gewiß. Die Zahl ihrer ständig wechselnden Postanschriften
in London gibt einen Eindruck davon. Es dauert Jahre, bis
sie eine halbwegs gute Bleibe findet. Dazu der ständige
Kampf um eine Arbeitsstelle, eine hinreichend sinnerfüllte
Tätigkeit. In verschiedenen Einrichtungen arbeitet sie in
ihrem erlernten Beruf als Buchhändlerin, längere Zeit im
Warburg-Institut. Mehrere Jahre schlägt sie sich freiberuf-
lich durch; zuletzt ist sie bis zu ihrer Pensionierung im
Sekretariat des Wiedergutmachungsamtes für jüdische
Flüchtlinge tätig. All dies aber, wie lebenswichtig es auch
sein mag, bedeutet ihr längst nicht soviel wie die Aufgabe,
der sie ihr Leben gewidmet hat: Archivarin von Thomas
Mann zu sein.

Als sie ihm am 20. Januar 1937 von ihrer »hiesigen Vereinsamung« berichtet, haben ihn die Strudel der Zeitereig-
nisse wieder einmal mit sich gerissen. Gleichwohl nimmt er
sich durchweg Zeit, Ida Herz nach London zu schreiben, sie
über die Ereignisse seines Lebens, die Fährnisse, über sein

»work in progress« zu unterrichten. Und er vergißt nicht, die Herz-Collection, soweit sie in Restform mit nach London gegangen ist, mit geeigneten Materialien und Stücken zu versorgen. Bald schon spürt Thomas Mann, daß die Lage der Herz mitnichten so ist, wie er sie im Tagebuch am 1. Dezember 1936, bald nach ihrer Abreise aus der Schweiz, gutgeredet hat: »Brief von der Herz, die in London bestens versorgt.« Eine derartige Übertreibung würde Freud Bagatellisierung geheißen haben. Sie hält denn auch nicht lange vor. Auf ihren Brief vom 20. Januar hin notiert er: »Einen Jammerbrief von der Herz.« (Tagebuch, 3. Februar 1937) Er interveniert bei dem Schriftsteller Bruno Frank, in London etwas für die Herz zu tun.

Dann, wie Ida Herz in ihren *Erinnerungen an Thomas Mann* schreibt,

> »ein Glücksfall – eine Engländerin suchte eine deutsch-sprechende Reisebegleiterin in die Schweiz. Ich bekam die Stellung. Beglücktes Wiedersehen!, doch recht beeinträchtigt durch sein schlechtes Befinden. Eine schwere Entzündung der Ischias machte Tage und Nächte zur reißenden Qual.«[1]

»Zu Tische die Herz« lauten die Tagebucheintragungen vom Sommer 1937. Seit sie in London ihren Wohnsitz hat, sie als Reisebegleiterin dieser Engländerin nicht um Quartier bei ihm nachsucht, fehlt den Eintragungen jene pejorativ-abwehrende Einfärbung der Jahre 1934 bis 1936. Jetzt haben die beiden etwas Zeit, sich über die abgelaufenen Ereignisse seit ihrer Übersiedlung nach London zu unterhalten. »Widmete mich ihr etwas vor und nach Tische«, lautet etwa der Eintrag vom 21. August 1937. Auch beteiligt er sie an der Lotte-Arbeit: »Die Herz kollationierte mit K. das 2. und 3. Kapitel«, notiert er einen Tag später. Schon zu Anfang des Jahres 1937 hatte er ihr von seinem Vorhaben, eine Art Unterbrechung des Joseph-Epos, unterrichtet. »Darf ich Ihnen gestehen«, schreibt sie in ihrem traurigen Brief vom 20. Januar 1937, »daß das Thema Ihrer Goethe-Novelle für mich eine vollkommene Überraschung ist?« Diese Novelle, sich erweiternd zum Roman *Lotte in Weimar*, im gleichen Jahr 1939 publiziert wie der aufschlußreiche Essay *Bruder Hitler*, variiert bekanntlich ein chinesisches Sprichwort, wonach große Männer ein öffentliches Unglück seien; nicht selten auch ein privates für die nähere Umgebung. Ida Herz dürfte den Gehalt der Goethe-Novelle durchaus für sich erschlossen haben.

Es ist einiges passiert zwischen November 1936 und Sommer 1937. Die Olympischen Spiele, die damals schon nach dem Brundage-Prinzip des »the show must go on« abgelaufen waren, sind vorbei. Das Regime hat die Daumenschrauben angezogen; Carl von Ossietzky ist das prominenteste, beileibe nicht das einzige Opfer des forcierten Drucks im Innern. Kaum ist das Feuer der Berliner Olympiade erloschen, legen die »Münchner Rammel-Regenten«, wie Thomas Mann die dortige Nazi-Gang mit Eintrag vom 29. November 1934 einmal genannt hat, erneut los. Dem »Stammgast literarischer Verbrecherkeller«, der »eine Jüdin geheiratet« habe, der »dekadenten halbjüdischen Familie Mann«, wie es angelegentlich in der deutschen Presse heißt,[2] soll endlich der Garaus gemacht werden. Im Herbst 1936 ist das Verfahren zur Ausbürgerung von Thomas Mann in sein entscheidendes Stadium getreten. Am 10. Oktober ersucht das Reichsministerium des Innern durch Schnellbrief das Auswärtige Amt, der Aberkennung der Staatsbürgerschaft baldmöglichst zuzustimmen. Am 26. Oktober gibt Otto von Neurath sein d'accord, nachdem die Deutsche Gesandtschaft in Bern mit der Unterschrift Ernst von Weizsäckers, des späteren Staatssekretärs unter Joachim Ribbentrop (ab 1938 Reichsaußenminister), schon mit ihrem Plazet vorausgeeilt war. Mit Bezug auf jenes Bekenntnis von Thomas Mann zum Exil vom 3. Februar 1936 sieht der »honorable statesman« von Weizsäcker den Tatbestand der »feindseligen Propaganda gegen das Reich erfüllt. Es bestehen diesseits keine Bedenken, das Ausbürgerungsverfahren gegen ihn nunmehr in die Wege zu leiten.« Am 3. Dezember 1936 ist es dann soweit, wovon Thomas Mann am 5. Dezember Kenntnis erhält: der *Deutsche Reichsanzeiger* veröffentlicht das Dekret über den gegen Thomas Mann verhängten Entzug der deutschen Staatsangehörigkeit.[3] An diesem Tag schreibt er an seine Vertraute, die bereits in London weilt, daß seine Naturalisierung in der Tschechoslowakei nunmehr bekannt gemacht werden solle. Anders, er ist den Nazis mit der Annahme der tschechoslowakischen Staatsbürgerschaft zuvorgekommen, so daß die Ausbürgerung de jure obsolet geworden ist. »Die Gauner«, schreibt Thomas an seinen Bruder Heinrich, »können ja den Akt der ›Ausbürgerung‹ beliebig vordatieren.«[4] Aber die Schriftstücke sind schon ausgefertigt und in Umlauf. In eilfertiger Beflissenheit vollzieht am 19. Dezember 1936 die Philosophische Fakultät der Universität Bonn die Aberkennung der Doktorwürde. Wiewohl juristisch fragwürdig, hier nun meldeten sich wieder die gentlemen des Auswärtigen Amtes zu Wort, zeichnet Heydrich Ende Dezember die Weisung des Reichsführer SS, »die Einziehung des Vermögens von Thomas Mann«[5].

Im Dezember eröffnet Thomas Mann seine Befindlichkeit in Sachen Ausbürgerung: »So dumm es ist, es bleibt doch ein Choc.«[6]

Nun sind die Manns »entdeutscht«, denn mit Thomas werden auch seine Frau Katia und die vier jüngeren Kinder ausgebürgert, nachdem die älteren, Erika und Klaus, schon vor längerer Zeit »wegen unwürdigen Auftretens im Ausland der deutschen Staatsangehörigkeit für verlustig erklärt worden« sind. Der Name seines Bruders Heinrich ziert, zusammen mit Lion Feuchtwanger, die »Liste 1« der langen Serie der Ausbürgerungen.

Am 22. August 1937 verabschiedet Thomas Mann Ida Herz, die wieder nach London zurückkehrt. Eine Nachricht erreicht sie: Am 14. August, kurz vor Mitternacht, ist ihre Mutter Lina Herz, geb. Beselau, im Alter von 71 Jahren im Israelitischen Hospital in Fürth verstorben. Beigesetzt wird die Kaufmannswitwe auf dem neuen israelitischen Friedhof in Nürnberg. Im Herbst 1937 forciert die Gestapo die Ausbürgerung der Freundin des Epikers. Mit Ort Nürnberg und Datum vom 11. November 1937 richtet die »Staatspolizeistelle Nürnberg-Fürth« an ihre Berliner Zentrale den Antrag auf Ausschluß aus der »deutschen Volksgemeinschaft«:

»Ich schlage vor, die Jüdin Ida Herz, geb. am 18.10.1894 zu Nürnberg, gemäß § 2 d. Ges. v. 14.7.1933 (RGBl. I S. 480 ff) der deutschen Staatsangehörigkeit für verlustig zu erklären.

Ida Herz ist die Tochter der jüdischen Kaufmannseheleute Moritz Herz und Lina geb. Besselau. Als Angehörige der jüdischen Bekenntnisgemeinschaft ist sie demnach Rasse- und Bekenntnisjüdin. Ihre inzwischen verstorbenen Eltern zogen im Jahre 1890 in Nürnberg zu und gründeten hier die Fa. Herz & Besselau, Darm-, Gewürz- und Fleischerutensilienhandlung.

Am 21.11.1916 wurde Ida Herz durch Urkunde der Regierung von Mittelfranken in den Bayerischen Staatsverband aufgenommen. Sie ist somit deutsche Reichsangehörige.

Ida Herz war zuerst Buchhändlerin beim S. Fischer-Verlag in Berlin, später trat sie als Prokuristin in das väterliche Geschäft ein. Bis zu ihrer Flucht aus Deutschland wohnte sie Nürnberg, Zufuhrstraße 15/IV bei ihrer Schwester Adele Putzel. Am 16.9.1935 verließ sie Nürnberg, um sich nach der Schweiz zu begeben. Gegenwärtig hält sie sich in London auf, wo sie angeblich Verwandte hat.

Sie ist im Besitz eines gültigen Reisepasses Nr. 125 mit Gültigkeitsdauer bis 6.5.1940.«[7]

Nachdem die »Vergehen« benannt sind, »Beleidigungen« höherer und höchster Nazirepräsentanten, nachdem betont worden ist, daß sie eine »fanatische Gegnerin des nationalsozialistischen Staates« sei und mit dem inzwischen ja bereits ausgebürgerten Thomas Mann »in persönlichem Gedankenaustausch« stehe, zieht der verantwortliche Verwaltungsmann den Schluß:

»Infolge ihrer staatsfeindlichen Gesinnung ist mit Sicherheit anzunehmen, daß sie auch heute im Ausland Greuelpropaganda treibt. Auf Grund ihrer guten internationalen Verbindungen einerseits, und ihrer an Verfolgungswahn grenzenden Hysterie andererseits ist sie als besonders gefährlicher Staatsfeind zu betrachten. Die Ausbürgerung ist daher gerechtfertigt und geboten. In krimineller Hinsicht liegt gegen Ida Herz nichts vor, auch hat sie im Inlande keinerlei Vermögen mehr.«

Am 27. April 1938 veröffentlichen der Deutsche Reichsanzeiger und der Preußische Staatsanzeiger Nr. 96 mit Liste 43, Nr. 16 die Ausbürgerung von »Herz, Ida, geb. am 18.10.1894 in Nürnberg«[8]

Um diese Zeit hat das Verhältnis zwischen Thomas Mann und Ida Herz eine empfindliche Belastungsprobe hinter sich. Aus Arosa scheibt jener am 26. Januar 1938 nach London, daß sie »hinter seinem Rücken« eine »Torheit« begangen habe, die sie ihm besser nicht mitgeteilt hätte. Noch am 9. Oktober 1937 hatte Thomas Mann sie ermuntert, sie solle ihre »Versuche fortsetzen, die Sammlung (die Herz-Collection – F. K.) aus Deutschland herauszubekommen.« Er selbst hat ein massives Interesse daran, da er hofft, daß an der Yale University ein akademisches Thomas-Mann-Archiv förmlich eingerichtet wird. Sein Partner in dieser Angelegenheit ist ein junger Mann in Yale, Joseph W. Angell, der, von dem deutschen Autor und dessen Werk fasziniert, dort eine zentrale Sammel- und Forschungsstelle »Thomas Mann« aufbauen will. Ihm hat er am 4. März 1937 mitgeteilt:

> »Eine gewisse private Vorarbeit zu einer solchen Aktion ist in der Tat schon geschehen. In London lebt zur Zeit eine Emigrantin, die seit vielen Jahren eine solche Sammlung betreibt und es recht weit damit gebracht hat.« Es sei ein denkbar geeigneter Grundstock für Yale. Das Archiv sei »so ziemlich alles (...), was sie auf Erden besitzt.«[9]

Zuletzt übermittelt er an Angell die Londoner Adresse von Ida Herz. Also ein Dreiecks-Interesse: der Mann in Küsnacht, der in Yale und die Frau in London. Die wäre nicht Ida Herz, griffe sie nicht nach den Sternen. Um die Dinge voranzutreiben, vor allem um ein Permit für die USA mit Perspektive auf eine Anstellung als Kustodin an der Yale University zu erlangen, wendet sie sich direkt ans Weiße

Haus. Dies eben wird Thomas Mann ärgern und eine Weile seinen Unmut gegen die Herz aufwallen lassen. Das Yale-Projekt scheitert, nicht nur weil Ida Herz, trotz Mithilfe von Thomas Mann und Joseph W. Angell, die Sammlung nicht von Deutschland bzw. München loseisen kann. Ihre Ausbürgerung vom Frühjahr 1938 hat das Unternehmen nicht gerade erleichtert. Vielmehr, und Thomas Mann sollte dessen noch gewahr werden, war das Unternehmen auch deshalb nicht von Erfolg gekrönt, weil Mr. Angell nicht jene Tugend besaß, mit der Ida Herz so reichlich gesegnet war: Beharrlichkeit. Klaus W. Jonas, bestens mit dem Scheitern des Angell-Projekts vertraut, weil bis 1957 in Yale Bibliothekar, hat die verschiedenen Phasen dieses Vorhabens 1990 dokumentiert (*Thomas Mann, Joseph W. Angell und die Yale University*). Aus dem Briefwechsel zwischen Mann und Angell geht hervor, welchen bedeutenden Stellenwert der Epiker der Herz-Collection für das Yale-Projekt einräumt – falls sie aus Deutschland herauszubringen wäre. Wenngleich Yale Thomas Mann mit Ehren verwöhnt, so mit dem Doctor honoris causa, geht das Archiv-Projekt nur zäh voran. Im Herbst 1938 scheint es so, als ob ihm Erfolg beschieden sei. Am 25. Oktober schreibt er an Ida Herz:

»Der Zudrang nach diesem Lande ist verzweifelt groß, und mir bangt etwas – erstens schon um das Gelingen Ihrer Einreise und zweitens um das, was werden soll, wenn Sie da sind und die Yale Library Sie nicht aufnimmt, was bei wegfallender Spekulation auf die Sammlung (für die die Briefe kein Ersatz sind) immerhin sehr möglich ist. Ich muß bei nächster Gelegenheit mit Angell, den ich noch nicht gesehen, wieder darüber sprechen. Zunächst werde ich jetzt aufs Geratewohl an Coyle schreiben und ihm sagen, daß ich gern mein Bestes thun werde, Ihnen weiter zu helfen, wenn Sie einmal hier sind. Der Brief des Warburg Direktors kann mir dabei helfen.«

Einen Monat später geht ein hoffnungsvoller Brief an Angell in Yale ab:

»Von unserer gemeinsamen Freundin Ida Herz hatte ich gestern einen Brief, worin sie mir mitteilt, daß nunmehr tatsächlich die so gut wie sichere Möglichkeit besteht, ihre Sammlung aus Deutschland heraus in ein neutrales Ausland (gedacht ist an Norwegen) und von dort hierher zu bringen. Die einzige Schwierigkeit scheint der Kostenpunkt zu sein, und Fräulein Herz teilt mir mit, daß sie gleichzeitig an Sie schreibt, um zu erfahren, wie es damit steht, und ob sich die Absichten angesichts der wahrscheinlich gestiegenen Kosten nicht geändert haben, aber natürlich wäre es schön, wenn der so lange gehegte Plan zur Ausführung käme.«[10]

Aber alles Bemühen, alle Fürsprachen und Interventionen scheitern zuletzt an dem, was der Mann-Biographik durchweg entgangen ist: Ida Herz gelingt es nicht, den in einem Münchner Keller einlagernden Hauptbestand ihres Privat-Archivs herauszubekommen. Hinzuzufügen ist: Als sie nach dem Krieg wieder in den Besitz ihres kostbarsten Gutes gelangt, scheitert die Überstellung nach Yale erneut. 1950 ist die Herz-Collection zwar leihweise in New Haven, im Rahmen einer vielbeachteten Ausstellung über Thomas Mann an der Yale University. Aber eben nur leihweise, denn die Library kann sich zum Erwerb der Collection nicht entschließen. Nicht zuletzt auch eine Auswirkung des McCarthy-Klimas, wie K. W. Jonas dokumentieren kann. Thomas Mann ist tief enttäuscht, daß Yale kein repräsentatives Archiv aufbaut. Anfang der fünfziger Jahre steht für ihn fest, wie Jonas schreibt, »daß er nichts mehr aus seinem Privatarchiv dorthin geben würde«[11]. Wohl aber gibt er weiter an »die Herz« in London. Am 2. April 1953 wird Thomas Mann gegenüber K. W. Jonas deutlich:

»In Ihrer Einleitung (gemeint ist die zu der Publikation *Fifty Years of Thomas Mann* von Jonas – F. K.) erwähnen Sie Angell und sein Vorhaben einer ›extensive bibliography of T. M's works‹. Sie haben auf sein Projekt Rücksicht genommen, aber ich bin so gut wie sicher, daß *nie* etwas daraus werden wird. Er ist ein lieber, aber sehr schwacher und unzuverlässiger Mann, der leicht unter jeder Aufgabe zusammenbricht. Es wundert mich nicht, daß Ihre Hoffung auf Austausch mit ihm enttäuscht worden ist. Auch ich bin längst ohne jede Nachricht von ihm, ohne jedes Zeichen weiterer Anteilnahme. Seine Reisen und amtlichen Pflichten im kalten Krieg haben ihn früheren Plänen und Interessen gewiß entfremdet. Kurz, es ist auf ihn nicht zu bauen.«[12]

Als Kontrastbild wird Thomas Mann wohl Ida Herz im Kopf gehabt haben.

Im Laufe dieses Jahres 1938 entspannt sich die Beziehung zwischen Thomas Mann und Ida Herz, die durch deren Intervention im Weißen Haus belastet worden ist. Längst ist er ihr wieder gewogen, hat man doch ein gemeinsames Interesse an dem Yale-Projekt. Am 16. Januar 1938 schon erreicht sie eine Ansichtskarte aus Arosa mit dem altvertrauten »Liebes Fräulein Herz«, die er mit den liebenswürdig-boshaften Zeilen beschließt: »Ich schreibe über Schopenhauer, Ihnen muß meine Frau schreiben. Auf Wiedersehen in Southampton.« Man trifft sich, Thomas Mann ist auf dem Weg nach Princeton, seinem neuen Exil-Ort in den USA, im Hafen von Southamptom. Ihr Pechvogelhaftes, vom Epiker im Tagebuch vom 17. September 1938 vermerkt, wiederholt sich einmal mehr: »Besuch von der Herz, nicht mehr erwartet. Höchst erregt, vergißt sie schließlich ihren Paß. Vergebliche Versuche ihn ihr noch zuzustellen.« Später erhält sie ihn zurück. Kaum in Princeton, bemüht er sich darum, Ida Herz die Tür nach Amerika zu öffnen, selbst wenn es mit dem Tansfer ihrer Collection nach Yale nichts werden sollte. Er berichtet ihr mit Brief vom 8. Dezember 1938, daß er initiativ geworden sei, ein »Affidavit« für sie auch ohne »Arbeitsaussicht« in die Wege zu leiten. In diesem Brief, vielleicht wie in keinem anderen, scheint auf, daß auch er, Thomas Mann, in einer »Leidensgemeinschaft« mit ihr, Ida Herz, sich weiß:

»Möchten Ihre Verwandten doch heil aus der deutschen Hölle entkommen! Meine Frau ist auch sehr niedergeschlagen wegen ihrer alten Eltern und ihrer Brüder. Es ist ihnen persönlich bis jetzt offenbar noch nichts widerfahren, aber man kann sich die Zukunft all dieser Menschen ja überhaupt nicht vorstellen.«

Der Briefwechsel zwischen den beiden ist rege, greift weit in die Schilderung persönlicher Befindlichkeiten hinein.

Im Sommer 1939 unternimmt Thomas Mann seine letzte Europareise vor dem deutschen Überfall auf Polen. Beim Zwischenaufenthalt in London nehmen sich die Manns, dem Tagebucheintrag vom 19. August 1939 zufolge, erneut Zeit für Ida Herz: »Thee mit der Herz. Später angenehmer Spaziergang nach Buckingham Palace, an den sommerlich bevölkerten Parks hin, Trafalgar Square, Themse-Brücke, Parlament, Downingstreet.« Glückliche Stunden für den Guide. Am Tage der »grelle(n) Sensation: Ribbentrop fliegt nach Moskau zum Abschluß eines Nichtangriffspakts« (Tagebuch, 22. August 1939) begibt sich Thomas Mann mit seiner Tochter Moni und deren Gatten »mit Omnibus zur Herz«. Tags darauf Abschied am St. Pancraz-Bahnhof, »die Herz mit Marzipan dort«.

Er glaube, schreibt er ihr wenige Wochen nach dem Beginn des 2. Weltkrieges, an den »Endsieg der Vernunft«, trotz der militärischen Blitzerfolge Hitlers. Bis freilich Hitler niedergerungen ist, dauert es noch eine lange, schreckliche Zeit. Auch für Exilierte keineswegs eine sonderlich angenehme, zumal dann, wenn die Exilländer in den Kriegszustand mit Deutschland treten: ob die »aliens« verkappte »enemies« sind, diese Frage ist allüberall aufgeworfen und sehr verschieden beantwortet worden. Mancher ist, wie etwa Hermann Kesten in Frankreich, interniert worden. Am 17. November 1939 stellt Thomas Mann auf entsprechende Bitte »wieder eine Bestätigung für Ida Herz« aus. Betont darin deren »Integrität und Übereinstimmung mit den Zielen der British people«. Lobt sie als eine Frau von »exceptionell intelligence«, mit »scrupulous sense of duty«, was immer man von ihr auch einfordere. Zuletzt stellt sich Thomas Mann unzweideutig als Bürge hin: »At any time I will be glad to answer direct inquiries concerning Miss Herz«, läßt er von Princeton aus wissen. Eine herzlichere Nagelprobe für die Treue und Verbundenheit ihres Dichters konnte sich die ausgebürgerte »Tochter Nürnbergs«, die in London unverschuldet in eine heikle Situation geraten ist, nicht wünschen. Dazu noch die Invasionsängste der Jüdin ...

Im Sommer 1940 vermutet Thomas Mann Ida Herz als »jetzt wohl interniert« (Tagebuch, 12. Juni 1940). Angesichts des Zusammenbruchs Frankreichs und der drohenden Invasionsgefahr wurden in Großbritannien im Sommer 1940 sogenannte »feindliche Ausländer« (Deutsche und Österreicher) zeitweise interniert; es waren aber nur Männer bis zum Alter von 60 Jahren betroffen, Frauen wurden nur in seltenen Einzelfällen interniert. Ida Herz jedenfalls bleibt auf freiem Fuß.

Die Kriegsjahre werden lang. Während Ida Herz weiterhin nicht zur Ruhe kommt, stets wechseln die Londoner Anschriften, verändert sich Thomas Mann nur einmal in den USA. Am 23. September 1941 meldet er sich aus der »740 Amalfi Drive, Pacific Palisades«, um ihr nun von Kalifornien aus über Leben und Ereignisse in »Hollywood Beverly Hills« bis zur Fertigstellung des 4. Bandes des Joseph-Epos zu berichten. Sie, unter anhaltend unsicheren Existenzbedingungen, erzählt ihm nicht nur von ihrem Lebensalltag, sondern informiert ihn auch laufend über das politische und literarisch-kulturelle Klima in England. Darüber hinaus berichtet Ida Herz von einem für sie großen, aufregenden Ereignis. Im Jahr 1943 wird sie aufgefordert, über Thomas Mann in London zu referieren. Ihr *Porträt von Werk und Person Thomas Mann* findet mit Brief vom 9. Mai 1943 die zufriedene Billigung des Porträtierten. Dazu die Ermunterung, es so zu halten wie er: »Beharrlich und geduldig mein Leben weiterführen! Aber wer lebt heute schon auf sicherem Boden und sieht mehr als drei Schritte voraus?« Für sie erhofft er nach dem Krieg gar eine »ersprießliche Tätigkeit« in Deutschland.

Wenn er nicht schreibt, ist es Katia, die den Briefwechsel, nicht nur statt seiner, fortspinnt. Kein Zufall, daß Ida Herz ihr in der *Association of Jewish Refugees Information*, London 1973, aus Anlaß ihres 90. Geburtstages, ein warmherziges Porträt widmet.

Wie gelassen-freundschaftlich die Korrespondenz sich entwickelt, seit Ida Herz während einer längeren Schreibpause wohl der Grenzen ihrer Beziehung zu Thomas Mann innegeworden ist, seitdem umgekehrt ihr Gegenüber in Kalifornien Ruhe gefunden hat, die Jahre der Verunsicherung und des Wanderns vorüber sind, mag eine Briefstelle aus dem Weihnachtsgruß vom 18. Dezember 1943 veranschaulichen: »Haben Sie auch, liebes Fräulein Herz, ein freundliches Weihnachtsfest und erzählen Sie mir immer von Ihrem Leben und Tun, sobald Sie Lust haben.« Sie ihrerseits bezeugt unvermindert Dankbarkeit, aber ohne in die Sentimentalismen närrischer Verliebtheit der zwanziger und noch dreißiger Jahre zu verfallen. Ja, sie habe es »vergleichsweise gut«, stimmt sie in seine ermunternde Einschätzung ein und benennt den Punkt, der ihrem Leben trotz aller Unbill im London der Kriegsjahre Halt und stille Freude gebe: »Zu diesem Gut-Haben gehört in erster Linie, daß Sie mich an Ihrem Leben und Ihrer Arbeit selbst aus der hemisphärischen Entfernung noch teilnehmen lassen.« (Herz an Mann, 29. Dezember 1943) Tatsächlich gibt es kaum etwas, worüber der Epiker sie nicht aus der Ferne unterrichtet: ob das eigene Familienleben, Tratsch und Klatsch in der Hollywooder Exilgemeinde, Produktionsprobleme. Dazu Buchgeschenke und, mit Brief vom 3. Dezember 1944, das Versprechen: »Warten Sie nur, wenn *wir* nach London kommen, nachher, bald einmal, werden wir uns schon nach Ihnen umsehen.« Noch aber stehen »Robotbomben« in London an, ein letztes Mal Angst und Schrecken, mit den Namen V1 und V2 verknüpft. Dann ist Schluß. Europa befreit.

Der zweite Weltkrieg ist zu Ende; wie ein kleines Schattenbild der großen Migrationsströme auf dem europäischen Festland erscheint nun der anhaltende Wohnungswechsel von Ida Herz in London. Eine Lebenskonstante gleichsam, »diese Jagd nach einem Dach über dem Kopf«, wie ihr Thomas Mann in seinem Brief vom 10. November 1946 bescheinigt. Er unterrichtet Ida Herz eingehend über seine Schwierigkeiten mit dem Nachkriegsdeutschland. Inzwischen hat er in Washington seinen Aufsehen und Protest erregenden Vortrag

Deutschland und die Deutschen gehalten. Gegenüber Ida Herz nimmt er kein Blatt vor den Mund, wenn er, mit Brief vom 1. Januar 1946, über die »Innere Emigration« zetert: »wie sie so edel gelitten und den Funken des Geistes lebendig gehalten hat. *Der Teufel hol's.*« Zu diesem Zeitpunkt steckt er noch mitten im Teufelsbuch, dem *Doktor Faustus*. Wie eh und je freut er sich über Ida Herz' Paketsendungen: »Schönes Geschenk von der Herz: Carlyles Schiller-Biographie, deutsch, aus Goethes Bibliothek«, notiert er am 10. Dezember 1946 ins Tagebuch. 1. April 1947. Ein Kabel trifft bei Ida Herz ein:

> »Planning to Arrive LONDON May 14th. Staying one week. stop. Glad to speak University on Nietzsche Philosophy in the light of our experience. Kindly contact Warburg regarding available date. stop. please reserve one double and one single bedroom and one drawing room preferably Savoy. Thank and Regard = Thomas Mann.«

Der ersehnte Augenblick naht. Nach acht Jahren steht der inzwischen 52jährigen ein Wiedersehen bevor. Überwältigt hiervon scheint Ida Herz prompt wieder ihre Fassung zu verlieren, in ältere Verhaltensweisen übertriebener Nähe zu ihrem Dichter zurückzufallen. Der konstatiert, wie stets in solchen Fällen, abweisend-kalt: »Die Rosenstiel-Herz dickfällig-begierig« (Tagebuch, 21. Mai 1947). Weitere Seitenhiebe, dieses und nicht das einzige Mal gegen die angloamerikanische Geisteswelt, werden ausgeteilt. Aus dem Hotel schreibt er an seinen Bruder Heinrich nach Amerika:

> »Ich hatte hier die ersten Tage mit einer Magen- und Darmaffektion zu kämpfen, der zum Trotz ich alles durchführte: Interviews, Press Conferences, Receptions, Broadcasts und, unter großem Zudrang, die lecture in der London University. Der Nietzsche-Vortrag, simpel wie er ist, hat sich hier wie in Washington und London gut bewährt.«[13]

Zudrang ja, Zudringlichkeit nein. Der Vortrag über Nietzsche, ein Beiprodukt kritischer Selbstanalyse im Medium des *Doktor Faustus*, der 1947 erscheint, fällt auf den 20. Mai.

Einen Tag später eine Botschaft an das deutsche Volk via B.B.C., die in Deutschland ein böses Echo auslöst,[14] und bereits jetzt jene Stimmungen in Wallung bringt, die dann zwei Jahre später, vor, während und nach seinen beiden Reden im Goethe-Jahr 1949, einmal in Frankfurt, das andere Mal in Weimar, eskalieren werden. Via Schweiz geht es wieder zurück in die USA. Aus Zürich meldet er sich am 27. Juni 1947 mit einer bemerkenswerten Impression:

> »In Zürich hörten wir die ›Götterdämmerung‹ unter Knappertsbusch, dessen Gebahren durchaus excentrisch war. Wie der verrückte Deutsche so den Untergang dirigierte, war ein grundunheimlicher Eindruck.«

Er weiß, wem er dies schreibt. Ida Herz war aufs engste vertraut mit der Aktion und Gegenaktion im Umkreis des Münchner Künstler- und Kulturprotestes gegen Thomas Manns Wagner-Rede vom Februar 1933, den auch Hans Knappertsbusch unterschrieben hat, eine »Frackprimadonna«, wie Adrian Leverkühn diesen Typus so trefflich karikiert hat.

Wieder sind zwei Jahre in die Lande gezogen, als Thomas und Katia Mann neuerlich im Savoy Hotel, London, Quartier nehmen. Oxford verleiht Thomas Mann die Ehrendoktorwürde. In London hält er im Mai 1949 mehrere Vorträge. Einen, der sich mit *Büchern als ein Erinnerungsmittel an diese Zeit* befaßt. Es ist der 18. Mai, »Wiener-Library«. Unter den Empfangsgästen und der Zuhörerschaft auch Ida Herz, zusammen mit den »alten Tanten«, gemeint sind Katia Manns Cousinen, die in London leben.

»Kommt noch viel dergleichen, so gehe ich nicht.« Dieser Eintrag ins Tagebuch, datiert »Stockholm, den 21. Mai 49«, mag für das stehen, was nun kommt: die erste Deutschland-Tour, seitdem er im Februar 1933 sein Heimatland verlassen hat. Eine schwierige, eine brisante Reise, eine Reise in die Abgründe der deutschen und seiner eigenen Vergangenheit, eine Reise in die Zerklüftungen der Gegenwart. Schon vorher hatte der Leistungsethiker sich eingestimmt: »Unter hundert Leistungen, Notwendigkeiten seinen Mann zu stehen, schreitet die Reise fort.« (Tagebuch, 19. Mai 1949)

Den 74. Geburtstag feiert Thomas Mann, einmal mehr von Ida Herz beschenkt, in Zürich. Danach Rückkehr in die USA, aber der Wunsch, für den letzten Lebensabschnitt nach Europa zurückzukehren, in der Schweiz letztes Domizil zu nehmen, hat sich bereits festgesetzt. Neuerliche Europa-Reise im Sommer 1950. Nicht zuletzt Sondierungen in der Schweiz. Für drei Tage Zwischenaufenthalt im Hotel Savoy in London – dieses Mal ohne Vorträge, ohne Empfänge, ohne Öffentlichkeit und Trubel. Wiedersehen mit Ida Herz. Aber seine Gedanken weilen bei einem anderen Problem: das möglichst geräuschlose Verlassen der USA, eine möglichst unauffällige Übersiedelung in die Schweiz. Das *Hexenjagd*-Klima, um den Titel eines einschlägig thematischen Stückes von Arthur Miller zu gebrauchen, macht ihm zusehends zu schaffen.

Im April 1951 langt in London *Der Erwählte* an. Eine der letzten novellistischen Arbeiten Thomas Manns. Ida Herz ist enthusiasmiert:

»Der ›Erwählte‹ kam am Montag und gestern kam Ihr Brief – fast zuviel des Guten (...) Wenn Sie erzählen – wie Sie erzählen – verzaubern und bezaubern Sie uns und versetzen uns in Trance, wie man ihn sonst nur in der Musik erlebt, ohne uns dabei intellektuell einzuschläfern. Wieder und wieder sage ich vor mich hin: So etwas ist noch nie dagewesen (...) Wie macht er das nur?«

schreibt sie ihm am 15. April 1951. An Faszination hat die Poesie des Epikers für sie nichts eingebüßt. Und dieser weiß wohl, wieviel jene von seiner Schreibweise versteht. Den Freuden folgt der Dämpfer auf dem Fuß, denn für die geplante dreimonatige Europa-Reise steht London nicht auf dem Terminkalender: »Die Herz in Tränen über unsere Ausschaltung Londons«, notiert Thomas Mann am 9. September 1951, nachdem er ihr ein paar Tage zuvor geschrieben hatte: »wir haben Ihnen nicht gern eingestanden, daß wir London für diesmal ausfallen lassen müssen – auch den armen alten Cousinen (von Katia Mann – F. K.) nicht gern.«

»Abschied, Wunsch der Wiederkehr für immer« lautet der Tagebucheintrag vom 28. September 1951 in Zürich. Im Sommer 1952 kreist der Briefwechsel zwischen Ida Herz und Thomas Mann um die Reaktion der englischen Literaturkritik auf seinen *Erwählten*: »Die Herz schreibt, daß die Aufnahme des ›Holy Sinners‹ bei der Londoner Presse durchweg miserabel ist« (Tagebuch, 15. Mai 1952). Wenige Wochen darauf wird er deutlicher, macht seinem Ärger Luft, wenn er Ida Herz am 5. Juni wissen läßt: »England weiß nichts mit mir anzufangen (...) Ich glaube, in England lasse ich keines mehr drucken.« Für »September und Oktober« 1952 kündigt er einen Besuch in London an, »wir (werden) a cup of tea in Ihrem Heim haben.« Die Reise aber muß verschoben werden. Denn inzwischen hat sich Einschneidendes ereignet. Der naturalisierte Amerikaner teilt der naturalisierten Britin mit, daß er von den USA für immer Abschied genommen hat. Am 29. Juni 1952 fliegt er von New York über Amsterdam nach Zürich, nur mit Aktentasche und kleinem Reisegepäck. Im Sommer 1953 besucht er wieder London. Zum Oxforder kommt das Cambridger Doktorat hinzu: »Flug nach London. Die Herz am Air-Port. Weiterfahrt nach Cambridge mit dem schlecht gefederten Auto der Universität.« Es ist der 3. Juni 1953. Zwei Tage lang halten sich Katia und Thomas Mann ohne offizielle Verpflichtungen in London auf, nachdem er zusammen mit Ida Herz von Cambridge by railway zurückgekehrt ist. Zu deren großer Freude nimmt er die Einladung zur »Theegesellschaft« in ihrer Londoner Wohnung an. Es ist der 6. Juni 1953, sein 78. Geburtstag. Vereinbart wird ein Besuch in Zürich-Erlenbach.

»Die Herz und Moni im Anzuge«, so lakonisch die Notiz vom 3. Juli dieses Jahres. Ida Herz wohnt in der »Sonne« in Küsnacht, wo sie schon in den dreißiger Jahren Quartier genommen hatte. Und wieder trifft der Besuch von Ida Herz einen Thomas Mann in miserabler Stimmung. Die Zeit der inständigen Sorge, sich selbst zu überleben, fortzuexistieren, ohne mehr poetisch produktiv sein zu können, hat begonnen. Für Thomas Mann eine, wie den Tagebüchern bis zum Lebensende zu entnehmen ist, triste, deprimierende

Erfahrung: »And my ending is despair«, wie seine vielzitierte Formel hierfür lautet. Kein Wunder, wenn er am 6. Juli 1953 niederschreibt:

> »Ein Brief des Verlages der Wiener Unesco-Kommission wegen eines politisch moralisierenden Vorworts zu ›Der Künstler und die Gesellschaft‹ setzte mich in zornige Aufregung. Zum Abendessen leider die Herz. Unfähigkeit zu essen. Legte ihr die Preis- und Ehrendokumente, die im Wohnzimmer liegen, vor und ließ K. aus ›Sforza del Destino‹ spielen. Ging hinauf, bevor K. sie wegbrachte, und las in ›Verlorene Illusionen‹. Nahm ein und fand Ruhe für die Nacht, die zum besten Teil des Tages geworden. So ist es, wenn man sich überlebt.«

Die Macht des Schicksals, Endzeitstimmungen ...

Die Nähe von Ida Herz steigert sich am 13. Juli zum Debakel; »vieles kommt zusammen, mich um die Geduld zu bringen, mich zu reizen und zu zerrütten«, lautet das Fazit des Tages, an dem er nach dem Abendessen mit »der Herz« zuletzt die Nerven verliert und in sein Zimmer flüchtet, um die Lektüre von Balzacs *Verlorenen Illusionen* fortzusetzen. Daß sie den Schluß seiner Novelle mit dem ominösen Titel *Die Betrogene* (1953) nicht zu verstehen in der Lage sei, erzürnt ihn offenkundig über alle Maßen. Warum eigentlich, wird noch zu fragen sein. Denn das, was Ida Herz zur Fortsetzung des *Felix Krull* zu sagen weiß, findet durchaus wieder seine Billigung. Noch ein letztes Mal kommt Ida Herz zu Besuch, Thomas Mann wohnt nunmehr in Kilchberg, in einem Haus, das ihm entschieden mehr behagt als jenes in Erlenbach, von wo er sich nach dem in Pacific Palisades zurückgesehnt hat.

> »Bei meinem Besuch in Kilchberg, im Sommer 1954, fand ich ihn in viel besserer nervlicher Verfassung. Er sah frisch und, wie immer, um Jahre jünger aus. In intimen Gesprächen sprach er oft mit mir über seinen Tod. Es war, als wollte er mir schonend beibringen, daß ich anfangen sollte, ihn in Betracht zu ziehen. Sein ungebrochener Werkwille, seine lebendige Teilnahme am

Weltgeschehen, sein treues Interesse an meinen unbedeutenden Sorgen, wiesen den Gedanken daran, trotz seines hohen Alters, in eine fernere Zukunft, die ins Auge zu fassen, ich nicht den Mut hatte. Schwer wurde mir der Abschied von ihm, wie immer. Er mochte das nicht. In elegant zusammengefaßter Haltung drückte er mir die Hand: ›Nun denn, auf Wiedersehen übers Jahr! Es ist ja gar nicht mehr weit hin.‹«[15]

Gar nicht mehr weit hin ist es bis zum Ende seines Lebens. Ein seltsames Geschenk von Ida Herz, das im August 1954 aus London eintrifft, bewegt ihn: »Von der Herz merkwürdiges Büchlein über Bestattung und Gebein. Sonst das Übliche an Post«, notiert er am 11. August 1954 ins Tagebuch. Für 1955 ist ein Vortrag in beiden Deutschlands geplant: *Versuch über Schiller*, anläßlich dessen 150. Todestages. Ida Herz' Motivation ist, wie so häufig in den vergangenen Jahrzehnten, Buch-Geschenke als Anregung zum work in progress zu machen. Dieses Mal scheint das Geschenk eine latente, unbewußte Tiefenschicht zu berühren. Hatten sich nicht beide noch kürzlich über den Tod unterhalten, er, der 79jährige, sie, die bald 60jährige? »Noch viel gelesen über Schillers Begräbnis und Gebein. Der Schreibstil von damals.« Da fügt es sich, daß am nächsten Tag, am 13. August 1954, ein Bargespräch mit »Prof. Stern. Psychoanalytiker, Trauma, Pavor, zwischenein über die ›Betrogene‹, auch über die latent Schizophrenen« zustandekommt – Thomas Mann weilt, wo schon viele nach Nietzsche und vor ihm geweilt haben, in Sils Maria. »Recht kluger, angenehmer Mann«, empfindet der Poet.

»Vorm Abendessen mit fliegender Hand Geburtstagsbrief (60.) an die Herz in London«, diesem Brief vom 15. Oktober 1954 wird noch Aufmerksamkeit zu schenken sein, birgt er doch ein Resümee ihrer nunmehr jahrzehntelangen Verbindung.

Doktor Faustus

> »Was ich vorbereite, ist einmal wieder etwas Modernes, aber mit mythischen Einschlägen immerhin: eine Art von Teufelsverschreibungs-Geschichte, deren Held ein Künstler (Musiker), kurzum eine unheimliche und komplizierte Sache, die auch die Traurigkeit des deutschen Schicksals mit einschließt.«

Der Brief ist mit dem 9. Mai 1943 datiert. Ida Herz gehört zu den wenigen, darunter sein Sohn Klaus und der Dirigent Bruno Walter, die Thomas Mann über sein letztes großes Vorhaben informiert, noch bevor er am 23. Mai 1943 damit beginnt. Den Gehalt des *Doktor Faustus*, die Verschlingung von Moderne und Mythos Ida Herz voranzukündigen, ihr dessen Intention, die Diagnose des »Großen Zurück« mitzuteilen, zeigt, daß Thomas Mann weiß, wen er in Ida Herz als langjähriger Briefpartnerin hat – eine verständige Leserin, eine Frau, die sein Werk nicht nur bis in die Verästelungen hinein kennt, sondern ihm stets bewundernde Treue gehalten hat. Aus diesem Wissen heraus gewährt er auch Einblicke in die immensen Schwierigkeiten, die gerade dieser Roman, der *Doktor Faustus*, ihm bereitet, dessen mühevolle Niederschrift ihn an die musikologischen, vor allem aber an die autobiographisch-seelischen Grenzen treibt. »Er ist aber von allen meinen Unternehmungen die am leichtesten zu Verpatzende, und die Schwierigkeiten türmen sich«, seufzt Thomas Mann am 30. Juni 1944 aus Kalifornien nach London. »Mußte ich mir das noch aufhalsen?« Ida Herz, geboren und aufgewachsen im lutherischen Nürnberg, mag wohl gewußt haben, daß er dieses »Lebens- und Geheimwerk« noch »auf seinen Hals nehmen« mußte, um jene Lutheranspielung mit einem Lutherausdruck fortzuschreiben. Der Zwang, den Bann seines Deutschtums im Schatten von Auschwitz zu lösen, läßt dem Epiker keine Wahl.

Zwei Monate später dann der Ton einer gewissen Erleichterung: »Mein neues Buch ist zur Hälfte geschrieben. Nach soviel Orient (gemeint ist die Joseph-Tetralogie – F. K.) ist dieses doch ungeheuer deutsch – ein Symbol des Unglücks in

Fremde.« Auch diesbezüglich ist Thomas Mann sicher, daß die aus Nürnberg geflüchtete Jüdin weiß, worauf er da in seinem Brief vom 28. August 1944 anspielt. Ida Herz nämlich, die im *Doktor Faustus* unter dem Namen Kunigunde Rosenstiel »mit schwer zu bändigendem Vollhaar und Augen, in deren Bräune uralte Trauer geschrieben stand«, »mit tiefer, wüstenrauher und klagender Stimme«[1] orientalisierend porträtiert wird, erscheint immer noch gefangen vom symbiotischen Komplex. Noch immer geht sie soweit, das deutsche Schicksal dem jüdischen Leiden voranzustellen. Unmittelbar nach Kriegsende, am 13. Mai 1945, richtet sie einen längeren Brief an Thomas Mann, in dem sie sich beunruhigt und besorgt zeigt ob der Schicksale der in Deutschland verbliebenen Juden: »wen von den armen deportierten Juden wird man wohl je wieder sehen?« Sie mag an die Zufuhrstraße gedacht haben, an ihre frühere jüdische Lebenswelt in Nürnberg, an ihre Verwandten, ihr Jugendfreunde, ihre Bekannten. Sie sinnt über die Traumata der Opfer angesichts des »Schreckens des Lagers«: »Ich weiß nicht, ob man ihnen wünschen soll, diese Entsetzlichkeiten überlebt zu haben.« Sie kann des »wiedergewonnenen Friedens noch nicht recht froh werden«, nachdem »nun alles bekannt gemacht wird von den Scheußlichkeiten dieses Regimes.« Alles sei so »ekelhaft + grauenhaft«. Dann aber ein jäher Wechsel des Blicks. Das »Entsetzlichste« jedoch sei für sie »der brennende Haß (...) von allen Seiten auf Deutschland.« So schnell scheint die Vergangenheit nicht zu vergehen, die Identifizierung mit dem, was ihr Deutschland heißt. Und mit Freude teilt sie Thomas Mann mit, daß zwei ihrer Nichten »begeistert beim ›Free German Youth‹ mitarbeiten«. Mag sie auch eine gewisse Skepsis in Sachen Re-education verspüren, der Glaube an den deutschen Geist, an jenes andere, bessere Deutschland, wofür eben in ihren Augen Werk und Leben von Thomas Mann stehen, ist in ihr noch nicht erstorben. Eine ungemein günstige Voraussetzung, um Intention und Gehalt des *Doktor Faustus* zu verstehen. Thomas Mann wird es ihr auf seine Weise danken, indem er in ihr Widmungsexemplar das Wort von der »Tochter Nürnbergs« inskribieren wird.

Wie vertraut Ida Herz mit dem Fortgang des *Doktor Faustus* ist, geht gerade aus jenem Brief vom 13. Mai 1945 hervor. Darin macht sie Thomas Mann auf einen Artikel in der *Sunday Times* aufmerksam, der sich mit der Idee einer psychologischen Studie über *The Mystery of Man of Music* befaßt. Der renommierte Kritiker Ernest Newman räsoniert darin über die Gestalt des Komponisten Meyerbeer als »excellent subject for a novellist of psychological genius«. In Frage käme, so der Autor, »some one of the calibre sey, of Thomas Mann«. Eine »Musiker-Novelle« zu schreiben, sich in eine »Künstler- (Musiker-) und moderne Teufelsverschreibungsgeschichte aus der Schicksalsgegend Maupassant, Nietzsche, Hugo Wolf etc.«[2] hineinzubegeben geht bei Thomas Mann freilich auf eine gleichsam uralte Idee zurück, auf einen »Dreizeilenplan von 1901«, dem Jahr, in welchem sein Erstling, die *Buddenbrooks,* erscheint. Daß er für eine derartige Schicksalsnovelle das Kaliber hat, was jener englische Kritiker vermutet, davon ist der Epiker stets zutiefst überzeugt gewesen. Die Wahl hätte, warum nicht, auf Meyerbeer fallen können. Hat Meyerbeer nicht 1831 den europäischen Durchbruch mit einem für den Faustus-Stoff brauchbaren Titel, nämlich *Robert le diable,* geschafft! Dazu noch den Welterfolg *Le prophète!* Immerhin hat Richard Wagner der Uraufführung dieser Oper im Jahre 1849 in Paris beigewohnt. Zwingend aber, daß die Wahl auf die Lebensbahn des Propheten von eigenen Sendungsgnaden, den protestantisch-deutschen Europäer, den Wagner-Jünger und späteren Wagner-Antipoden Friedrich Nietzsche als Vorlage für Adrian Leverkühn, den deutschen Tonsetzer, fällt. Wie dem auch sei, bei Giacomo Meyerbeer stellt sich zwangsläufig die Assoziation Richard Wagner und dessen Fundamentalantisemitismus ein. Der »falsche Prophet« und der Komponist des »Propheten«, Wagner und Meyerbeer, im Unterholz des *Doktor Faustus* sind sie durchaus präsent. Ida Herz ist eben eine exzellente Kennerin der Geistes- und Seelenwelt ihres »psychological genius« gewesen. Daß ihr im Schriftbild des Briefes vom 13. Mai 1945 eine kleine Fehlleistung unterläuft, bezeugt einmal mehr, und hier auf die liebenswürdigste

Weise, die Freudsche Grundeinsicht, wonach das Unbewußte so manchesmal gerne einen Streich spielt. Ida Herz hatte zunächst in die Maschine getippt: »some one of the calibre sex, of Thomas Mann«. Tippt dann über das x ein y, so daß ein »sey« herauskommt; eine amüsante Kreuzung der Strebungen von »sex« und »say«, wie es richtigerweise hätte lauten müssen.

Der zweite Weltkrieg ist zu Ende, das Nazi-Regime beseitigt. Nun beginnen die Schlachten um Schuld und Unschuld, führen ins heikle Gelände der Inneren Emigration, der sich Thomas Mann in den ersten Jahren nach 1933 eher zugerechnet hatte denn dem Exil, das recht eigentlich seinem Bruder Heinrich zukam. Nunmehr, unmittelbar nach 1945, zeichnen sich Kollisionen zwischen dem Exil-Autor und den Wortführern der Inneren Emigration ab, einer Art von Emigration, die aus der Sicht von Thomas Mann allzu glatt den deutschen Einsamkeitsmythos für sich reklamiert habe und zu der er, der einst die *Betrachtungen eines Unpolitischen* geschrieben hat, nunmehr entschieden auf Distanz geht, öffentlich und im *Doktor Faustus*: »vor allem treibe ich den Faust-Roman vorwärts«, läßt er Ida Herz am 2. September 1946 wissen,

> »einem Ende entgegen, das mir noch etwas schleierhaft ist. Bei einem Drama ginge das nicht; beim Roman war es oft so. Ein erfreuliches Buch ist es nicht, sondern ein recht fürchterliches Symbol der deutschen Einsamkeit. Es ärgert mich etwas, daß mit dieser auch die deutschen Mediokritäten (aus der Sphäre der Inneren Emigration – F. K.) renommieren. Aber bei mir ist es etwas anderes.«

Woran Ida Herz keinen Augenblick zweifelt, sie, die bald nach 1933 in einem Brief an Thomas Mann eine äußerst feinsinnige Diagnose des Verhaltens der »Stillen im Lande«, sprich: der Inneren Emigration, erstellt hatte.

Schließlich ist der »Endkampf« (Th. Mann) um den *Doktor Faustus* beendet. Es beginnt eine Serie von empfindlichen, zum Teil schmerzhaften, den reizbaren Autor häufiger kränkenden Nachhutgefechten, öffentlich-politischer aber auch privat-psychologischer Natur. Das wohl prominenteste Nachhutgefecht zum *Doktor Faustus* hat Arnold Schönberg, den Schöpfer der 12-Ton-Musik, zum Kombattanten. Wesentlich mit angezettelt von Alma Mahler-Werfel, reitet Schönberg von London aus eine Attacke gegen Thomas Mann. Fast wäre daraus eine juristische Streitsache geworden, hätte Katia Mann nicht einen trefflichen Einfall gehabt, um den gekränkten Schönberg, der sich als (Er-)Finder der 12-Ton-Technik nicht im *Doktor Faustus* gewürdigt sah, zu besänftigen. Seither weist dieser einen kurzen Abspann auf: »Es scheint nicht überflüssig«, heißt es dort in bestem, augenzwinkerndem Thomas-Mann-Deutsch,

> »den Leser zu verständigen, daß die im 22. Kapitel dargestellte Kompositionsart, Zwölfton- oder Reihentechnik genannt, in Wahrheit das geistige Eigentum eines zeitgenössischen Komponisten und Theoretikers, Arnold Schoenbergs, ist und von mir in bestimmtem ideellem Zusammenhang auf eine frei erfundene Musikerpersönlichkeit, den tragischen Helden meines Romans, übertragen wurde. Überhaupt sind die musiktheoretischen Teile des Buches in manchen Einzelheiten der Schoenberg'schen Harmonielehre verpflichtet.«

Es dünkte seinerzeit, nach Erscheinen des *Doktor Faustus*, Thomas Mann in einer Reihe von weiteren Fällen »nicht überflüssig« zu intervenieren, um Ungemach zu vermeiden. Auch im Verhältnis zu Ida Herz ziehen schwarze Wolken auf. Wie das? Ihre Freundin Käte Hamburger hatte sich in einer schwedischen Besprechung äußerst kritisch über den *Doktor Faustus* geäußert. Viele Jahre später wird sie ihre Kritik noch einmal begründen. An der Analyse *Anachronistische Symbolik: Fragen an Thomas Mann's Faustus-Roman* von 1969 kann eine seriöse Befassung mit dessen Herzensroman seither kaum mehr vorbeigehen, wenngleich das Gros der Interpreten es vorgezogen hat, sich lieber daran vorbeizumogeln. In einem Brief an Ida Herz vom 21. September 1947 aus Göteborg wird Käte Hamburger noch deutlicher als in ihrer schwedischen Besprechung:

»Aber Ähnliches ist im Zauberberg weit großartiger, symbolisch tiefer und lebendiger, künstlerischer geschehen. Denn das ist's eben: es ist nicht lebendig, es ist ein Alterswerk. Von Rang natürlich, aber langweilig.«

Dann fügt Käte Hamburger noch eine handschriftliche Notiz hinzu: »Dein Porträt, oder Züge von Dir, erscheint in der Gestalt der Kunigunde Rosenstiel, einer prächtigen Person – die äußerlich anders aussieht als Du – aber ein Darmgeschäft hat, sehr schöne Briefe schreibt und zusammen mit einer anderen Dame, die mit dem Nachnamen Nackedey heißt, und der ›Deine Geschichte‹ mit der Anrede auf der Trambahnplattform (zwischen Fürth und Nürnberg im Jahr 1924 – F. K.) zuerteilt ist, in treu dienender Freundschaft zu Leverkühn hält.«[3]

Als Ida Herz diesen Brief empfängt, ist das Widmungsexemplar des *Doktor Faustus* noch nicht bei ihr in London angelangt. Am 24. November 1947 bittet Thomas Mann sie, die Verzögerung aufgrund von Verlags-»Ungeschicklichkeiten« nachzusehen und wünscht »Dr. Faustus möge bald in Ihre Hände kommen.« Am 7. Dezember bestätigt Ida Herz, daß das Exemplar bei ihr eingetroffen sei, sie zu lesen begonnen habe. Am 11. Dezember notiert Thomas Mann in sein Tagebuch: »Brief von der Herz, den ich nachmittags beantwortete, um von der Hamburger zu berichten u. mich wegen der Geschäftsbranche zu entschuldigen.« Warum diese Eile mit der Antwort? Und was bedeutet »Geschäftsbranche«? Zunächst einmal bedankt sich der Epiker im Brief vom 11. Dezember artig: »Bedacht darauf, mir wohlzutun, sind Sie auch mit Ihren Worten über den ›Faustus‹, den Sie zu lesen begonnen hatten und unterdessen schon beendet haben mögen.« Ob sie ihn schon beendet hat zu diesem Zeitpunkt, wer weiß. Daß Ida Herz aber nach Erhalt des Widmungsexemplars sogleich jene Stellen, auf die ihre Freundin Käte Hamburger sie aufmerksam gemacht hatte, aufgesucht haben dürfte, jene Stellen, an denen unter dem Kunstnamen Kunigunde Rosenstiel ihr Porträt gezeichnet und unter dem Kunstnamen Meta Nackedey ihr Schlüsselerlebnis von 1924 in der Fürth-Nürnberger Trambahn geschildert wird, darf wohl mehr als wahrscheinlich gelten. Thomas Mann jedenfalls hat das ungute Gefühl, Ida Herz könnte womöglich von den Nackedey-Rosenstiel-Porträts wenig angetan sein, sie vielleicht sogar als Kränkung empfinden. Darüber hinaus hat er den Verdacht, Käte Hamburger könnte ihre Freundin wegen dieser Porträtierung gegen ihn aufgebracht haben. Deshalb holt er sogleich zum Präventivschlag aus:

> »Nun muß ich Ihnen aber von einem sonderbaren Vorkommnis berichten. Unsere Hamburger hat in der schwedischen Presse einen Bericht darüber veröffentlicht, den man mir leider übersetzt hat, und der mit Abstand das Stumpfste, Dümmste und Versperrteste ist, das mir darüber vor Augen gekommen. Sogar etwas giftig nimmt die Sache sich aus und wirkt so unnatürlich, daß unbedingt etwas Persönliches dahinter stecken muß. Vielleicht habe ich kürzlich in Zürich aus Adrian'scher Unachtsamkeit die Frau vernachlässigt und so den Boden bereitet für ein kritisches Versagen, das, glaube ich, für sie trauriger ist als für mich. Vielleicht ist sie nur tückisch gemacht und fühlt sich ganz unsinniger Weise getroffen durch die verehrenden Frauenzimmer um Adrian Leverkühn – wer weiß, was möglich ist! Und kummervoll ist es zu denken, daß ein Buch, das selbst nur *eine* offene Wunde ist, auch Mitmenschen noch kränken muß.«

Thomas Mann hat durchaus richtig gespürt, daß Käte Hamburger vergrätzt war, denn bereits am 9. September 1947 schreibt diese an ihre Freundin Ida, daß sie von der Begegnung mit Thomas Mann in Zürich enttäuscht gewesen sei. Sie konzediert gar ein »Gefühl der Gekränktheit«, um es sogleich zu relativieren: »Er bedeutet mir ja nicht wie Dir in meinem Leben menschlich etwas«; sie fügt – ganz entgegen dem Verdacht von Thomas Mann, Käte Hamburger habe Ida Herz brieflich wegen des Rosenstiel-Porträts gegen ihn eingenommen – noch hinzu: »und Dir hat er denn auch in dem neuen Roman ein sympathisches Denkmal gesetzt, wenn auch die äußere Gestalt etwas verändert ist.«[4] Als »sympathisch« freilich hat Ida Herz dann ihr Porträt im *Doktor Faustus* nicht gerade empfunden. Thomas Mann hatte ein feineres Gespür, als er sich genötigt sah, Ida Herz über die »Geschäftsbranche« aufzuklären, ihr die Verwandlung in die Kunigunde Rosenstiel zu erläutern. In jenem Brief, in dem er Ida Herz über das »sonderbare Vorkommnis« mit Käte Hamburger in Zürich berichtet, versucht er, nicht ohne verrätselnde Tupfer, aber mit dem Ernst des Poeten, Ida Herz ins Herz zu reden:

> »Nehmen nun Sie mir wenigstens die derbe Geschäfts-Branche nicht übel, die ich mir mit der wüstentraurigen Rosenstiel in Verbindung zu bringen erlaubt habe! Glauben Sie dieser ›Nuance‹ wegen nicht, dass Sie die Rosenstiel sind! Es wäre Grössenwahn! Es wäre die ärgste Hypochondrie!! Und *gesetzt*, der Wahn enthielte ein elektron-kleines Körnchen Wahrheit? Was dann? Dann finden wir die wüstentraurige Rosenstiel, der Sie fesche Londonerin gleichen, wie ich dem Herkules, am Sterbebett des kleinen Nepomuk, und zuletzt steht sie wie eine Schildwache aufrecht und treu neben dem kollabierenden Leverkühn. Das ist kein Zugeständnis. Und doch, in diesem Sinne
> Ihr T. M.«

Angefügt ist ein Postscriptum: »Was fangen wir aber nun mit der armen Hamburgerin an? Man kann nicht mehr gut Umgang mit ihr haben.«

Diese Dreiecksgeschichte, wie stets bei derartigen Konstellationen durchsetzt mit Verdächtigungen, Umgarnungen, kleinen Lügen und Koalitionsbildungsversuchen, löst sich Anfang des folgenden Jahres zur Befriedigung aller Beteiligten auf, nicht zuletzt dank Ida Herz, die für Thomas Manns »Geschäftspraktiken«, für seine Art der Formung von Kunstfiguren und Kunstsituationen, Verständnis zeigt, im Sinne von Verstehen auch als Verzeihen, wenngleich sie die Angelegenheit noch lange beschäftigen wird. Am 2. Februar 1948 süßelt er bereits in der Anrede: »Liebes und geehrtes Fräulein Hamburger«. Die hatte in der Zwischenzeit die

vollständige Fassung ihrer Göteborger Faustus-Kritik über-
sandt, weshalb nun auch der Epiker Verständnis zeigt,
gleichfalls im Sinne eines Verzeihens:

> »was kann man da machen! So, wie ich Ihren Artikel
> zuerst zu lesen bekam, wirkte er nicht viel anders, denn
> als ein schnöder ›Verriß‹, ja einfach als feindlicher Akt.
> Man muß ihn ein durchaus anständiges Referat nennen,
> und Sie haben auch völlig recht, zu sagen, daß Sie die
> rein gedanklichen Gehalte des Buches mit mehr kriti-
> scher Geübtheit darzulegen wußten, als so viele schlich-
> tere, wenn auch bewegtere Schreiber. Wie sollte es
> anders sein? Sie haben ja nicht Ihre Intelligenz verlo-
> ren, wie ich meinen feinen Humor. Aber kalt eben, bis
> ans Herz hinan, ist Ihr Bericht, – vielleicht ein uner-
> laubter Vorwurf angesichts eines Buches, in dem das
> teuflische Motiv der ›Kälte‹ eine so beherrschende Rolle
> spielt.«[5]

Im weiteren Verlauf des Briefes, als er zur »Affaire Herz«
kommt, flunkert Thomas Mann allerdings ein wenig, vergißt
hinzuzufügen, daß er neulich erst an Ida Herz die fast rhetorische Frage gerichtet hatte, ob man mit ihr, der »Hamburger«, noch Umgang haben könne. (Aber hatte nicht
Nietzsche, der Autor des *Menschlichen, Allzumenschlichen*,
schon den Verdacht geäußert, daß die Dichter notorisch
lögen …)

> »Die gute Herz referiert nicht ganz zutreffend, wenn sie
> sagt, ich hätte mich bitterböse, oder böse und bitter
> über Ihren Artikel geäußert. Nach dem Bekanntwerden
> mit der ersten, mir vom Verlag zugesandten deutschen
> Fassung habe ich ihr geschrieben, sie sei leider das
> Stumpfste, was mir an Kritik des Romans vor Augen
> gekommen. Und dann habe ich ihr nach besten Kräften
> ausgeredet, daß sie sowohl die Rosenstiel wie Meta
> Nackedey sei, wie Sie ihr grausamer und sonderbar ver-
> klatschter Weise geschrieben hatten. Ohnedies muß ich
> unvermeidlich mit einem Buch, das selbst nur *eine* offene
> Wunde ist, auch noch einzelnen Mitmenschen wehe

tun. Es fehlte nur, daß die treue Seele dort in London glaubte, ich hätte sie verhöhnen wollen! Sie glaubt es auch nun nicht mehr und ist folglich auf die Einflüsterin schlechter zu sprechen, als auf mich, besonders da sie mein Gefühl teilt, daß es etwas Tristes und Verfremdendes hat, jemanden gerade von diesem Buche sagen zu hören: ›Es liegt mir, offen gestanden, weniger, als alle Ihre anderen.‹ Was kann man da machen!
Unsere Begegnung in Zürich stand unter einem ungünstigen Stern. Ich war praeokkupiert, müde, zerstreut nach vielen Seiten und unfähig, Ihrer Anwesenheit gerecht zu werden, wie es sich gehört hätte. Ich habe das gleich bedauert und bedauere es jetzt noch mehr, da ich mir sage, daß ein vorbereitendes, wegbereitendes Gespräch über den Roman, dessen Korrektur ich damals in großem Trubel las, Ihnen Herz und Sinn doch vielleicht mehr für das Buch geöffnet hätte. Nun kann ich nur hoffen, daß die blühende Zeit Ihrem kritischen Talent noch viele ihm besser liegende Werke anbieten möge.
Ihr ergebener Thomas Mann«[6]

Eine Woche später, am 9. Februar 1947, greift Käte Hamburger in Göteborg zur Feder, um dem »Hochverehrten Doktor« zu antworten.[7] Sein Brief habe sie sehr bewegt »und trotz aller Unzufriedenheit mit mir und manch scharfer Ironie mich zu innerst gefreut und erwärmt.« Dann berührt sie das Zürcher »Vorkommnis«:

> »Von der Kälte meines Artikels sprechen Sie. Mir ist das gar nicht so bewußt geworden. Aber ich will nicht leugnen, daß unbewußt die Erkältung nachwirkte, die die Begegnung in Zürich in mir erzeugt hatte. Ich hatte auf ein ergiebigeres Stündchen des Gesprächs mit Ihnen gehofft und wohl mit Recht gemeint, daß ich zu denen gehört hätte, die eines solchen Vorzugs hätten teilhaftig werden dürfen. Sie und Ihre Gattin nahmen von mir jedoch nicht mehr Notiz als etwa von einer flüchtigen Reisebekanntschaft.«

Um eine Klarstellung ist es ihr noch zu tun:

»Zum Schluß muß ich nun aber noch, und zwar etwas eingehender als es der Bedeutung der Sache selbst entspricht, auf die Geschichte mit Ida Herz zu sprechen kommen. Denn hier habe ich mich gegen einen *moralischen* Vorwurf zu verteidigen: daß ich ›grausamer und verklatschter Weise‹ sie auf eine Verhöhnung ihrer Person in den Gestalten der Rosenstiel und Nackedey hingewiesen hätte. Genau das Gegenteil ist geschehen. Als ich, im August etwa, den Bürstenabzug gelesen hatte, schrieb ich, im Zuge unseres Briefwechsels, einmal: ›Auch Du kommst im Werke vor, in sympathischer Gestalt‹. Als sie dann nach näheren Angaben fragte, teilte ich ihr mit, daß die Gestalt der Kunigunde Rosenstiel auf sie anspiele in den Motiven des Wurstdarmgeschäfts, ihrer schönen Briefe und ihrer treu dienenden Verehrung und Liebe. Nichts anderes! Die Nackedey erwähnte ich absichtlich mit keinem Wort, obwohl mir die Geschichte mit der Straßenbahnplattform sehr wohl bekannt war. Ich habe aber diesen Hinweis *vorbeugend* gemacht, um ihr von vornherein den Gesichtspunkt des Sympathischen einzugeben, sie abzulenken von möglicher – ja wahrscheinlicher Weise auftretenden Gefühlen des Verletztseins. Denn daß die gute Ida sich *nicht* ›getroffen‹ und gemeint fühlen sollte, wenn von der Wurstdarmfabrik und der Straßenbahnplattform die Rede ist, war ja wirklich nicht gut anzunehmen. Was sie nun gemacht hat, oder was in ihr vorgegangen ist, kann ich mir gut vorstellen. Sie wollte sich bei Ihnen vergewissern, daß sie nicht gemeint sei und hat, mehr oder weniger unbewußt, vorgeschoben, ich hätte sie auf diese Fährte gelenkt. Wie ich auch Ida gegenüber niemals ein Wort von dem mehr als ungehaltenen Brief erwähnt habe, den Sie mir vor vielen Jahren, anläßlich ihrer Verhaftung und Flucht aus Deutschland (im September 1935 – F. K.), über sie geschrieben hatten, habe ich und hätte ich ihr niemals etwas von einer Ironie oder gar Verhöhnung ›eingeflüstert‹. Denn ich weiß nur zu wohl, in welcher Lebenstiefe ich sie damit getroffen und welche Erschütterung ich ihr bereitet hätte. Um einer solchen vorzubeugen, habe ich das Sympathische der Rosenstielfigur hervorgehoben. Ich werde nun auch ihr selbst nichts von dem Vorwurf schreiben, den Sie mir aufgrund ihrer Angaben gemacht, da ich diesen Komplex nicht aufrühren will – möge sie sich für immer einreden, ich hätte boshaft an ihr gehandelt. Nur Ihnen gegenüber wollte und mußte ich mich rechtfertigen.

Mit den verehrungsvollsten Grüßen!

Ihre Käte Hamburger«

An Ida Herz, die »gute Herz«, wie Thomas Mann ihr noch häufiger versichern wird, ist es dann, den Frieden zu besiegeln. Fast drei Jahrzehnte danach, am 22. Juni 1975, schreibt sie an ihre Freundin Käte, jene Dreiecksepisode zurückerinnernd:

> »Es ist ein Glück und spricht für *uns Beide*, daß uns diese ganze Geschichte nicht auseinander gebracht hat.
>
> Eines ist ganz gewiß: ich habe Thomas Mann niemals irgendwelchen Grund gegeben anzunehmen, daß Du mich gekränkt, daß Du mir von der Rosenstiel in irgendeiner ›grausamen‹ Weise geschrieben hättest. Ich habe mich immer bemüht, ihn Dir gegenüber milder zu stimmen – ebenso sehr aus *seinem* wie aus Deinem Interesse. Ich wollte nicht, daß er an Deiner Kritik, an Deiner Interpretation – an ihrer Ehrlichkeit vor allem – je zweifeln sollte. Ich wußte ja vor allem, was ich ihm damit genommen hätte – und hätte ich es Dir zufügen können? Niemals!
>
> Deine Ida.«[8]

So wie die Freundschaft von Ida Herz zu Thomas Mann, so währt auch die von Käte Hamburger zu Ida Herz bis zu deren Tod. Nicht nur, daß Käte Hamburger anläßlich des 75. Geburtstags ihrer Freundin eigens nach London fliegt, um persönlich zu gratulieren; sie ist es auch, die den mir einzig bekannt gewordenen Nachruf auf Ida Herz in Deutschland mit Datum vom 23. Februar 1984 in der *Frankfurter Allgemeinen Zeitung* verfaßte.

Mögen auch die schwarzen Wolken verzogen sein, tief unten in der Seele ist ein Stachel geblieben. Eine Wunde, die so recht erst wieder schmerzen wird, als Ida Herz die Tagebücher von Thomas Mann in den Händen hält. »Kränkungen« nennt sie unumwunden die betreffenden Passagen, in denen Thomas Mann seiner Aversion gegenüber ihrer körperlichen Nähe kalt, brutal fast, Ausdruck gibt. Aber auch hier noch überwiegt die Nachsicht über die Einsicht, ist Ida Herz stark genug, dem Ressentiment nicht freien Lauf zu lassen, ihren Dichter zu entschuldigen. Darin steckt mehr als römische Klugheit und Gesittung: de mortuis nihil nisi bene. Über Thomas Mann mochte und konnte sie auch nach Lektüre der Tagebücher nichts Böses sagen. Hatte sie nicht *Lotte in Weimar* gelesen, wußte sie nicht aus den Zeilen und zwischen den Zeilen zu lesen, was Thomas Mann über die auratische Kälte um Goethe, die durchaus ihr poetisches Analogon in der abweisenden Aura des Adrian Leverkühn hat, berichtet hatte! Sie kannte das dort paraphrasierte chinesische Sprichwort, das im gleichen Jahr, 1939, von Brecht in ein bedeutendes Gedicht verwandelt worden ist (*Fragen eines lesenden Arbeiters*), wonach »große Persönlichkeiten«, illustre Geister für ihre nächste Umgebung ein »Unglück« darstellen, von den Völkern ganz zu schweigen.

Selten, sehr selten hat sie nach dem Tod von Thomas Mann öffentlich über ihre Empfindungen gesprochen, da sie das mixtum compositum im *Doktor Faustus*, die Rosenstiel-Nackedey-Porträts, erstmals vor Augen sah. Im Einstieg zu *Ein Roman wandert aus* erinnert sie sich an ihre mehr als gemischten Gefühle:

»Im *Doktor Faustus* erzählt Thomas Mann wie die Nackedey, ›ein verhuschtes, ewig errötendes, jeden Augenblick in Scham vergehendes Geschöpf (...) eines Tages als Adrian in der Stadt war, auf der vorderen Plattform einer Trambahn (sich) an seiner Seite gefunden (...)‹ und ihn schließlich ansprach. – Es war mein Erlebnis, von Thomas Mann in eine Travestie und Karikatur übersetzt. Aus welchem Grunde, fragte ich mich, hat er diese Szene in sein ›Lebens- und Geheimwerk‹

aufgenommen? Denn eine wichtige, fernwirkende Funktion hatte sie ja nur in meinem Leben gewonnen. Oder? ›Von da stammte diese Bekanntschaft, die Meta nicht eingeleitet hatte, um sie dann auf sich beruhen zu lassen.‹ Schließlich war ja, als er das schrieb, aus dieser ›Bekanntschaft‹ eine lebenslange Freundschaft geworden. Wie sich aber im nachfolgenden Abschnitt herausstellt, hat er mich mit der Meta Nackedey garnicht gemeint, sondern mit ihrer Gegenspielerin, der Kunigunde Rosenstiel, die durchaus kein ›verhuschtes, ewig errötendes, jeden Augenblick vor Scham vergehendes Geschöpf‹ ist, sondern ›eine rüstige Geschäftsfrau auf derbem Gebiet (...)‹ Auch mit diesem Porträt fiel es mir nicht leicht, mich abzufinden.«[9]

Was hat Ida Herz irritiert, beinahe gekränkt, als sie jene Porträt-Passagen im XXXI. Kapitel des *Doktor Faustus* las? Gewiß nicht der Sachverhalt, daß Meta Nackedey (in die auch die amerikanische Psychoanalytikerin Caroline Newton, deren Bekanntschaft Thomas Mann 1930 auf Vermittlung von Jakob Wassermann machte, einverwandelt ist) und Kunigunde Rosenstiel von Thomas Mann »in die Kategorie der ›dienenden Frauen‹« um Adrian Leverkühn eingeordnet werden. Daß die Gruppe der Herausgeberinnen und Autorinnen der allemal verdienstvollen Sammelpublikation *Flucht. Vertreibung. Exil. Asyl. Frauenschicksale im Raum: Erlangen, Fürth, Nürnberg, Schwabach*, dies anders bewertet und dementsprechend das Kapitel *Von den ›dienenden Frauen‹* ... kritisch akzentuiert haben,[10] ist leitmotivisch verständlich, trifft aber eben nicht auf Ida Herz zu. Im Gegenteil. Kunigunde Rosenstiel werden im *Doktor Faustus*, gerade als dem Werk und der Person des Adrian Leverkühn Dienende, Auszeichnungen zuteil, die Ida Herz schmeicheln mußten. So darf die Rosenstiel das »Knäblein« näher kennenlernen, die männliche Fee »Echo«, welche eine Schlüsselrolle im verpfuschten, dem Teufel verpfändeten Liebesleben des Helden Leverkühn spielt. »Fridolin (der Sohn von Michael Mann – F. K.) ist das Reizendste an Dreijährigkeit, was mir vorgekommen ist, bildhübsch und schelmisch, daß mir das

Herz aufgeht, wenn ich ihn nur sehe«, schildert Thomas Mann im Brief an Ida Herz vom 9. Mai 1943, also noch vor Beginn der Arbeit am *Faustus*, den Eindruck, den sein Lieblingsenkel auf ihn macht. Des weiteren genießt die Rosenstiel den Vorzug, zur »Schildwache« des »weltentwöhnten« Helden auserkoren zu werden. In der Stunde der Lebensbeichte und des nachfolgenden Ausbruchs des Wahnsinns in dem genialen, teufelspaktlerischen Künstler gehört sie zum (weiblichen) cordon sanitaire, der um Leverkühn gezogen wird. Schließlich erscheint die Rosenstiel in der kleinen Trauergemeinde, neuerlich überwiegend weiblich, am offenen Grab des Helden. Ein exquisites Privileg. All dies, der Dienst am lebenden und der letzte am toten Leverkühn, dürfte Ida Herz mitnichten gestört oder gar gekränkt haben. Vielmehr mußte sie sich in der Figuration der »dienenden Frauen«, damit einverstanden, wiedererkennen, hat sie doch ihr Leben dem Schöpfer des Leverkühn, ihrem Dichter, ihrem Thomas Mann gewidmet.

Gestört hat sie wohl anderes, etwa daß der Rosenstiel ein »gespreizt hochdeutscher Volksschul-Tonfall« zugeschrieben wird, eine ironisch-flapsige Anspielung darauf, daß Ida Herz im Milieu der Nürnberger VHS, wo Thomas Mann ja am 10. Mai 1932 seinen Goethe-Vortrag gehalten hatte, heimisch gewesen ist. Aber da sind ja im *Doktor Faustus* zugleich auch Gegengewichte, etwa daß

> »Kunigunde, wie fast alle Juden, sehr musikalisch, (...) ein viel reineres und sorglicheres Verhältnis zur deutschen Sprache (unterhielt) als der nationale Durchschnitt, ja selbst die meisten Gelehrten«[11].

(Was Nietzsche, der von den Sprachgewohnheiten der Deutschen nicht viel gehalten hat, nun freilich nicht als überzubewertendes Zeugnis gewertet hätte ...)

Auch die Pointierung einer »elegischen Gewohnheit« bei der Rosenstiel, »beim Sprechen all ihre Sätze mit ›Ach!‹ anzufangen, ›Ach, ja‹, ›Ach, nein‹, ›Ach, glauben Sie mir‹, ›Ach wie denn wohl nicht‹, ›Ach, ich will morgen nach Nürnberg fahren‹«[12], mag Ida Herz ein wenig getroffen haben. Für eine ernsthafte Kränkung reicht das bei einer Frau wie Ida Herz wohl kaum aus. Auch nicht, daß Thomas Mann statt der Kunigunde Rosenstiel deren Konkurrentin im Dienste bei Leverkühn, Meta Nackedey, mimische Eigenarten verliehen hat, die ihr, Ida Herz zukommen. Und nicht einmal, daß der Kunstfigur mit dem burlesken Namen ihre ureigenste Begegnung mit Thomas Mann in der Fürth-Nürnberger Trambahn zugeschrieben wird, erfüllt die Schärfe einer Kränkung. Gewiß, derlei zu lesen, mag enttäuschend gewesen sein, kränkend aber nicht.

Sie selbst gibt in jenem Erinnerungsbericht aus dem Jahre 1965 zwei Fingerzeige darauf, warum es ihr wirklich schwergefallen ist, sich damit »abzufinden«: der eine bezieht sich auf die im *Doktor Faustus* verwendete Bezeichnung »Bekanntschaft«, um die Beziehung zwischen Adrian Leverkühn und Kunigunde Rosenstiel zu charakterisieren. Davon ist Ida Herz merklich getroffen: »Schließlich war ja, als er das schrieb, aus dieser ›Bekanntschaft‹ eine lebenslange Freundschaft geworden.« Aber auch diesbezüglich findet sich im *Faustus* ein beschwichtigendes Gegengewicht: »die Bekanntschaft«, heißt es da, »mit Adrian, die sie auf eigene Hand stets ›Freundschaft‹ nannte (war es denn übrigens nicht auf die Dauer wirklich dergleichen?)«[13] Es fällt auf, wieviel Aufwand an Zeichensetzung, einschließlich der Setzung von Klammern, getrieben wird, um die Beziehung der beiden in ihrer Eigenart hinreichend abzubilden. Dies darf füglich als Indiz gewertet werden, daß sich Thomas Mann selbst nicht so sicher gewesen ist, wie es sich denn verhält zwischen ihm und Ida Herz. Dem ist in »Versuch über die Nähe« noch einmal nachzugehen. Für Ida Herz liegen die Dinge klarer zutage, als sie wirklich sind. Weil sie nach gut zwei Jahrzehnten in schwierigen Zeiten erprobter Beziehung von einer Freundschaft ausgeht, muß sie empfindlich davon getroffen sein, daß Thomas Mann diese Beziehung nicht so ohne weiteres Freundschaft nennen mag. Hat sie nicht ihr Leben dem Epiker und seinem Werk gewidmet? Erzeugt aber nicht Dankesschuld ein zuweilen unangehmes Gefühl von Abhängigkeit? Ist es auch das, was Thomas Mann gestört haben mag?

Ida Herz jedenfalls nimmt die poetische Konstellation im *Doktor Faustus* zum lebenswirklichen Nennwert. In der Studie *Ursprung des deutschen Trauerspiels* von 1925 hat Walter Benjamin Gedanken entwickelt, die vom Prinzip des lebenswirklichen Nennwerts unmißverständlich abraten, ja, worin diese Vorstellung schroff zurückgewiesen wird:

> »Erdichtete Personen existieren nur in der Dichtung. Sie sind wie Gobelinsüjets in ihrem Webgrund ins Ganze ihrer Dichtung so verwoben, daß sie als Einzelne aus ihr auf keine Weise können ausgehoben werden. Die menschliche Gestalt der Dichtung, ja der Kunst schlechtweg, steht darin anders als die wirkliche«[14].

Thomas Mann, dem von seinem musiksoziologischen Berater Theodor W. Adorno, wie ein für sich noch einmal amüsanter Tagebucheintrag bestätigt, Benjamins Studie mit Blick auf die laufende Arbeit am *Faustus* zugetragen worden war, dürfte sich nachhaltig bestärkt gefühlt haben, steht darin doch zu lesen: »Denn ihrerseits kann die Kunst in keinem Sinn es zugestehn, sich zum Gewissensrat in ihren Werken promoviert und das Dargestellte statt der Darstellung selbst beachtet zu sehen.«[15] Genau aber dies ist der Kunst Thomas Manns häufiger widerfahren, namentlich in bezug auf seine Kunstfiguren: daß das Dargestellte und nicht die Darstellung das Enthüllungsinteresse auf sich gezogen hat. Ida Herz steht alles andere als allein, wenn sie die poetische Fiktion zum lebenswirklichen Nennwert genommen hat; siehe Arnold Schönberg. Dabei hätte gerade auch sie wissen können, was es mit der eigenartigen Chiffrierkunst von Thomas Mann auf sich hat. Sie ist einer der drei Freunde gewesen, »deren Freundschaft untereinander entstand und gebunden war durch die Liebe und Freundschaft zu Ihrem Werke und Ihrer Persönlichkeit«, wie es im Introitus zu *Thomas Mann und sein Zauberberg*, der Festschrift zu seinem 50. Geburtstag, heißt. In dieser zauberhaften »Liebeserklärung« wird justament an jenen exemplarischen Fall erinnert, der deutsche Literaturgeschichte geschrieben hat, weil er zuletzt im Gerichtssaal verhandelt worden ist.

Die Streitsache waren seinerzeit, 1907, die *Buddenbrooks*. Der Vorwurf lautete, die *Buddenbrooks* seien »à la Bilse« geschrieben, womit ein Trivialautor gemeint war, der mit skandalträchtiger Enthüllungsliteratur Erfolg hatte. Eine Art Prosa-Paparazzo, der auf die Lüsternheit des Lesepublikums rechnete, die in den Romanen verschlüsselten Personen aus der Lebenswirklichkeit zu dechiffrieren. Thomas Mann hatte damals äußerst gereizt reagiert und sich in dem berühmten Schriftstück *Bilse und ich* unter Aufbietung aller ihm zu Gebote stehenden Mittel der Ironie gewehrt. Ausdrücklich bekennt sich Thomas Mann dort zu seinem Verfahren, »statt frei zu ›erfinden‹, sich lieber auf etwas Gegebenes, am liebsten auf die Wirklichkeit«[16] zu stützen. Daß er »bei der Erledigung irgend eines Erlebnisses ein wenig *rücksichtslos* (Herv. – F. K.) gegen *sie* gewesen sein« wird, gesteht der Epiker nachdrücklich ein. In jener Widmungsschrift, die Ida Herz verantwortlich mit herausgegeben hat, wird mit gebührendem Lob auf Thomas Manns an Wilhelm Raabe geschulter Gestaltungskunst, namentlich im Falle der »Menschendarstellung« eingegangen. Mit Bezug auf die Figur des Halbgottes in Weiß, des Mediziners »Behrens« im *Zauberberg*, heißt es dort:

> »Behrens, Vertreter der Wissenschaft, der das ›Körperliche studiert hat, dessen Branche das Körperliche ist, ein Körperfürst sozusagen‹, dieser Behrens ist vermutlich ein neuer Beitrag zum Thema: ›Bilse und ich‹. Evident erweist sich hier Thomas Manns Kraft und Technik der Menschenzeichnung, die von außen nach innen zielt und dringt. Er betrachtet die Menschen genau und intensiv, ohne Kritik (›Ich sehe mir die Leute an und denke: So bist du also? Nun gut‹ – sagt Hans Castorp) – nach einer jüngst aufgetauchten, keineswegs gehässigen Anekdote vielleicht gar mit dem Opernglas. Dann zeichnet er den Umriß mit einigen Unterstreichungen, die als ›Leitmotiv‹ früher, im Zauberberg aber als noch viel mehr, bei jedem Auftreten dieser Gestalt wiederholt werden. Aber, die Gestalt, ihr Umriß wird wesentlicher dadurch, lebendiger, er gelangt zu dem, was er ›subjektive

Vertiefung‹ nennt. Indem er sich und sein Problem in diesen Umriß fließen läßt, vor allem auch das Problem seines Werkes und der Rolle der betreffenden Gestalt in diesem Werke, hebt er sie zum Typus, geboren aus ›dichterischem Kritizismus‹. Wenige Gestalter des Wortes vermögen so außerordentlich im Besonderen den Typus des Allgemeinen aufzufinden und zu geben. Dieser Hofrat, ein Musterbeispiel von seltener Großartigkeit, ist einerseits ein Sonderfall (auch bei ihm steckt irgendwo Sympathie mit dem Tode, die er in ärztlichem Zynismus erstickt), daneben aber in seiner Typik ist er *der* Sanatoriumsdirektor, der leitende Arzt schlechtweg. Immer wenn er auftritt, sieht man ihn eigentlich zweimal: als Behrens, dann aber zugleich auch immer als *den* Direktor, *den* Arzt.«[17]

Bei der zitierten »gehässigen Anekdote (...) mit dem Opernglas« handelt es sich um den Schriftsteller Arthur Holitscher, den Thomas Mann als Modell für seinen Detlev Spinell im *Tristan* genommen hatte. Es ist Thomas Mann selbst gewesen, der Ida Herz in einem Brief vom 23. Mai 1932, also kurz nach seinem Vortragsaufenthalt in Nürnberg am 10. Mai, über den »Fall Holitscher« berichtet hatte: »Ich wollte ihm (Holitscher – F. K.) eben beteuern, daß es nicht persönlich gemeint sei, und zuerst ging er auch mit liberalem Händedruck darauf ein, nachher aber war *es* (Herv. – F. K.) stärker als er.« Kurz, Holitscher war gekränkt, als er sich von Thomas Mann beobachtet (wie er meinte mit einem Operglas), und im *Tristan* verarbeitet, »verwurstet« sah. »Beteuern« hat Thomas Mann noch oft müssen, sogar daß er nicht mit Adrian Leverkühn zu verwechseln sei. Längst hatte ihm Ida Herz vergeben und konzediert, was ihr Epiker in der *Entstehung des Doktor Faustus* noch einmal bekräftigt hat, daß nämlich Poesie keine »Rücksichten kennt«, wenn sie Ernst macht. Nichts anderes hätte ihm Walter Benjamin – wohl wissend um das Problem eines aristokratischen Ästhetizismus – bescheinigt, zumal dann, wenn es sich, wie Thomas Mann am 11. Dezember 1947, alsbald nach Erscheinen des *Doktor Faustus*, Ida Herz mitteilt, »um ein Lebensbuch von großer Offenheit und schmerzhafter Schonungslosigkeit« handelt, »von dessen Leidenschaft schwerlich nur irgend empfänglicher Leser ungerührt bleiben kann«.

Genau dies aber bezeichnet den delikaten Punkt der Mannschen Chiffriertechnik, in Sonderheit im Umkreis seiner Porträtkunst. Sie birgt Risiken, zuletzt gar juristische (»Persönlichkeitsschutz«), wie der »Fall Bilse« ihm einstmals vor Augen geführt hatte, als sich Lübecker in den *Buddenbrooks* glaubten wiederzuerkennen und von der Darstellung sich unangenehm berührt, getroffen gezeigt hatten. Aus tiefenpsychologisch-soziologischer Sicht zählt Thomas Mann als Poet eher zum »Empfindungstyp«, im Unterschied zum »Intuitionstypus«, dem er, wie im übrigen auch seine Schöpfung, der Lästerer gegen die genialische Intuition, Adrian Leverkühn, stets und von Grund auf mißtraut hat. Weil aber nun Thomas Manns Porträtkunst in der Verarbeitung kontrollierter Impressionen gründet, er sich auf seine gezielten Beobachtungen verläßt, mußte er immer wieder Gefahr laufen anzuecken; zumal es seiner Chiffrierkunst eigen ist, auf Hermetik zu verzichten. Hinter Meta Nackedey die Psychoanalytikerin Caroline Newton zu vermuten, hat für die Kenner des amerikanischen Beziehungsfeldes Thomas Manns nun wahrlich keine allzugroße Dekodierpotenz erforderlich gemacht; desgleichen früher schon die Identifizierung des physiognomischen Porträts von Gustav Mahler im *Tod in Venedig*, um ein prominentes Beispiel anzufügen.

Ohne Frage, die Chiffrierkunst des »Empfindungstypus« Thomas Mann wirft Licht auf dessen ambivalentes Verhältnis zur »Nähe«: poetisch hat er ihrer bedurft, lebenspraktisch hat er das nietzscheanische Pathos der Distanz favorisiert. Daß die Methodik der künstlich gebrochenen Nähe, also jenes Opernglas, gleichsam der Königsweg ist, sei vermerkt.

Dennoch, dies meint jener Einwurf von Walter Benjamin, Poetologie und Psychologie sind nicht durcheinanderzubringen, einfach weil die Form der Geltung und der Modus der Genese eines Kunstwerks nicht in eins gesetzt werden dürfen, bei Strafe der fundamentalen Verkennung der Eigenart der Kunst.

Nun mögen die Kenner des *Doktor Faustus* aufstöhnen, den Finger erheben und spöttisch oder gelehrt ausrufen: Was soll uns Ida Herz, was soll uns Caroline Newton, was soll uns Hans Reisiger (»Rüdiger Schildknapp«) oder wer auch sonst immer die Vorlagen aus der Lebenswirklichkeit gewesen sein mögen? Um das Personal rund um Adrian Leverkühn zu erschließen, bedarf es der Kenntnis der »Gestalten um Nietzsche«, Podachs seligen Angedenkens! Dies insbesondere, wenn es um die Frauen um Leverkühn herum zu tun ist! – Beides spielt eine Rolle. In Thomas Manns Figurenarbeit verschlingen sich stets Spuren von Lektüre und Erfahrung unentwirrbar: Meta (sic!) von Salis-Marschlins, letzte Erbin eines alten Bündner Adelsgeschlechtes, eine vife Frau von intellektuellem Format, 1887 in Zürich zum Dr. phil. promoviert, und Ida Herz, die mutig-tapfere, literarisch versierte Jüdin aus Nürnberg werden als Erfahrungsfonds in den Figuren Kunigunde Rosenstiel und Meta Nackedey poetisch überblendet. Was die Bündner Adelige und die Nürnberger Kaufmannstochter verbindet? Beide bemühten sich, die gesellschaftliche Bedeutung der Frauenstärke zur Geltung, die Frauenemanzipation voranzubringen. Daß Meta auf Nietzsche und Ida auf Mann stieß, wäre ein psycho-soziologisches Kapitel für sich – eben »Über die Nähe«.

Sind die Erwartungen von Ida Herz offenkundig enttäuscht worden, als sie aus dem *Doktor Faustus* erfuhr, daß dort die Beziehung zwischen Adrian Leverkühn und Kunigunde Rosenstiel nicht unzweideutig »Freundschaft« genannt wird, sondern ein Schwebezustand zwischen »langjähriger Bekanntschaft« und »Freundschaft«, so dürfte ein anderer Aspekt der Porträtskizze der Rosenstiel ihr wehgetan, sie bis ins Unbewußte hinab gekränkt haben. Ida Herz hat es in jenem Aufsatz von 1965 (*Ein Roman wandert aus*) selbst ausgesprochen, indem sie den wesentlichen Halbsatz zitiert: »Eine rüstige Geschäftsfrau auf derbem Gebiet«[18]; den unmittelbar daran anschließenden, in Klammern (!) gesetzten Erläuterungssatz läßt sie allerdings weg. Es scheint, als ob er ihr peinlich sei. Er lautet: »(denn eine

Wurstfabrik hat entschieden etwas Derbes).« Gerade kontrapunktisch dann die Setzung von Thomas Mann, diese rüstige
Frau aus einem derben Geschäft habe im Gespräch einer
»elegischen Gewohnheit« angehangen, jenes chronische
»Ach« im Eingang ihrer Sprechsätze. »Ganz anders jedoch,
wenn sie *schrieb*«, heißt es sogleich im *Faustus*, neuerlich
einen Einblick in die Tiefendimension der Beziehung zwischen Ida Herz und Thomas Mann gewährend. Ihren Briefen
mag Leverkühn eine »literarische Würde« nicht absprechen,
der auch ansonsten der Rosenstiel wohlgesonnen ist, weil
sie, zusammen mit Meta Nackedey, in den Tagen kriegsbe-
dingter Knappheit, ihm – neben manch anderem – vor allem
mit geschnittenem »Tabak zum Zigarettendrehen«[19] versorgt. Daß die Namensgebung Nackedey Assoziationen an
jenes Korsettgeschäft der Betty Ehrlich in Nürnbergs
Zufuhrstraße 24 weckt, das der Epiker bei seinem Herz-
Besuch in der Zufuhrstraße 15 passiert haben mag, lüde zu
einem Essay über Thomas Manns Frauenfigurationen ein,
der allerdings genauer anzusetzen hätte und tiefer bohrte
denn die Flott-Studie *Welch ein Weib* von Doris Runge.

»Eine Geschäftsfrau auf derbem Gebiet«, das nun ist Ida
Herz nicht gewesen. Das Buch ist die Welt, auf die hin die
Nürnberger Buchhändlerin, Bibliothekarin und Antiquarin
gelernt und gelebt hat, darin eingeführt von ihrem älteren
Bruder, der ihr früh »a love for books«[20], wie sie in ihrer
Autobiographical Note von 1976 noch einmal betont hat,
eingesenkt habe. Jene Berufsfiguration der Kunigunde
Rosenstiel verweist auf eine offenbar empfindliche Stelle bei
Ida Herz: ihre soziale Herkunft. Das Geschäft, an dem ihr
Vater Teilhaber gewesen ist, liegt im Rayon des Nürnberger
Schlachthofes, auf dem Weg nach Schweinau; erinnert an
die Nürnberger Südstadt, Gewerbezonen, Arbeiterschaft und
-bewegung, ostjüdische Einwanderung. Und der Produktion
von Hüllen für Würste entströmt allemal nicht das Aroma
des literarischen Salons, eine Darmhandlung erscheint nicht
als der Ausweis für die Atmosphäre des Geistes. Und Handel,
Kaufmännerei überhaupt? Ida Herz hat die *Buddenbrooks*
inwendig gekannt: hier die Welt der Rüstigen und Rüstenden,

der Erfolg- und Neureichen, dort, fernab, das Reich der Verfeinerung, der künstlerischen Sublimierung. Wursthüllenfabrikantin – die schnödeste Form der Entzauberung der Welt. Davon hatte sich die junge Ida früh schon weggewandt, hin in ihr gleichsam inneres und innerstes Reich, die Verzauberung des Lebens durch die Poesie. Dort in der Darmhandlung der geschäftstüchtige Vater, hier aber, im Reich der Lektüre, ersteht ein anderer, verjüngter, verwandelter Vater: Thomas Mann, der Zauberer, Projektionsfläche ihrer Wünsche und Sehnsüchte, der ihr, wie sie einmal an ihn schreibt, das »Gefühl von Geborgenheit und Beschütztheit« vermittelte (18. Oktober 1933), nicht nur in schlimmen Tagen. Einstmals hat sie sich hineingeträumt in eine Welt, in der ihr Thomas Mann als Imago des Prinzen aufscheint; so recht ist sie aus diesem Traum ihr Leben lang, so lebenspraktisch sie auch immer gewesen ist, nie erwacht. Konnte es vielleicht nicht. Wollte es vielleicht nicht. Illusionen haben vor allem eine lebensdienliche Funktion. Und wenn, dann hat das Erwachen schmerzhaft einen Stich versetzt. Immer wieder hat sie ihm im letzten doch verziehen, mochte auch das Bild der Rosenstiel als Wurstdarmgeschäftsfrau sie geschmerzt und so manche Tagebuch-Stellen schwer gekränkt haben, eine Beleidigung des Herzens. Wie weit die Desillusionierung später, als sie einsam im Londoner Altersheim lebte, gegangen sein mag, wer weiß es.

Von einem »herabgesetzten und verjungferten« Wesen ist im *Doktor Faustus* die Rede; Serenus Zeitblom, die erzählende Sonde, betrachtet im übrigen sein Verhältnis zu Leverkühn selbst als »Wiederholung« desjenigen der Rosenstiel. Herabsetzung und Verjungferung waren der Preis, den Ida Herz zu zahlen bereit und genötigt war für die Korrespondenz mit, die Freundschaft zu Thomas Mann. Wie aber, wenn am Ende des Lebens der Druck der Desillusionierung stärker wird? Sie wäre nicht die einzige in der Geschichte der Menschheit, zumal in der des abgelaufenen Jahrhunderts, die zum Lebensabend hin vor der Entscheidung gestanden hätte, schonungslos sich Rechenschaft über das »Opfer ihres Lebens« abzulegen oder um der Schonung des

Seelenlebens willen von jener Schonungslosigkeit abzusehen. Irgendwo zwischen diesen Zuständen mag sich ihr Seelenzustand nach der Veröffentlichung der Tagebücher ihres Dichters in den späten siebziger Jahren bewegt haben.

Aber selbst da noch, wo es sie geschmerzt hat, hat Thomas Mann die Erinnerung, eine sehr präzise Erinnerung, an sie bewahrt. »Mit kaufmännischen Und-Zeichen«, erzählt Serenus Zeitblom, habe die Rosenstiel ihre Briefe an Adrian Leverkühn geschrieben. Just so handhabe es Ida Herz. Es ist dem Epiker, um den Schlußsatz aus *Lotte in Weimar* neuerlich zu zitieren, »buchenswert« gewesen. Ihre Gestalt war ihm so sehr der Erinnerung wert, daß er sie in sein persönlichstes Werk, den *Doktor Faustus*, eingewoben hat, diese Frau, in deren Augen »uralte Trauer stand darob, daß die Tochter Zion geschleift und wie eine verlorene Herde war.« So kontrapunktisch, so dissonant wie Leverkühns Kompositionen ist auch die Gestalt der Ida Herz im *Faustus* komponiert: ein schroffes Neben- und Gegeneinandersetzen subtilster Einfühlung in das Leiden der Juden und Klischee derbster Fixierung ihrer Abkunft: »eine knochige Jüdin«, die einer Nürnberger »Wurstdarmfabrik« vorsteht.

Sie solle ihm wenigstens nicht die »derbe Geschäftsbranche« übelnehmen, die er sich erlaubt habe mit der »wüstentraurigen Rosenstiel in Verbindung zu bringen«, hatte er Ida Herz am 11. Dezember nach London geschrieben. Das Changierende des Ausdrucks »Geschäftsbranche« ist nicht zu überhören. Sicherlich, mit der »derben Geschäftsbranche« ist das Wurstdarmgewerbe ihres Vaters gemeint. Aber darin verborgen ist noch eine andere Schicht der Anspielung, auch seines eigenes Metier. Häufig wählt er für die Bezeichnung Berufszweig den Ausdruck Branche, vorzugsweise in Zusammenhängen, wo er nicht oder wenig passend ist, leicht ungehörig klingt. Nennt er nicht im *Zauberberg* den leitenden Arzt, den Direktor Behrens, einen, »dessen Branche das Körperliche ist, ein Körperfürst sozusagen«? Innerhalb der Sphäre des Offiziösen jedenfalls mögen es Mediziner nicht gerne, wenn im Zusammenhang mit ihrem hippokratisch geadelten Tun von Gewerbe die Rede ist. Von sich weiß

Thomas Mann durchaus, daß er in einer Branche tätig ist, in der es mitnichten ohne Derbheiten abgeht, wie die poetische Geschichte seiner Namensbildungen deutlich macht. Allerdings, der poetische Psychologe liebt das »Körperliche« nicht allzusehr; kein Zufall, daß sein autobiographisch getönter Adrian Leverkühn fast körperlos in Erscheinung tritt; nur wenige Male in körperliche Berührung kommt, Kontakte, die schließlich in der Katastrophe, der Syphilis, seit der Lutherzeit das Vorzugs-Wort für Lustseuche, oder den Morden aus Eifersucht enden. Aber auch das Geistig-Seelische, dem Thomas Manns primäre Schilderungskraft gilt, hat – Freuds Aufklärung sei's gedankt – ihr Derbes nicht weniger als ihr Subtiles.

Daß im *Doktor Faustus* die Wahl auf Kunigunde *Rosenstiel* fällt, lädt gegen Schluß zu einer Kleinst-Miszelle ein. Nicht nur, daß der Familienname Rosenstiel aus der Pfalz, lange mit Bayern liiert, ins Fränkische, zumal ins Unterfränkische hereinreicht. Das Gedenken richtet sich auf den jüdischen Minnesänger Süßkind von Trimberg aus der Manesse-Liederhandschrift. Im Orient, dem es der Okzident verdankt, von Palästina bis nach Persien (»Gol-o-Bolbol« – »Rosen und Nachtigall«), ist die Rose Symbol der Mystik, Minne und Innigkeit. Rosenstiel gehört nicht zu den häufigsten jüdischen Familiennamen; von Thomas Mann – vielleicht an diesem Punkt dem Prinzenimago von Ida Herz am nächsten – als Kostbarkeit, der dissonanten Tonkunst seines Leverkühns gemäß, kontrapunktisch gegen das »derbe Gewerbe« des Vaters von Ida Herz gesetzt. Ein allemal wohlklingender Name, worin Schönheit und Vergänglichkeit aufscheinen. Und – die Dornen des Stiels der Rose verweisen auf eine wehrhafte Schönheit nicht weniger als auf Leid. »Röslein wehrte sich und stach / Half ihm doch kein Weh und Ach / Mußt' es eben leiden.« Nicht entblättert, gebrochen wird das Heideröslein vom Knaben. Kunigunde Rosenstiel, Symbol für die mittelalterliche Mystik, auch Allegorie für das Schicksal der jüdisch-deutschen Symbiose – betrachtet im Lichte von Goethe und seines epischen Nachfahren Thomas Mann? Der jedenfalls nannte den *Rosenkavalier* demgegenüber »robust«

und die *Salomé* des nicht eben den Juden gewogenen Richard Strauß »Schmißwerk« von »törichter Kälte« (Tagebuch, 2. Mai 1934).

Am 4. Dezember 1925 schreibt Thomas Mann amüsiert an Ida Herz in Nürnberg:

> »Es war eine Mannheimer Firma, die eine Cigarre mit dem Namen ›Zauberberg, Maria Mancini‹ herstellen wollte; die Bewilligung hierzu ist ihr aber vom Patentamt verweigert worden, mit der Begründung, daß der Name ›Maria Mancini‹ schon geschützt sei. Dabei kann es sich nur um die Cigarre handeln, die unter diesem Namen vor dem Kriege von der Bremer Firma Hagedorn und Söhne vertrieben wurde, aber längst nicht mehr existiert. Trotzdem scheint der Name geschützt zu bleiben. Die Mannheimer Firma beschloß darauf, unter meinem Bild und Namen eine Cigarre auf den Markt zu bringen, was ich auch erlaubte. Das war im Sommer, und seitdem habe ich nichts mehr von der Sache gehört. Vielleicht hat der Mann die Lust verloren, was mir eher lieb ist, da die Cigarre vielleicht schlecht geworden wäre und mir die Raucherwelt zu Feinden gemacht hätte.«

Das feine Aroma war den chronischen Rauchern Adrian Leverkühn und Thomas Mann denn doch näher als der Rauch von Wurstfabriken, gleich ob in Nürnbergs Schweinau oder anderswo.

Kaisersaschern. Lübeck. Nürnberg

Hermann Kurzke, der Mann-Biograph, meint, Kaisersaschern habe zwar Züge von Lübeck, die aber trügen nicht
weit, »weil das Kindheitswichtige aus der Geburtsstadt
literarisch längst verbraucht war.«[1] Als verbrauchten sich
Kindheitseindrücke jemals. Was »literarisch verbraucht«
auch immer heißen mag, Kaisersaschern, das geistesge-
schichtlich präzis verortete Irgendwo seelischer Zurückge-
bliebenheit der Deutschen inmitten der zivilisatorischen
Moderne, ist ein allegorischer Topos, aus mehreren Ort-
schaften zusammengestückt. Das Städtchen, das Thomas
Mann im *Doktor Faustus* seinem Helden Leverkühn, den es
in historia sowenig gegeben hat wie jenes Kaisersaschern,
als Stätte der Gymnasialjahre und des ersten Kennenlernens
der Welt der Musikinstrumente widmet, ist eine Art Melange,
zubereitet mit der dem Epiker eigenen, absichtsvoll durch-
sichtigen Chiffrierkunst aus Erfahrung und Lektüre, längst
erprobt an seinen Kunstfiguren. Kaisersaschern, ein Ort mit
»etwas von latenter seelischer Epidemie«, eine »verständig-
nüchterne moderne Stadt« mit einer »von Gegenwart nur
überlagerten Vergangenheit«, durchhaucht von einer »ganz
falschen, unseligen Geschichtlichkeit«, Verkörperung jener
tümelnden deutschen Städte, »die etwas Finsteres und dem
Geiste der Neuzeit ins Gesicht schlagendes haben, wie
Bücherverbrennungen und anderes«, kurz eine Stadt von
»altertümlich-neurotischer Unterteuftheit«,[2] also die nach
der »Dorfgemeinde Oberweiler« zweite Prägestätte Adrian
Leverkühns, ist ein Werk der Überblendung. Da ist Aschers-
leben, in offenbarem assoziativen Bezug zum Namen des
Helden »kühn-leben«, eine Kreisstadt in der Hallenser Region.
Unter dem Titel *Der Merseburger Zauberspruch* verbirgt sich
ein aufschlußreicher Reisebericht des ostjüdisch-galizischen
Erzählers Joseph Roth aus dem Jahre 1930, der das Unheim-
liche der Legierung von Chemie-Industrie, seinerzeit das
Kennzeichen allerneuester okzidentaler Moderne, und treu-
deutschem Lutheranertum beim sozialpsychologischen
Namen genannt hat, in tiefenpsychologischer Anspielung

auf historisch-philologische Funde von Zaubersprüchen aus dem 10. Jahrhundert. Just in den Regierungsbezirk Merseburg verlegt Thomas Mann sein Kaisersaschern. Asche wiederum lüde zu weitreichenden religionssoziologischen Spekulationen und psychoanalytischen Konnotationen ein: von der Asche auf des Büßers Haupt bis zu der von Auschwitz im Gefolge des Chemiefabrikats Zyklon B. Hier jedoch erfriert der Gedanke an den Phönix.

Asche aber auch als Metapher für die Überlebtheit einer mürbe gewordenen Fassaden-Kultur, aus der heraus es zu atavistischen Ausbrüchen kommen kann. Aschenbach (*Tod in Venedig*) agiert sie im Traum aus. Die USA kennen derartiges unter dem euphemistischen Namen Lynch»justiz«. Es spricht für den poetisch-analytischen Geist von Margaret Mitchell, daß sie in ihrem fulminanten Roman *Gone with the Wind* (1936) einen der Protagonisten Ashley nennt; Symbol einer dem Untergang bestimmten Lebenswelt, aus deren kultivierter Mitte heraus die Bewegung des Ku-Klux-Klans entstanden ist, barbarischer Ausdruck einer angstgesteuerten, mörderischen Sehnsucht nach dem »Großen Zurück« in die heile Urnatur des weißen Herrentums. Ausbrüche aufgewärmter Ursprünglichkeit, die nachgerade auch für die Fiktion Kaisersaschern als Potenzialität präsentiert werden.

Da ist Aachen, die Stadt der Salbung gekrönter Häupter des Heiligen Römischen Reiches Deutscher Nation. Nach Kaisersaschern verlegt Thomas Mann die Grabstätte des Rom-Bewunderers Otto III., des »Enkels der Adelheid und Sohnes der Theophano, der sich Imperator Romanorum und Saxonicus nannte«[3]. Da ist natürlich Lübeck als »geistige Lebensform«, der unerschöpfliche sozial-räumliche Erfahrungsfonds Thomas Manns, deren Eigenart er mehrfach in Essays sich gewidmet hat und die er ausdrücklich, in einem Brief an Otto Basler vom 17. April 1955, für seinen Leverkühn als Prädestination reklamiert: »Leverkühns innere Bindung an diese alte Stadt, von deren mittelalterlichem Wesen er im Grunde nie losgekommen ist.«[4]

Da ist aber auch Eger, und diese Nennung mag nachgerade »Faustus-Kennern« abwegig erscheinen, das für Kaisersaschern

Modell steht. Im Roman *Lotte in Weimar* von 1939, ein Jahr nach dem Judenpogrom vom November 1938 erschienen, nimmt die »Tafelrunde« im Hause Goethe größeren Raum ein. In Lotte, zu deren Ehren das Mittagessen gegeben wird, setzt sich, als sie dem »patriarchalischen Monologisieren des vorsitzenden Hausvaters« ausgesetzt ist, hartnäckig der Eindruck fest: »Luthers Tischreden«. Just im Anschluß hieran läßt Thomas Mann den Kenner der böhmischen Bäder eine Anekdote aus dem mittelalterlichen Eger erzählen:

»Dann, mit gesenkter Stimme, vorgeschobenen Lippen und einem Unheilsausdruck, der doch auch wieder etwas episch Scherzhaftes hatte, wie wenn man Kindern Schauriges erzählt, berichtete er von einer Blutnacht, die jene merkwürdige Stadt in einem Jahrhundert der späteren Mittelzeit gesehen, einem Judenmorden, zu dem sich die Einwohnerschaft jäh und wie im Krampf habe hinreißen lassen und von dem in alten Chroniken die Kunde gehe. Viele Kinder Israel nämlich hätten zu Eger gelebt, in mehreren ihnen zugewiesenen Gassen, wo denn auch eine ihrer berühmtesten Synagogen nebst Hoher Judenschule, der einzigen in Deutschland, gelegen gewesen sei. Eines Tages nun habe ein Barfüßermönch, der offenbar fatale rednerische Gaben besessen, das Leiden Christi von der Kanzel herab aufs erbarmungswürdigste geschildert und die Juden als die Urheber alles Unheils empörend dargestellt, worauf ein zur Tat geneigter und durch die Predigt außer sich gebrachter Kriegsmann zum Hochaltar gesprungen sei, das Crucifix ergriffen und mit dem Schrei: ›Wer ein Christ ist, folge mir nach!‹ den Funken in die hochentzündliche Menge geworfen habe. Sie folgte ihm, außen fand Gesindel jeglicher Art sich dazu, und ein Plündern und Morden begann in den Judengassen, unerhört: die unseligen Bewohner seien in ein gewisses schmales Gäßchen zwischen zweien ihrer Hauptstraßen geschleppt und dort gemetzelt worden, dergestalt, daß aus dem Gäßchen, welches noch heute die Mordgasse heiße, das Blut wie ein Bach herabgeflossen sei. Entkommen sei diesem Würgen nur ein einziger Jude, nämlich dadurch, daß er sich in einen Schornstein gezwängt und dort verborgen gehalten habe. Ihn habe nach hergestellter Ruhe die reuige Stadt, welche übrigens von dem damals regierenden römischen König Karl dem Vierten für das Vorkommnis ziemlich gepönt worden sei, feierlich als Bürger von Eger anerkannt.« Zuletzt fügt Goethe, der Erzähler, hinzu: »Kennt ihr die Menschen wieder? So sind sie. Sie lassen's über sich kommen mit Lust, daß sie das Greulichste begehen, und genießen nach gekühltem Mütchen auch noch die Geste reuiger Großmut, womit sie die Schandtat abzugelten meinen, – was sein Rührendes neben dem Lächerlichen hat.«[5]

Adrian Leverkühns Komposition wird eine »explodierende Altertümlichkeit« attestiert so wie Kaisersaschern die Latenz »seelischer Epidemie«, deren Ausbruch Goethe in der Eger-Anekdote erzählt. Dem respondiert, was Käte Hamburger im Rahmen ihrer Faustus-Besprechung thematisiert hat, jene »geheime Verbindung des deutschen Gemüts mit dem Dämonischen«, die Thomas Mann zufolge »Sache (seiner) inneren Erfahrung« gewesen sei, »der Erfahrung einer dämonologischen Sphäre, die latent noch in alten deutschen Städten wie Lübeck lagere«: »man konnte sich denken«, zitiert sie die Schlüsselpassage aus dem *Faustus,* »daß plötzlich hier eine Kinderzug-Bewegung, ein Sankt Veitstanz, eine Kreuzwunder-Exzitation mit mystischem Herumziehen oder dergleichen ausbräche – kurzum, ein altertümlich-neurotischer Untergrund war spürbar, eine seelische Geheimdisposition«[6]. Es braucht nicht viel, innezuwerden, daß Leverkühns avantgardistischer Durchbruch und der epidemische Ausbruch in Deutschland für Thomas Mann zusammengehören.

»Nürnberg, meine Heimatstadt«, erinnert sich Ida Herz 1965, aus dem *Doktor Faustus* zitierend,

»›die Stadt der unklugen Herzen hocherhebenden Staatsfeste‹, ihr mittelalterlicher Geist war noch ebenso gut erhalten wie das graue Gemäuer, das die enge,

winklige Stadt umschloß; die Folterkammer im Burg-
verlies – sie waren Symbole für die barbarische Rück-
fälligkeit des Nationalsozialismus. Lange bevor er an
die Macht kam, fanden hier alljährlich die ›Parteitage‹
statt, zu denen die Hitlerhorden zu Tausenden her-
beiströmten und die Bürger ängstigten, sie teils für, teils
gegen sich einnahmen, bis keiner mehr dagegen zu sein
wagte.«[7]

Ida Herz wußte, daß auch und gerade Nürnberg Modell
gestanden hat für jenes heimelig-unheimliche Kaisersaschern. Und stellt sich nicht sogleich die Assoziation des
Städtchens »Frankleben« ein, das nicht in Franken, sondern
in der Umgebung der Leunawerke liegt, einer Gegend, von
der Joseph Roth nicht zu sagen weiß, »ob sie verzaubert
oder verflucht ist«[8]? Ob sie nach ihrer Flucht aus Nürnberg,
im Jahre 1935, in den Tagen der Verabschiedung der
berüchtigten »Rassegesetze«, je wieder ihre Geburts- und
Heimatstadt besucht hat? Bislang sind keine Anhaltspunkte
dafür zu finden, daß sie diese ihre Stadt, die sie im Erinne-
rungsvortrag *Freundschaft und Korrespondenz mit Thomas
Mann*, gehalten am 19. Januar 1978 im London University
College, die »übelste Nazi-Stadt«[9] nennt, je wieder aufgesucht hat.

Über die »empörenden Vorgänge« in ihrer Geburtsstadt
hat Ida Herz Thomas Mann laufend unterrichtet, in Briefen
und bei Besuchen in der Schweiz mündlich. Sie hat sogar
die Chuzpe, eine Reichsparteitags-Ansichtskarte aus Nürnberg zu schicken, auf der der Reichsjugendführer Baldur von
Schirach photographiert ist, versehen mit boshaft-ironi-
schen Bemerkungen. Wer Tagebücher der dreißiger Jahre
Revue passieren läßt, wird feststellen, wie aufmerksam Thomas Mann die Brief-Berichte über »die obszönen Umtriebe
des ›Frankenführers‹ Julius Streicher« aus der »Hauptstadt
des deutschen Antisemitismus« (K. Harpprecht) liest. So
trägt er am 28. Juli 1933 in sein Tagebuch ein: »Nachricht
von der Herz, die von ›Fieber‹ schreibt und damit wohl persönliche Erfahrungen gelegentlich der neuen Judenhetze in
Nürnberg andeutet«. Deutet nicht der Ausdruck »Fieber« auf

jene Diagnosen im *Doktor Faustus* hin, wo von epidemischer Latenz die Rede ist? Am 3. August 1933: »In der ›Prager Presse‹ Nachricht über Pogrom-Untaten in Nürnberg«. (Wie viele Kilometer Ansteckungslinie sind es zwischen Eger (Cheb) und Nürnberg? Nicht mehr als zwischen *Lotte in Weimar* und dem *Doktor Faustus*.) Vier Tage später: »Die Zwischenfälle in Nürnberg (von der deutschen Presse – F. K.) frech geleugnet. Nur ›ein Emigrantenhirn‹ könne auf dergleichen verfallen. Dabei wissen wir direkt von dem ›Fieber‹ der Herz.« Kein Zweifel, für Thomas Mann ist Ida Herz nicht nur die Gewährsfrau für »die – in Nürnberg besonders krasse – Verstärkung des Antisemitismus« (Tagebuch, 14. März 1934); vielmehr haben ihre Berichte nachhaltigen Einfluß auf die Psycho-Pathologie der Deutschen, wie sie im Modellraum »Kaisersaschern« beschrieben sind.

»Im Hintergrund««, heißt es von einer Alptraumszenerie Adrian Leverkühns, »»sieht man die Türme, Spitzerker und Giebel von Kaisersaschern (...)«. »Natürlich hätte er sagen sollen«, sinniert Zeitblomm:

> »von Nürnberg. Denn was er beschrieb, mit derselben vertrauten Sichtbarkeit beschrieb wie den Übergang des Nixenleibes in den Fischschwanz, so daß ich es erkannt hatte, lange bevor er mit seiner Beschreibung zu Ende gekommen war, es war das erste Blatt der Dürer'schen Holzschnitt-Serie zur Apokalypse.«[10]

Einmal eingehend dem Nürnberg-Bild im *Doktor Faustus* nachzuspüren wäre allemal ein analytisches, aufschlußreiches Abenteuer. Hier nur soviel: Nürnberg zieht sich wie ein leitmotivischer Faden durch diesen Epochenroman. Immer wieder Dürer, nach dessen Einrichtung beispielsweise die »Abtsstube« des Eremiten Leverkühn in Pfeiffering gestaltet ist, aber auch Melanchthon, sodann die Anrufung des »fürchterlichen Bombardements der Stadt Dürers und Willibald Pirckheimers«[11] usw. Endlich der augenzwinkernd-boshafte Einwurf Adrians, darin ganz Nietzsche, als ihm vom »deutschen Durchbruch« vorgefaselt wird: »Ich habe verstanden, daß Kaisersaschern Weltstadt werden möchte.«[12]

»Der Ring schließt sich«, schreibt Thomas Mann nach
Erscheinen des *Doktor Faustus* an den inneren Emigranten
Emil Preetorius am 12. Dezember 1947, den er im Kontext
der Porträtierung des konservativ-revolutionären, präfa-
schistischen Kridwiß-Kreises in München in gebotener
Zweideutigkeit gezeichnet hat. »Es ist nach fünfzigjährigen
Wanderungen durch Raum und Zeit eine Heimkehr ins
Deutsch-Altstädtische, Deutsch-Musikalische«[13]. Mehrfach
haben die Wanderungen des reisegeübten, gleichwohl das
Reisen eher scheuenden Epikers nach Nürnberg geführt. So
im November 1920, einige Zeit bevor ihn mit Ida Herz mehr
an Nürnberg bindet als der Respekt vor der Stadt der Reichs-
kleinodien und der Meistersinger.[14] Seinerzeit hatte er, ein-
geladen vom »Literarischen Bund«, aus zwei Erzählungen,
Herr und Hund sowie *Gesang vom Kindchen*, gelesen. Dem
Gästebuch des »Bundes« sind diese Zeilen gewidmet:

> »Zu Nürremberg im ›Bund‹
> Las ich von Kind und Hund.
> Die Leute lauschten gern
> Dem ›Vater‹ und dem ›Herrn‹.
> Kehr ich einmal zurück,
> Bring ich ein schlimmer Stück.
> Denn wie die Zeiten sind,
> Was soll's mit Tier und Kind?
> Heut fragt sich's überhaupt,
> Ob das Idyll erlaubt!«

Dies mochte Thomas Mann noch im Gedächtnis haften, als
er für Ida Herz die erste Buchwidmung schrieb. Sie datiert
vom 5. November 1925 und ist inskribiert in die Erzählaus-
gabe *Herr und Hund. Gesang vom Kindchen*, S. Fischer 1919:
»Die gute Tante Ida bringt dem Kindchen Eva dies Geschenk,
für das es noch viel zu klein ist. Aber für den Tag, wo Vers
und Prosa des Büchleins der grösseren Eva vielleicht etwas
sagen können, will auch der Onkel Dichter seinen Gruß und
Segen dazugeben.« Adorno kann füglich zugestimmt werden,
wenn er anläßlich einer Studie zu Alban Berg, geboren 1885,
in dem Jahr, in dem auch Adrian Leverkühn in Oberweiler

das Licht der poetischen Welt erblickt, anmerkt, wie nah doch Kitsch und Kunst beieinander lägen.[15] Auch große Ironiker rutschen gelegentlich in die Rolle des Witzboldes, wiewohl jene Widmung Stoff für Tiefenbohrungen birgt. Dem allen ungeachtet, es hat seinen Grund mit der Widmung im Exemplar des *Doktor Faustus*: »Ich eigne es der Tochter Nürnbergs, Ida Herz, der alten treuen Freundin meiner Arbeit, mit allen guten Wünschen zu.«

Thomas Mann hat nach 1945 Nürnberg wieder besucht, nachdem er lange gezögert hatte, deutschen Boden noch einmal zu betreten. Seinen Tagebüchern ist zu entnehmen, daß es zu dieser Zeit in Frankens Metropole eine »Thomas-Mann-Gesellschaft« gegeben hat. Die ist womöglich längst entschlafen. In Erinnerung aber hat er 1950 in einer Briefnotiz gesetzt, was allzu leicht vergessen wird: »Die Meistersinger enthalten wundervollste Musik, aber *ganz* zufällig ist es nicht, daß sie Hitlern *gar so gut* gefielen.«[16]

Ida Herz als »Tochter Nürnbergs« anzusprechen darf auch als Bekenntnis zum Nürnberger Judentum, schlechter und bewußtloser Wagnerei kontrapunktiert, entziffert werden.

»Unselige Herz«. Versuch über die Nähe

Vielleicht weil Anfang der dreißiger Jahre in Münchens Poschingerstraße 1 eine Neumöblierung ansteht, wünscht sich Ida Herz nichts sehnlicher, als daß Thomas Mann ihr zwei Einrichtungsgegenstände zueignen möge. Nicht irgendwelche hat sie im Auge, sondern zwei mit libidinösem Besetzungswert. Derartiges ist im Falle von Sehnenden und Liebenden nichts Ungewöhnliches. Gegenstände im Raum und am Körper, vom Photo der Geliebten am Schreibtisch bis zum Backenzahn des Geliebten an der Halskette, gehören von alters her zum Alltag. Magische Nähe im Medium der Stellvertretung durch Dinge. Allein die toten Dinge, die zum Fetisch verselbständigt Macht über die Menschen gewinnen können, müssen gewissermaßen inspiriert sein, sei es, daß sie einer schenkenden Auszeichnung sich verdanken, sei es eines verstohlenen Erwerbs. Monstranzen der Heimlichkeit. Ein Tisch und ein Stuhl mit des Poeten Nutzungsaura sind es, die Ida Herz sich wünscht, um in ihrem Nürnberger Zimmer den Fernen zu vertreten. Der nun zeigt sich, im Brief vom 4. November 1930, ganz als Thomas Mann:

> »Was nun Ihren Wunsch in betreff des Tisches und des Stuhles betrifft, so würde ich ihn gewiß, schon aus eitler Empfänglichkeit für die Hitze Ihres Begehrens, gern erfüllen. Aber Sie wissen, ich stehe ja nicht allein, man hat Söhne, die sich einmal einrichten wollen, Golo zum Beispiel«.

In dieser Briefpassage, die zum Schmunzeln einlädt, ist mehr versteckt als auf den ersten Blick sichtbar wird. Der »Hitze des Begehrens«, das sich hier stellvertretend an persönliche Gegenstände des Epikers heftet, ist in all den Jahren vor und nach 1930 ein schlimmes Schicksal beschieden, das bei allem Glück, das Ida Herz die Freundschaft und Korrespondenz mit Thomas Mann gewährt, einen dunklen Schatten auf ihr Leben wirft. Ihre Liebe zu Thomas Mann findet zu keinem Zeitpunkt eine entsprechende Erwiderung. Es wird nicht sein. Es kann nicht sein. Es darf nicht sein.

Aus der Zeit ihres Besuchs in der Schweiz im Frühjahr 1934 –
Thomas Mann weiß sich in großer Dankesschuld ihr
gegenüber, hat sie doch im letzten Jahr mit Mut und
Umsicht entscheidend an der Rettungsaktion seiner Münchner Habe mitgewirkt – stammt der Tagebucheintrag:

> »Spaziergang mit der Herz, der ich auf gute Art zu ver-
> stehen gab, daß sie donnerstags reisen müsse (...) Zum
> Abendessen, nach dem Kino-Besuch, gab es Champa-
> gner, und später las ich in meinem Zimmer, auf Wunsch
> der Herz und um ihr das Mögliche zu bieten, ein Stück
> aus dem 3. Bande vor, die ›Feste Zel‹.«

Zum »Möglichen«, das er seiner Bewunderin zu bieten ver-
mag, zu bieten gewillt ist, gehören Spaziergänge zu zweit:
»Machte mit der Herz den schönen Schluchtspaziergang«,
notiert er einen Tag danach, am Mittwoch, den 28. März
1934. Die Zuzweit-Situationen aber sind es und werden es
sein, die den in der Ich-Verpanzerung des noli me tangere
Lebenden auf eine harte Probe stellen.

Auf seiten seiner liebenden Bewunderin scheint die Nähe
des Bewunderten zu merklicher Verkrampfung zu führen,
die Thomas Mann offenkundig genau registriert hat und die
in der Physiognomik Meta Nackedeys im *Doktor Faustus*,
dieses Mal verwendet er die Chiffriertechnik der Vertauschung, ihren Niederschlag findet: »ein verhuschtes, ewig
errötendes, jeden Augenblick vergehendes Geschöpf von
einigen dreißig Jahren, das beim Reden und auch beim
Zuhören hinter dem Zwicker, den sie trug, krampfhaft-
freundlich mit den Augen blinzelte und dazu kopfnickend
die Nase kraus zog«[1]. Angelegentlich aber löst sich die Verkrampfung, wenn sie in hysterischen Ausbrüchen ihre Fassung verliert. Thomas Mann weiß um ihre »leidenschaftliche
Fixiertheit auf meine Person und mein Werk«[2], reduziert
deshalb die Situationen ohne Dritte auf ein Minimum.

Und ein anderes gibt jener Antwortbrief auf das Tisch-
und Stuhl-Begehren von Ida Herz preis. Die Selbstbeschrei-
bung von der »eitlen Empfänglichkeit« für die »Hitze des
Begehrens« öffnet den Blick auf die Eigenart der Beziehung

zwischen dem Sohn Lübecks und der Tochter Nürnbergs. Denn es ist auf seiten Thomas Manns mehr denn nur Höflichkeit, daß sich zwischen beiden ein lebenslanger und derart umfangreicher Briefwechsel, in der Schwebe zwischen »Bekanntschaft« und »Freundschaft«, in der Ambivalenz von Empfänglichkeit und Aversion entwickelt. Im Medium des Briefes, der leiblichen Ferne, öffnet sich der Epiker seiner Bewunderin durchaus, erzählt er ihr von seinen persönlichen und Arbeitsschwierigkeiten, unterrichtet er sie über Familien-Interna, einmal sogar über den Krankheitszustand seiner Frau Katia. Sobald aber die Intimität die Grenze des fernverkehrlichen Briefes überschreitet, den körperlichen Nahraum erreicht, es gar zu nächster Nähe kommt, erhebt sich in Thomas Mann Widerstand, schreckhafte Abwehr, verliert er ganz einfach die Nerven. Bisweilen setzen bei ihm Mechanismen unkontrollierter Fluchthandlungen ein. Am 13. Juli 1953 notiert er, inzwischen hat die knapp zwanzig Jahre Jüngere das 60. Lebensjahr fast erreicht, dieses Vorkommnis ins Tagebuch:

> »Zum Abendessen die Herz. Tat mein Bestes, zeigte ihr das Kreuz der Ehrenlegion, gab ihr das Merkurheft mit dem Schluß der Novelle, die sie nicht versteht, erzählte bei Tisch eine oder die andere Anekdote. Als nachher K. und Moni Platten suchten und mich ihr auslieferten, verlor ich die Nerven, sprang auf und ging, zerquält und zerstört. – Las in den Illusions (von Balzac – F. K.) und nahm ein, um zu schlafen. Meine Arbeitsnöte und Unzufriedenheit, vielleicht der Föhn, das Haus, das ich nicht mag, und in dem die immerfort begegnende Schwebe-Fee von Mädchen mich wütend macht, – vieles kommt zusammen, mich um die Geduld zu bringen, mich zu reizen und zu zerrütten. – Regen.«

Bei der angesprochenen Novelle freilich handelt es sich nicht um irgendein Thema, sondern um das Schicksal einer älteren *Betrogenen*, die, spät noch einmal von Liebe für einen Jüngeren entflammt, ihre wiedereintretende Menstruation als erneuten Frühling ihrer Weiblichkeit mißdeutet.

In Wahrheit ist sie von akutem Gebärmutterkrebs gezeichnet. Novelle einer bitteren Desillusionierung. Thomas Mann war durchaus bewußt, daß er mit dieser in mehrfacher Hinsicht problematischen Erzählung bei der weiblichen Leserschaft auf wenig Gegenliebe stoßen würde. Am 17. Juni 1953 notiert er: »Die ›Betrogene‹ – eine Frauengeschichte, die offenbar nichts für Frauen ist. Die Herz schrieb gröblich dumm darüber.« Womöglich hat Ida Herz seine Novelle *Die Betrogene* besser verstanden, als dies Thomas Mann in jener Situation lieb sein mochte. Deren intuitives Verstehen mag ihm nun nahe gegangen sein, zu nahe, so daß es zuletzt zur Fluchthandlung kommt.

Von der ersten Stunde an hat sich Thomas Mann die verzehrende Bewunderung seiner Person und seines Werks nicht nur gefallen lassen, er hat auch an der Hingabe von Ida Herz Gefallen gefunden, eben aufgrund jener »eitlen Empfänglichkeit« für Devotion. Dies hat er ihr zeitlebens mit der unaufhörlichen, manchmal selbstoffenbarenden Erwiderung ihrer Briefe gedankt; Ausdruck einer gewiß reservierten, aber eben doch dankbaren Zuneigung. Es sind wenige Zeugnisse zur Hand, in denen Thomas Mann sich gegenüber Dritten zu Ida Herz äußert. Hierzu gehört der Briefwechsel mit Joseph W. Angell von der Yale University, gleichfalls ein Verehrer seines Werks, zum Zeitpunkt des Kennenlernens im Jahre 1935 knapp dreißig Jahre alt. Mit ihm über Ida Herz zu sprechen lag nahe, plante doch Angell ein Thomas-Mann-Depot in Yale, für das die Herz-Collection durchaus von Bedeutung gewesen wäre.

Zwei Briefpassagen sind besonders aufschlußreich, denn in ihnen manifestiert sich der ganze Zwiespalt Ida Herz betreffend. Im Brief vom 25. Juni 1937 schreibt Thomas Mann:

> »Überhaupt bin ich zufrieden, aus Ihrem Briefe zu ersehen, daß Sie der Person des Fräulein Herz und ihrer Sammlung gegenüber durchaus die richtige Einstellung haben. Es handelt sich um eine Verehrerin etwas exaltierten Charakters. Man sucht sich solche Freunde und Anhänger ja nicht aus, und unbeschadet der Dankbarkeit, die

ich der Dame für ihre leidenschaftliche Fixiertheit auf meine Person und mein Werk schuldig bin, gebe ich Ihnen durchaus recht, wenn Sie ihren etwas erregten Vorschlägen nicht allzu viel Gewicht beimessen. Daß sie eine Sammlung zusammengebracht, wovon manches Ihnen mit der Zeit nützlich sein könnte, will ich nicht leugnen.«[3]

Die Vorbereitung zur Übersiedlung von der Schweiz in die USA sind bereits in vollem Gang, das Unternehmen Yale-Archiv noch akut, Ida Herz steht als Kustodin zur Diskussion – da gibt Thomas Mann am 12. August 1938 zu bedenken:

»Was nun Ihre Anfrage wegen Fräulein Herz betrifft, so muss ich natürlich bei der Befürwortung des Gedankens, sie zu engagieren, einige Reserve einhalten. Ich habe niemals mit einem ihrer Arbeitgeber auf buchhändlerischem und antiquarischem Gebiet gesprochen und kann gewissenhafter Weise über den Grad ihrer Tüchtigkeit kein Urteil abgeben. Ihr enthusiastisches Verhältnis zu meinem Werk gibt ihr, so meine ich, ein gewisses inneres moralisches Anrecht auf den ihr zugedachten Posten, und auch ihrer Intelligenz traue ich es durchaus zu, daß sie ihn zur Zufriedenheit ausfüllen würde. Was meine Frau damals im Gespräch mit Ihnen meinte, war ein gewisser lastender Charakter ihrer Verehrung für mich, der sie manchmal zu Ansprüchen hinreißt, welche zu erfüllen mir sauer wird. Es bedarf da einer leichten Zügelung ihres Temperamentes, das vielleicht nicht immer von sichtbarstem Takt geleitet ist. Auf der anderen Seite hat sie vorzügliche Eigenschaften, Treue, Begeisterung, Gescheitheit, Zähigkeit, und auf keinen Fall möchte ich sie durch eine unnötige Einschränkung meiner Fürsprache um eine von ihr so heiß ersehnte Lebensstellung bringen, die tatsächlich in hohem Maße mit ihren Eigenschaften harmoniert. Ich kann sie mir wirklich als Verwalterin der Th. M. Collection recht gut vorstellen und würde ihr das Glück dieser Stellung von Herzen gönnen. Dass die Erwerbung der Herz'schen Sammlung eine bedeutende Vervollständigung der ›Collection‹ bedeuten würde, ist gewiß. Aber ich weiß nicht, wie weit sie heute darüber verfügen kann.«[4]

Jener »lastende Charakter ihrer Verehrung«, von Katia (!) pointiert: ihr ausbruchsfähiges »Temperament«, macht sich dann geltend, wenn es zur räumlich-sinnlichen Nähe kommt. Sobald Ida Herz sich ankündigt und leibhaftig erscheint, regen sich Thomas Manns Abwehrgeister. Deshalb ist es des öfteren zu Absagen oder Vertagungen von Besuchen gekommen, was sie wiederum zurückwarf aufs Medium des Briefes; zu prägnanter Form in den *Doktor Faustus* transferiert:

> »Die Nackedey und Kunigunde Rosenstiel sprachen abwechselnd in Pfeiffering vor. Sie brachten Blumen, Eingemachtes, Pfefferminz-Dragées oder was sonst der herrschende Mangel gewährte. Nicht immer, ja selten nur wurden sie vorgelassen, was keine von beiden beirrte. Kunigunde entschädigte sich im Falle der Ablehnung durch besonders wohlgesetzte, in reinstem und würdigstem Deutsch abgefaßte Briefe. Diesen Trost hatte die Nackedey freilich nicht.«[5]

Thomas Mann, um diese Zeit längst intimer Freudkenner, der Ida Herz in die Rosenstiel und in die Nackedey poetisch aufspaltet, scheint durchaus wahrgenommen zu haben, daß jene im Medium des Briefes ihr Begehren sublimieren kann. Von Ida Herz, darin ganz Rosenstiel, berichtet das Tagebuch von Thomas Mann, daß sie gelegentlich »schöne lila Tulpen« schickt oder: »die Herz, die Rosen brachte«. Tritt jedoch die nahräumliche Situation »zu zweit« ein, dann sind den Sublimationskräften Grenzen gesetzt und es kommt zur Überschreitung eben der Grenze, die Thomas Mann eingehalten zu sehen wünscht. Das ein oder andere Mal überkommt es Ida Herz. Dann tritt ein, was bei Thomas Mann Aversionen freisetzt, die sich bis zur Kopflosigkeit steigern; dafür hat er, namentlich im *Doktor Faustus*, eine wiederkehrende Bezeichnung: »Zudringlichkeit«.

Am »Freitag den 19. April (Charfreitag)« – was der Karfreitag für die Seele von Lutheranern bedeutet, braucht nicht lange ausgeführt zu werden: Schuld und Sühne, Düsternis und Einkehr –, kommt es offenbar zu einer der freilich in dieser Ausdrucksform seltenen Szenen, die nicht nur für die seltsame Beziehung zwischen Ida Herz und Thomas Mann, sondern nachgerade auch für dessen seelische Tiefenverfaßtheit aufschlußreich sind. Um diese Zeit weilt Ida Herz, noch in Nürnberg ansässig, für ein paar Tage in der Schweiz, täglich im Hause Mann anwesend. Es ist im übrigen das Jahr, aus dem die Biographen vorzugsweise jenes Zitatmaterial den Tagebüchern entnehmen, um Thomas Manns Beziehung zu Ida Herz zu charakterisieren, um nicht zu sagen: Ida Herz als arme Kreatur zu disqualifizieren. »Die Herz«, so der Eintrag, »hatte (ich) bis vor Itschnach auf der Pelle. Unglückselige und beschämende Aufdringlichkeiten der hysterischen alten Jungfer. Meine Starre dagegen und Kälte erinnert mich an Mama, die sich ähnlich gegen unerwünscht verliebten Zudrang verhielt. Immerhin gewährte ich zum Schluß einige allgemeine zuredende Gutmütigkeit, entschlossen aber, dies nicht wieder zuzulassen. Nachdem sie entlassen, setzte ich meinen Weg mit den Tieren in der Sonne fort, verfolgte die Zumikoner Straße weiter hinaus und ging dann über Johannisburg, in der Seele froh, die Lästige los zu sein und einiges Arbeitsnotwendige in mir erhellend.« Eine Passage gewiß, die für die konventionelle Mann-Biographik eine Überforderung darstellt, wohl aber ein El Dorado für Psychoanalyse aus dem Hause Freud, die Thomas Mann so sehr schätzte und der er soviel Dank abzustatten wußte. Diese und ähnliche Szenen samt ihren tiefen Wirkungen auf den Epiker werden Jahre später im *Doktor Faustus,* an zentraler Stelle, sublimiert-poetische Verwandlung erfahren. Die Karfreitags-Szene selbst steht in einem unmittelbaren Zeitkontext poetischen Schaffens. Thomas Mann arbeitet am »Sechsten Hauptstück« des Romans *Joseph in Ägypten.*

Zunächst die Redewendung »auf die Pelle rücken«, sie gehört zum Bestand der Alltagssprache; sie drückt in der

Regel ein unangenehm-antipathisches Gefühl infolge unzulässiger Grenzüberschreitung aus. In den ersten Schweizer Jahren scheint Thomas Mann überhaupt recht gereizt zu sein und allergisch zu reagieren: »Ein dummer junger Mensch, Flüchtling aus Deutschland, setzte sich uns lästig auf die Haut«, notiert er am 22. März 1934 ein Vorkommnis nach einer Lesung. Um je schon unerwünschter Nähe vorzubauen, sind in der Raum- und Sozialarchitektur Zonen der Distanz eingeplant; bei Thomas Mann allemal kultiviert und gesteigert bis zu jenem »Pathos der Distanz«, dem Nietzsche in der philosophischen Idealisierung der Vornehmheit Ausdruck verliehen hat. Seinem Adrian Leverkühn wird er dieses Pathos als wesentlichen Gesamthabitus zuschreiben. Das Pathos der Distanz, Feind aller duzfrohen »Tyrannei der Intimität« (R. Sennett) der laufenden Gegenwart, gründet in Berührungsscheu, die sich zur Berührungsangst auswachsen kann. Nachgerade exemplarisch vorgeführt im *Doktor Faustus*, dessen Held Leverkühn mit dem Attribut der »Weltscheu« wesentlich charakterisiert wird, wie überhaupt die ganze Leverkühn-Fabel im Problem der Berührung bzw. Verletzung durch Berührung fokussiert ist. Der Aphorismus 284 in Nietzsches *Jenseits von Gut und Böse,* Abschnitt: »Was ist vornehm?«, liefert die Vorlage und den Schlüssel zugleich:

»Mit einer ungeheuren und stolzen Gelassenheit leben; immer jenseits –. Seine Affekte, sein Für und Wider willkürlich haben und nicht haben, sich auf sie herablassen, für Stunden; sich auf sie *setzen*, wie auf Pferde, oft wie auf Esel – man muß nämlich ihre Dummheit so gut wie ihr Feuer zu nützen wissen. Seine dreihundert Vordergründe sich bewahren; auch die schwarze Bille: denn es gibt Fälle, wo uns niemand in die Augen, noch weniger in unsre ›Gründe‹ sehn darf. Und jenes spitzbübische und heitre Laster sich zur Gesellschaft wählen, die Höflichkeit. Und Herr seiner vier Tugenden bleiben, des Mutes, der Einsicht, des Mitgefühls, der Einsamkeit. Denn die Einsamkeit ist bei uns eine Tugend, als ein sublimer Hang und Drang der Reinlichkeit, welcher errät, wie es bei Berührung von Mensch und Mensch – ›in Gesellschaft‹ –

unvermeidlich-unreinlich zugehn muß. Jede Gemeinschaft macht, irgendwie, irgendwo, irgendwann –
›gemein‹.«[6]

Die Aversionsformel von der »alten hysterischen Jungfer«
im Karfreitagseintrag rekapituliert die wissende Ahnung
Thomas Manns, daß Ida Herz ihre Weiblichkeit ihm geopfert
hat (»verjungfert« sei die Rosenstiel). Just in jener Novelle,
deren Gehalt Ida Herz nicht verstanden haben soll, *Die
Betrogene,* wird die alte Vorstellungswelt der Hysterie auf-
gerufen, wonach hysterische Ausfälle in Abhängigkeit von
tatsächlichen oder eingebildeten Gebärmutterkrankheiten
gedeutet werden (griech. hystéra = Gebärmutter).

Schließlich die »Starre«, die ihn befällt, sobald er mit
»unerwünscht verliebtem Zudrang« konfrontiert wird, die
»Kälte«, die in der Figuration des Adrian Leverkühn zur
chronischen »Eiseskälte« stilisiert ist.

Die »Pelle« hat ihre Konnotation in der Verarbeitung von
Därmen zu Wursthüllen; unmißverständlich präsent in dem
»derben Gewerbe« der Kunigunde Rosenstiel: »Betrieb zur
Herstellung von Wursthüllen«. Die »Hysterie« kehrt wieder
in der Selbsttäuschung der »Betrogenen«, ihren Gebärmutterkrebs als wiedergewonnene Weiblichkeit verkennend. Die
»Starre« verweist auf das Hemmungssyndrom des Epikers. Es
ist schon aufschlußreich, daß jener Tagebucheintrag vom
19. April 1935, der von den »unglückseligen und beschä-
menden Aufdringlichkeiten« der Ida Herz berichtet, die Sze-
nenschilderung mit dem Halbsatz beschließt: »und einiges
Arbeitsnotwendige in mir erhellend«. Bei all ihrem Unange-
nehmen scheint die Szene katalytische Wirkung gehabt zu
haben. Denn woran arbeitet Thomas Mann in diesen Tagen?
An der »Figur der Mut«, Potiphars Frau, der er, wie er am
18. April notiert, »im Grunde lieber eine andere, hexen- und
zauberinnenhafte Nuance gegeben hätte«. Und wie ist das
Sechste Hauptstück von *Joseph in Ägypten* überschrieben?
»Die Berührte« setzt Thomas Mann zum Rahmentitel, deren
Einstiegsabschnitte lauten: »Die Verkennung«, »Die Öffnung
der Augen« und »Die Gatten«. Im Abschnitt »Die Öffnung
der Augen«, zu dessen Lesung er seine Bewunderin Ida Herz

ins Zürcher Radio-Studio mitnimmt, wird Mut-em-enets Traum erzählt; eine Wunschphantasie, reich an dissonanten Impressionen. Beachtenswert, daß Thomas Mann, als er in der Arbeit bereits zum »Siebenten Hauptstück« vorgerückt ist, mit einer Nofretete-Ansichtskarte (vom 30. Mai 1936) an Ida Herz noch einmal darauf zu sprechen kommt: »Die Karte schicke ich natürlich nicht ohne Zusammenhang, aber auch nicht als direkte Anspielung auf Mut«. Im Zentrum jenes seltsamen Traums, in dem neben dem »Granatapfel« »vergoldete Schenkelknochen« aufgeboten werden, steht Archaisches: der Kultus des Blutes und die »Befleckung« durchs Blut. »Befleckung« durch »Berührung« aber wird nicht nur zum Plot, zum Schlüsselvorgang im *Doktor Faustus*. »Nun hatte das Weib ihn berührt – und er war geflohen.«[7] »Befleckung« durch »Berührung« zieht sich wie ein roter Faden durch das epische Werk von Thomas Mann, mehr noch, dieser Vorgang berührt dessen seelische Tiefenschichten. Nicht zufällig werden jene »Zudringlichkeiten« von Ida Herz am Karfreitag 1935 »unglückselig« und »beschämend« geheißen.

In einem Vortrag über ihre Begegnung mit Thomas Mann, am 29. März 1976 im Londoner Emigrantenclub »1943« gehalten, befaßt sich Ida Herz mit dem Fonds, dem ihrer Ansicht nach das Lebenswerk von Thomas Mann erwachsen sei. Der sei »Sympathie«. Sie bezieht sich auf eine Passage im *Tod in Venedig*, woraus sie – nicht wörtlich – extrahiert:

> »Die tiefste Wirkung eines Kunstwerks geschieht auf Grund der Übereinstimmung zwischen dem persönlichen Schicksal des Urhebers und dem allgemeinen des mitlebenden Geschlechts und der eigentliche Grund des Beifalls ist Sympathie.«[8]

Die Eigentümlichkeit von »Sympathie« aber ist, daß sie *Nähe auf Distanz* beinhaltet. Als Einstieg zu diesem Vortrag zitiert Ida Herz aus Hermann Kestens Porträtskizze *Thomas Mann* (*Meine Freunde die Poeten*, 1959): »Was für ein humanes Vergnügen ist es, einen großen Mann zu kennen, der auch ein guter Mensch ist.«[9] Von derart naiver Zukurz-Deutung ist Ida Herz inzwischen weit entfernt. Ihr haben längst die chronische »Kälte« des Meistererzählers und dessen »geheime Quellen des Ressentiments« gedämmert, wovon bereits die *Erinnerungen an Thomas Mann* aus dem Jahre 1956 Kunde geben. Im Vortrag von 1976 geht sie noch einen Schritt weiter in der Ergründung der Bedeutung der »Sympathie« für Thomas Mann. Bereits nahe am Problemkern zitiert sie aus einem Brief des Epikers an Hans Mayer, Echo der Diskussionen um den *Doktor Faustus*, dem der Literaturkritiker eine instruktive Studie[10] gewidmet hat:

> »Das Persönlichkeitskapitel, zu dem ein rasches, resigniertes Wort von mir Anlaß gab, tat mir etwas weh, denn ich bin ein Liebender – das Wort ›Liebender‹ ist unterstrichen – und möchte nicht als der Ungeliebte dastehen. Nein, eine Persönlichkeit, in dem etwas komischen Sinn, den bei mir das Phänomen annimmt, und den es auch wohl wirklich hat, so ein Geniekopf, dekorativ, zwingend, gesellschaftlich überwältigend, bin ich nicht, kein Wagner, Björnson, Hauptmann (der schon fast Karikatur war). Aber hatten Rilke, Hofmannsthal und andere diesen Aplomb, diese Expansivität? Sie sagen von Adrian Leverkühn einmal ungefähr, bei aller Kühle, Distanziertheit, Unausgiebigkeit, Verschlossenheit, sammle er doch immer Liebe, Ergebenheit, Hingabe um sich, – eine Beobachtung, die mich ergriff.«[11]

Dann schließt Ida Herz eine weitere Passage aus dem Brief an Hans Mayer an, die vermuten läßt, daß sie ahnt, in welchem Zusammenhang Thomas Mann Sympathie schätzt und in welchen Zusammenhängen deren Bezeugung ihn erstarren läßt. Zwar sei ihm das persönlich Suggestive nicht fremd,

> »und doch kommt das Suggestiv-Persönlichkeitsmäßige vor Menschen – und hier ist das Wörtchen ›vor‹ unterstrichen (schiebt Ida Herz ein – F. K.) – *vor* Menschen manchmal zu seinem festlichen Recht, in Sälen, Theatern, wo denn meine Vorträge und Erzählungen, wenn

ich sie selbst nach dem Manuskript produziere, fünfmal besser, zündender und gewinnender, bannender sind denn Lektüre.«[12]

Ida Herz hat den Punkt getroffen mit der feinsinnigen Betonung der Sperrung des Wörtchens »vor«, denn es reflektiert jenes Moment der Distanz, das Thomas Mann, bei allen Nähe stiftenden Sympathiebezeugungen und -beziehungen gewahrt wissen mochte. »Sympathie ist das Zauberwort«, resümiert Ida Herz. »Wo er sie fühlte, schloß er sich auf.« Sie hatte das Privileg, ihn aus nächster Nähe *vor* Menschen lesen zu hören, das Manuskript gleichsam als Schranke zwischen sich und den anderen:

> »Aber wie gewinnend, bannend und zündend seine Vorlesung erst noch unter der Leselampe, in seinem Arbeitszimmer, im kleinen Familien- und Freundeskreis wirkte, wenn das am Morgen Vollendete gewissermaßen noch warm war von der Schöpferhand, das lebt in meiner Erinnerung wie ein gestriges Erlebnis.«[13]

Wenn aber – so hätte sie fortfahren können, hätte sie Erlebnisse, Vorkommnisse wie jenes vom Karfreitag 1935 nicht ausgeblendet, womöglich verdrängt – aus dem gewährten »vor den Menschen« eine unerwünschte Sympathiebezeugung von Menschen, gar noch mit körperlicher Nähe bis hin zur Berührung wird, dann tritt jene im Tagebuch bezeichnete »Starre« ein, Ausdruck von tiefsitzender Abwehr.

Thomas Mann hat zweifellos die Sympathiebezeugungen, die tiefe hingebende Verehrung von Ida Herz für ihn und sein Werk genossen. Nistet nicht im bedeutenden Künstlertum feinster Narzißmus? Zu Recht hat sie in ihren späteren Vorträgen, nach seinem Tode, unterstrichen, daß für ihn das Korrelat der Sympathie im »Vertrauen« zu suchen sei: »Ja, auf das Vertrauen kam es an. Es war beglückend, daß ich erfahren durfte, daß Thomas Mann zu mir Vertrauen hatte, und in meinem Vertrauen zu ihm, wurde er mir vertraut«[14], referiert sie 1956, ein Jahr nach dem Ableben ihres Freundes. In lebensgeschichtlicher Perspektive konfundieren Sympathie und praktisch erprobtes Vertrauen schließlich im kristallinen

Ausdruck der »Treue«. Gerade für die Treue, für ihr »Zu-ihm-halten«, wie er 1933 einmal schreibt, namentlich in kritischen Lebenszeiten, wird Thomas Mann sich bis hin zu den letzten Briefen an Ida Herz, kurz vor seinem Tod im Jahre 1955, bedanken. Denn ihrer Treue verdankt sich, daß er ihr, über alle Unstimmigkeiten, Mißhelligkeiten und problematischen Vorkommnisse hinweg, ebenfalls die Treue hält, die ihren Ausdruck im Briefwechsel, den Widmungen und nicht zuletzt immer wieder in praktischer Hilfe für sie findet.

Anders, ganz anders aber, wenn die Sympathiebezeugung in eine Nähe umschlägt, die Thomas Mann als unerwünscht und unerträglich (»verliebter Zudrang«) empfindet; dann ist in ihm Tiefstes aufgewühlt, und es stellt sich die Erinnerung an die »Mama« ein, »die sich ähnlich gegen unerwünschten (hinzuzufügen wäre: unerlaubten – F. K.) Zudrang verhielt.« Von wem aber erfährt eine Mutter zuerst unerwünschten, weil unerlaubten Zudrang? Der Kundige sei auf die inzestthematische Erzählung *Der Erwählte* (1951) aufmerksam gemacht. Einmal kommt es gar zum nächtlichen Alpdruck, die geschwisterliche Konkurrenz ebenso wie die Kontrollinstanz beim einfachen Namen nennend. »Geschlafen und schwer geträumt, zornig, von Heinrich, der eine bleiche Mischung mit Papa einging.« Die Gründe der Homoerotik Thomas Manns zu ergründen, ist hier nicht der Ort. Zwei Tage später, am 29. Oktober 1936 dann dieser Tagebucheintrag: »Brief(e) diktiert an (...) die Herz, der ich die Einladung verweigerte.« Daß das Porträt der Mutter im *Doktor Faustus* anders, kontrastierend zu jenem Karfreitagseintrag ausfällt, Adrian liebevollen Streichelns sich erfreut, sei wenigstens angemerkt. Allemal eine Nuance der Wunschdifferenz zwischen gelebter und erzählter Wirklichkeit.

Ist je eine Frau so un-verschämt ihm nahe gekommen wie Ida Herz angelegentlich ihres hysterischen Ausbruchs vom Karfreitag? Im Herbst 1935, also wenige Monate nach jenem Vorkommnis, das in ihm die Reserviertheit seiner Mutter gegenüber Berührungen wachruft, steht neuerlich ein Besuch von Ida Herz an, »einer Haut«, die er »nun einige

Tage in Kauf zu nehmen« habe, wie er am 14. April 1935 notiert. Dieses Mal ist sie auf der Flucht aus dem Nazi-Nürnberg. Neuerlich droht, bei allem Mitgefühl für das Schicksal dieser Jüdin, die unerwünschte, zu verschärfter Reizbarkeit führende Nähe der »unselige(n) Herz, die an meinen Mienen hängt, namenlos lästig und enervierend, besonders da meine Nerven durch die geistige Abendanstrengung reizbar waren«, wie der Eintrag vom 16. April lautet. »Unselige Herz«, präziser ist deren Fatum nicht zu bezeichnen. Stets erscheint sie in dieser Zeit leibhaftig vor ihm, als die Umstände nicht ungünstiger sein konnten: anhaltende Unentschiedenheit im Verhältnis zum Exil bzw. zu Deutschland, dabei Nachrichten über das bittere Los der Juden dort: »berechtigter Schrecken der deutschen Juden« (Tagebuch, 12. September 1935). Davon nicht unwesentlich beeinflußte Produktionsschwierigkeiten. Dann am 17. September 1935 die »überrumpelnde Nachricht vom Eintreffen der aus Nürnberg flüchtigen *Herz*«. Die Serie der nachfolgenden Tagebucheintragungen »Zu Tische leider die Herz« läuft aus mit der nunmehr gelasseneren Notiz vom Sonntag, den 27. Oktober 1935: »Zum Essen die Herz«; wenige Zeilen später der Einzelheiten-Bericht über eine Handlung, deren Zeitpunkt kaum zufällig ist: »Dann große Mengen lagernder alter Briefe vernichtet.« Von einem ähnlichen Autodafé berichten später die kalifornischen Tagebücher, weshalb der Forschung der Zugang zu den turbulentesten Lebens- und heikelsten Liebespassagen des Poeten für immer versperrt bleibt, sind doch nur die Tagebücher zwischen 1918 und 1921 und 1933 bis 1955 vorhanden. Noch einmal, im Herbst 1950, erwägt Thomas Mann ein ähnliches Unternehmen zur Wahrung der Diskretion für immer. Dieses aus Anlaß des optisch-homoerotischen Erlebnisses mit einem Franz Westermeier. Nach Rückkehr aus Europa trägt er mit Zeichen P. P., Pacific Palisades, ins Tagebuch ein, er trage sich »mit dem Hintergedanken übrigens alle Tagebücher in irgendeinem sich empfehlenden Augenblick zu verbrennen« (15. September 1950).

Was ist zwischen der »überrumpelnden Nachricht« vom Eintreffen der Herz und der Beseitigung von Briefen, also zwischen dem 17. September und 27. Oktober 1935 geschehen? Hermann Kurzke hat die Vorkommnisse, die im Frühsommer 1934 gleichsam vorgebahnt werden, in seiner Biographie über Thomas Mann unter der Kapitelüberschrift: »Homoerotik der Lebensmitte«, im engeren im Abschnitt »Klaus Heuser und Amphitrion« verhandelt. Allerdings, und er ist nicht der einzige unter den Biographen, in auffälliger Ignoranz des inneren Zusammenhangs mit dem Problem der Nähe zwischen Ida Herz und Thomas Mann. Weil den Biographen der Konnex zwischen »Klaus Heuser« und »Ida Herz« nicht aufzugehen scheint, kommen sie in bezug auf Ida Herz zu den sattsam bekannten oberflächlichen Einschätzungen. Kurzke zitiert den entscheidenden Tagebucheintrag vom Sonnabend, den 21. September 1935 aber zu kurz, bricht, reflexionslos, zu früh ab.

> »Danach einige Schreibtischtätigkeit. Darin unterbrochen durch den Besuch *Klaus Heusers*, der über Zürich gereist, mich 10 Minuten wiederzusehen. Unverändert oder wenig verändert, zart, knabenhaft geblieben mit 24, die Augen die gleichen. Sah viel in sein Gesicht und sagte ›Mein Gott‹. Merkwürdig genug, daß ich hier noch kürzlich seiner gedachte, mit der Dankbarkeit, die ich auch in seiner Gegenwart wieder für damals empfand. Er erwartete, daß ich ihn küßte, ich tat es aber nicht, sondern sagte ihm nur vorm Abschied etwas Liebes. Es ging sehr rasch, er mußte bald fort.«

Hier endet Kurzke. Aber die Eintragung läuft weiter: »Ich ging mit Reisiger durch den Wald spazieren. Zu Tische leider die Herz.« Diesen letzten Satz nimmt Kurzke wiederum als Überschrift des weit davon entfernt plazierten Herz-Kapitels. Aber erst im Kontext erschließt sich diese Passage.

Zu Recht rechnet Kurzke die Beziehung zu Klaus Heuser zu den »großen Erlebnissen« Thomas Manns. Nicht zuletzt bestätigt durch dessen Tagebucheintrag vom 20. Februar 1942:

> »Las in alten Tagebüchern aus der Klaus Heuser-Zeit, da ich ein glücklicher Liebhaber. Das Schönste und Rüh-

rendste der Abschied in München, als ich zum ersten Mal ›den Sprung ins Traumhafte‹ tat und seine Schläfe an meine lehnte. Nun ja – gelebt und geliebet. Schwarze Augen, die Tränen vergossen für mich, geliebte Lippen, die ich küßte, – es war da, auch hatte ich es, ich werde es mir sagen können, wenn ich sterbe.«

Die Zeit der Heuser-Leidenschaft datiert zurück ins Jahr 1927, auch jene »Vorsprachen des Betörten in Düsseldorf« (H. Kurzke), also jener Stadt, die den Schauplatz der Erzählung nicht mit dem Titel *Der,* sondern *Die Betrogene* abgibt. Die Erinnerung wallt im Herbst 1935 wieder auf: »Gedanken an jene Zeit und ihre Leidenschaft, die letzte Variation einer Liebe, die wohl nicht mehr aufflammen wird«, so der Eintrag vom 14. September 1935.

Wahrlich eine »unselige Herz«, die leibhaftig in der Nähe ist zu einer Zeit, als des Poeten Empfindungen in die Ferne schweifen und in die Tiefe tauchen. Kein Wunder, daß seine Aversionen bis zur kaum mehr gezügelten Aggressivität gegen sie sich steigern, als sie nach ihrer Flucht aus Nürnberg, in den Tagen der »Verabschiedung« der »Blutgesetze«, in Küsnacht weilt. Hier die auf harte Proben der Nähe gestellte Pflicht und Schuldigkeit gegenüber Ida Herz, dort die wehmütige Erinnerungen hervorrufende Begegnung mit Klaus Heuser.

Noch einmal begegnet Thomas Mann Klaus Heuser im September 1954. Lakonische Tagebuchnotiz vom 29. August 1954: »Ist unverheiratet geblieben.« Im übrigen wie Ida Herz.

Zur »Galerie« der »großen Erlebnisse« zählt aber auch Paul Ehrenberg. Die Paul-Ehrenberg-Zeit, eine schwierige, homoerotisch durchfärbte Beziehungsaffäre, datiert um 1900; eine Zeit, in der Thomas Mann synchron, es ist im Mai 1901, in Florenz in ein Mädchen sich verguckt. In diese Zeit fällt aber auch jener »Drei-Zeilen-Plan« für das Werk der Werke, das Lebensbuch *Doktor Faustus*; gleichsam ein Sozio- und Psychogramm teils verschlüsselter Beziehungserlebnisse des Epikers. Eines davon scheint im *Doktor Faustus* in Gestalt des »Rüdiger Schildknapp« auf, gleichsam das männliche Pendant zu den weiblichen »Schildwachen« Meta Nackedey und Kunigunde Rosenstiel. Für diesen »Schildknapp« hat eben jener Hans Reisiger Pate gestanden, mit dem Thomas Mann am 21. September 1935, nach seinem zehnminütigen Wiedersehen mit Klaus Heuser, durch den Wald spazieren geht, um bald danach Ida Herz »leider« zu Tische zu haben. Aber auch jener Paul Ehrenberg von 1900 findet im *Doktor Faustus* seine poetische Verwandlung. Der Jugendfreund kehrt hier wieder als »Rudi Schwerdtfeger«. Es ist diejenige Figur, die vielleicht die aufschlußreichste darstellt für Thomas Manns ureigenes Problem der Nähe, in Sonderheit auch der Nähe zu Ida Herz. Das Schicksal des Geiger-Virtuosen Rudi Schwerdtfeger liest sich nachgerade wie ein an Freud geschulter Kommentar zu jener Karfreitagsszene im April 1935, als der Ausbruch zudringlicher Verliebtheit bei Ida Herz in Thomas Mann Starre und die Erinnerung an seine Mutter bewirkt.

»Haben Sie wahrgenommen«, schreibt Thomas Mann an einen Fritz Kaufmann, der in New York über den *Faustus* geschrieben hatte, »daß Adrian ihn (Rudi Schwerdtfeger – F. K.) tötet, weil er ihn schließlich liebt?«[15] Die Situation der Shakespeare-Sonette habe dabei Modell gestanden. Gewiß, aber auch Real-Erfahrungen. Nicht umsonst hat sich Thomas Mann Freuds psychoanalytische Diagnostik angeeignet. Jenseits aller Naivität hat er wie jener gewußt, daß die Welt der Gefühle voller Zweideutigkeiten ist, Ambivalenz und Widerstreit das Wesen von Gefühlslagen ausmachen, Liebe und Haß sich verschlingen. Mehr noch, er ist im Bilde darüber, daß Poesie dem Tagtraum verwandt ist, was Freud hinreichend belegt hat. Der Tagtraum und zumal die Traumarbeit des Nachts verfügen über die eminente Fähigkeit der Verdichtung und Vertauschung von Personen sowie der Verzerrung von Situationen in ihr schieres Gegenteil. Dem hat, lange vor seiner Freud-Lektüre schon, Thomas Manns poetische Technik stets Rechnung getragen. Wenn, dann liegt seine spezifische Meisterschaft in der Erzählkunst des Zweideutigen, im Verfahren der Vertauschung, Verdichtung und Überblendung. Mischbildung durch Überblendung, das ist es, was Thomas Mann im *Doktor Faustus* bis an die Grenze des Erträglichen, will sagen: Deut- und Lesbaren treibt.

In jenem bereits zitierten Kapitel seiner Thomas-Mann-Biographie »Homoerotik der Lebensmitte« erinnert Kurzke daran, daß Thomas Mann zur Zeit seines Klaus-Heuser-Erlebnisses im Jahre 1927 an seinen Sohn Golo schreibt: »Nun, bist du froh, daß er weg ist, der Grasaff?« Die Anspielung wird sodann aufgehellt: »Der Grasaff! Ist er weg?« fragt Mephisto in Goethes Faust. Und Kurzke schließt: »Klaus Heuser spielt Gretchen, Thomas Mann Faust und Mephisto zugleich.«[16]

Thomas Mann, der Meister der »doppelten Optik«, die nicht zufällig ein Mann vom Kaliber Carl Schmitts[17] beobachtet hat, hat stets zwei Techniken, die ansonsten der Traumarbeit eigen sind, favorisiert: die Arbeit der Verdichtung und die der *Verschiebung*. Namentlich letzterer verdankt sich die Zeichnung der Person und des Schicksals von Rudi Schwerdtfeger, dem Violinisten. Ob er sich in diesem Fall bis ins letzte der Verschiebungsarbeit bewußt war, muß ebenso offen bleiben wie umgekehrt die Frage unbeantwortet bleiben muß, ob Ida Herz um Thomas Manns homoerotische Disposition gewußt hat. Es gibt keine eindeutigen Hinweise darauf, auch ihr Artikel *Thomas Manns Bekenntnis zu Platen* (1930), worin sie auf den Nexus von »Liebe und Tod« eingeht, liefert diesbezüglich keine klaren Auskünfte. Gut möglich aber – es ist damals eine gänzlich andere Zeit gewesen –, daß sie darum gewußt oder es zumindest geahnt, es aber ignoriert und auch für sich tabuiert hat.

Wie auch immer, das Porträt Rudi Schwerdtfegers enthält an wesentlichen Stellen Elemente, die sich in den Tagebüchern im Kontext der Porträtierung von Ida Herz finden. Zufall? Kaum. Höchstens, daß es sich um einen unbewußten Transfer handelt, um einen jener zahlreichen Verschiebungs- (und Verdichtungs-)Akte, die dem Verfahren der Chiffrierung durch Überblendung, welches einem Empfindungstyp wie Thomas Mann geradezu eingeschrieben ist, zugrunde liegt. Vertauschungs- und Umkehrungsakte, die mal von Mann (Klaus Heuser) zu Frau (Gretchen), mal von

Frau (Ida Herz) zu Mann (Rudi Schwerdtfeger), einmal von der Wirklichkeit zur Literatur, das andere Mal von der Literatur zur Wirklichkeit führen können.

Der »guten Herz« in den Briefen Thomas Manns respondiert der »gute Rudi« im *Doktor Faustus*. Dem »armen Wurm I. H.« der »arme Rudi«; beide werden des öfteren ins Licht des Kreatürlichen gerückt. Vor allem hat die Fatalität konnotierende Bezeichnung »unselige Herz« ihren Widerschein in Rudi Schwerdtfeger als dem »Unseligen«. Schließlich, und ins Herz des Problems der Nähe bei Adrian Leverkühn und dessen Schöpfer vorstoßend, wird zumal im Schock der Berührung der Transfer des Ida Herz-Erlebnisses auf die Figur des Rudi Schwerdtfeger offenbar, die Verschiebung von Erlebnissen der Art vom Karfreitag 1935 auf die Widerfahrnisse des Adrian Leverkühn in der Nähe des Geigers, dem er sein schwächstes Werk widmet, ein zuckriges Violinkonzert, das er auf dessen Betteln hin schreibt (wie Beethoven und Alban Berg beläßt es auch Leverkühn bei einem Violinkonzert). Ruft die unerwünschte Nähe, die *versuchende Berührung*, der unbeherrschte Ausbruch von Liebesbezeugungen im Falle der Ida Herz bei Thomas Mann starke, angstgrundierte Abwehr, ja Abscheu mit kaum mehr zu verbergenden Aggressionswünschen gegen die »Versucherin« hervor, nachdem sie die Grenzen der Statthaftigkeit, der von Thomas Mann lizenzierten Nähe überschritten hat, indem sie ihm einfach zu nahe gekommen ist, so bleibt es im poetischen Kontext des *Doktor Faustus* nicht bei gebremsten Wünschen, zumal jenem Rudi Schwerdtfeger die Unart des Zunahekommens gleichsam erste Natur ist. »Dabei drückte er«, so die Schilderung eines der beiden alter egos Thomas Manns, Serenus Zeitblom,

> »Adrians Knie, wie es seine Art war. Er gehörte zu den Menschen, die immer zugreifen, berühren (Herv. – F. K.), anfassen müssen, den Oberarm, den Ellbogen, die Schulter. Er tat es sogar bei mir und sogar bei Frauen, die es meistens nicht ungern hatten. –«18

Schon Nietzsche, biographisches Modell für Leverkühn, hatte in *Jenseits von Gut und Böse* seinen symptomatischen

Widerwillen gegen falsche Vertraulichkeiten, nicht erbetene Zutraulichkeiten, Zu- und Aufdringlichkeiten, aufschlußreich kundgetan. Aber nicht nur in der Berührung an sich liegt die Pointe der Aversion, sondern vor allem darin, daß die Initiative nicht bei dem liegt, dem sie gilt. Darin scheinen Nietzsche, Thomas Mann und last not least Adrian Leverkühn in seelischer Tiefenverwandtschaft zu stehen.

So als ob er soeben das Karfreitagserlebnis mit Ida Herz vom 19. April 1935 niedergeschrieben hätte, schildert Thomas Mann jene Szene zwischen Adrian Leverkühn und Rudi Schwerdtfeger, die diesem, um eine ominöse Formulierung Adrians zu verwenden, noch zum Unheil ausschlagen wird; – wer assoziiert nicht jene Leselampen-Erinnerungen von Ida Herz herbei, die Lesungen des Zauberers im kleinsten Kreis.

»Es waren heiter erregte Abende, wenn er uns, das heißt mir, Schildknapp, auch wohl Rudi Schwerdtfeger, der es sich nicht nehmen ließ, ein und das andere Mal dabei zu sein, im tieffenstrigen Nike-Saal auf dem alten Tafelklavier neu Geschriebenes aus seinen wunderlichen Partituren vorspielte, in denen das harmonisch Herrischste, rhythmisch Labyrinthischste auf das *Einfältigste* (Herv. – F. K.) – und eine Art von musikalischem Kindertrompetenstil wiederum auf das stofflich Ausgefallenste angewandt war. Das Wiedersehen der Königin mit dem nun heiligen Mann, den sie ihrem Bruder geboren, und den sie als Gattin umfangen, entlockte uns Tränen, wie sie nie unsre Augen genetzt hatten, aus Gelächter und phantastischer Ergriffenheit ganz einmalig gemischt; und Schwerdtfeger, in entfesselter Zutraulichkeit, nahm die Lizenz des Augenblicks wahr, indem er mit einem ›Das hast du großartig gemacht!‹ Adrian umarmte und dessen Kopf an den seinen drückte. Ich sah Rüdigers ohnedies schon bitterlichen Mund sich mißbilligend verziehen und konnte selbst nicht umhin, ein ›Genug!‹ zu murmeln und die Hand auszustrecken, wie um den Hemmungslosen, Distanzvergessenen zurückzuholen.«[19]

Am Ende bezahlt der »Distanzvergessene« die Versuchung des »heimgesuchten« Leverkühn mit dem Tode, so wie der

Zauberer in der Novelle *Mario und der Zauberer* den Mißbrauch der Lippen (»mißbrauchte Lippen«[20]), die hypnotische Inszenierung der »Seligkeit« des Kellners Mario. Geschossen wird in beiden Fällen. »Zum Thee Adorno wegen des Manuskripts. Vorzüglich begeistert von Ines R. und den beiden Einfältigen«, lautet der Tagebucheintrag vom 4. Juli 1946. Um diese Zeit ist der Soziologe Adorno – Thomas Mann hat ihm im *Faustus* ein Gedenken eingraviert mit der Nennung von dessen jüdischem Vaternamen: »Wiesengrund«[21] – unentbehrlicher musiksoziologischer Berater des Epikers. Mit den »beiden Einfältigen« sind Meta Nackedey und Kunigunde Rosenstiel gemeint, die offenbar wenig, zu wenig vom Seelen- und Triebleben des Adrian Leverkühn, von dessen Homoerotik, dessen über ihn im Pakt mit dem Teufel generell verhängtes Liebesverbot als Preis für genialische Inspiration und Produktivität wissen. Mit Ines R. ist jene Figur angesprochen, die als Vollstreckerin des Fatums von Rudi Schwerdtfeger, des »Distanzvergessenen«, auftritt, getrieben von Eifersucht, nachdem Rudi eine andere, Marie Godeau, geheiratet hat. (Daß für die ganze Tragikomödie am Rande der Kolportage – Kunst und Kitsch sind sich bisweilen nahe – Nietzsches Werben um Lou Salomé Modell gestanden hat, braucht hier nicht weiter ausgeführt zu werden.) Wo nun spielt jene Ines Rodde für Rudi Schwerdtfeger, den Adrian wohl liebt, der ihm aber, im »verliebten Zudrang« ohne Lizenz, zu nahe getreten ist, Schicksal, um das verletzte »Würdegefühl« des deutschen Tonsetzers gleichsam zu rächen? In einer Trambahn! Eine Szene, die die Mann-Biographen vorzugsweise zu vergegenwärtigen imstande sind, während sie die andere, in der Chronologie der Romanhandlung erste Trambahnszene nicht in den zugehörigen Kontext zu bringen wissen. Die chronologisch erste erzählt von der Begegnung zwischen Meta Nackedey und Adrian Leverkühn. Die zweite erzählt davon, wie jene Ines Rodde in einer Münchner Straßenbahn Rudi Schwerdtfeger, der sie verschmäht hat, mit einer Pistole, darin dem Kellner Mario gleich, niederstreckt. Die Wege der poetischen Verwandlung sind so seltsam wie die Gottes ...

»Gefährliche Nähe«, so könnte ein Essay über die Berührungsscheu von Thomas Mann betitelt werden eingedenk des Nietzsche-Wortes, daß es zum Vertrauen keiner Vertraulichkeit bedürfe. »Unseliges ›Du‹«, »blauäugige Belanglosigkeit«, wie es in bezug auf das ambivalente Verhältnis von Adrian zu Rudi heißt. Wie fern freilich das Zeitalter, in dem öde Duzerei als »unselig« gelten konnte. Vom *Doktor Faustus* wird man füglich sagen dürfen: es ist der Roman von Thomas Mann, der gleichsam auskomponiert ist. Und so ist es kein Dahinschreiben, wenn just im Zusammenhang der Schilderung der Anrede-Problematik zwischen Adrian Leverkühn und Rudolf Schwerdtfeger *Nürnberg* Erwähnung findet, wo letzterer »ein eigenes Konzert gegeben und namentlich durch eine vorzügliche Wiedergabe der Partita E-Dur von Bach (für Violine allein) bei Publikum und Presse Aufsehen erregt.«[22]

Bis zuletzt bleibt es zwischen Ida Herz und Thomas Mann beim Distanz haltenden »Sie«. Ida Herz erfährt die Bezeichnung »unselige Herz«, weil »es« sie das eine oder andere Mal überkommt und sie sich in den Augen Thomas Manns der »Distanzvergessenheit« schuldig macht. Der tabuierte, »verliebte Zudrang«, den schon seine »Mama«, er sagt bezeichnenderweise an dieser Karfreitags-Tagebuchstelle nicht »Mutter«, erstarren ließ. Und wahrlich, Ida Herz ist ein »Pechvogel« gewesen. Einem Fatum gleich, taucht sie immer in seiner Nähe auf, wenn der in einem Zustand höchster Reizbarkeit ist. In solchen Zuständen mag er nicht einmal per Brief behelligt werden, zumal dann, wenn es um sein Seeleninterieur geht. Am 8. Dezember 1937, im Winter jenes Jahres weilte sie als Reisebegleiterin einer Engländerin in der Schweiz, schreibt er ihr nach London:

> »Liebes Fräulein Herz, Dank für den interessanten Ausschnitt, der mir Heimweh nach dem Joseph machte. Sie müssen sich meinetwegen keine Gedanken machen. Ich bin gesund und mein Leben fliegt ohne bemerkenswerte und berichtenswerte Ereignisse dahin. Mit kleinen Sendungen habe ich Sie ja auf dem laufenden gehalten. Ich bin aber unsinnig beschäftigt, betreibe mit Hochdruck

die jetzt zu erledigenden Arbeiten, um sie hinter mich zu bringen, muß nebenher hundert Ansprüchen gerecht werden und habe ja mehrfach erwähnt, daß ich zum Briefschreiber nicht tauge. Sie sollten die Nervosität, die mich ohnehin plagt, weil ich meine dichterischen Arbeiten so lange vernachlässigen muß (erst im Mai werde ich wieder daran denken können, auch nur mit ›Lotte in Weimar‹ fortzufahren, vom Joseph garnicht zu reden) nicht mit Klagen und Forderungen erhöhen. Wenn ich etwas gegen Sie hätte, würde ich's Ihnen schon sagen. Ich habe aber nichts gegen Sie als eben dies.«

Freilich, sie ist nicht die einzige, die seine Zustände der Überreizung zu spüren bekommen hat. Am 4. Juli 1934, das »Leiden an Deutschland« ist akut, notiert er anläßlich eines nun alles andere als fremden Besuchs ins Tagebuch:

»Meine Gereiztheit und nervöse Belastung durch die Alten, namentlich den albernen und dürren Widerspruchsgeist von K.'s Mutter, eine Objektivität, die geistige Überlegenheit vorstellen soll, aber nichts als Unwissenheit und dünkelhafter Selbstschutz ist, ist sehr groß. Sie erfordert Selbstbeherrschung, und mir bangt vor einer Verlängerung des Aufenthaltes aus Gründen der Besorgnis (...) Auch irritiert mich das senile und schon recht hemmungslose Gejökel des Dreiundachtzigjährigen mit dem hübschen Stubenmädchen.«

Es ist nicht zu gewagt, im Zusammenhang mit Ida Herz oder seinen Schwiegereltern, aber auch mit anderen Personen jüdischer Abkunft, Theodor Lessing ist da nur das Paradebeispiel, die begründete Vermutung zu äußern, daß er – in Momenten seelischer Erregung – im »Jüdischen« etwas wähnt, das mitverantwortlich sei an seinem Debakel, der Trennung von Deutschland.

Jenseits aller Sachverhalte und Erfahrungsgehalte aber waltet zwischen Thomas Mann und Ida Herz Sympathie, gründend im erprobten Vertrauen und sich verfestigend zur freundschaftlichen Treue, die auf seiten Thomas Manns mehr enthält als jene »Gutmütigkeit«, die er, darin freilich Nietzsche verwandt, gerne und stets sich attestiert hat. In der Treue zu Ida Herz sind mehrere Komponenten verklammert: der Dank für ihre erprobte Hilfsbereitschaft; der Dank aber auch für die Bewunderung, die sie für ihn und sein Werk hegt. Vor allem aber ist Ida Herzens Wort von der »Leidensgemeinschaft« zu erinnern. Mögen auch die lebensgeschichtlichen Leiden der beiden erhebliche Verschiedenheit ausweisen, im Leiden ist Nähe gesetzt: im Leiden an Deutschland, in der Leiderfahrung des Exils, im Schmerz des Außenseitertums, endlich aber und gerade auch im Liebesverbot. Er verhängt es über sich, über sie ist es verhängt.

Wenige Jahre vor ihrem Ableben, am 29. Januar 1979, schreibt sie an den ihr inzwischen vertrauten Klaus W. Jonas, im Nachtrag zum größten Schmerz ihres Lebens, den Tagebüchern ihres Epikers:

> »Einige Briefe, die ich ihm seinerzeit schrieb, besitze ich in Abschrift. Oft habe ich gedacht: jetzt werde ich nie wieder von ihm hören – trotzdem hätte ich nichts zurückgenommen, was ich ihm da geschrieben hatte. Aber er war immer wieder versöhnlich, wenn er nicht eingelenkt hätte, glauben Sie mir, ich hätte es niemals getan. Wie, liebe Freunde, reimt sich das aber mit dem zusammen, was er in seinem Tagebuch über sein Verhältnis zu mir schrieb? Was soll, was darf man glauben?«[23]

Es bleiben Rätsel, die nicht mehr gelöst werden können, nicht nur, weil das Material hierzu vernichtet, verschwunden oder verschollen ist. Dies aber ist gewiß, mit zunehmender Altersgelassenheit, die auch seine Tochter Erika an ihm beobachtet, obsiegt die dankbare Zuneigung Thomas Manns zu seiner Bewunderin und Helferin in der Not. Zu ihrem 60. Geburtstag erhält Ida Herz in London ein warmherziges, lebensgeschichtlich abgeklärtes Glückwunschschreiben von Thomas Mann, datiert vom 15. Oktober 1954, in dem durchaus auf Heikles angespielt wird. Es bezeugt aber nichtsdestoweniger das, was sie sich immer gewünscht hat, zum mindesten: Freundschaft.

»Ja, das ist nun für uns beide ein Tag vielen, langen Gedenkens und Rückerinnerns! Wie es anfing, und Sie, damals Inhaberin eines Darmgeschäfts, auf der Trambahn hin und her flatterten von einer Plattform zur anderen und mich schließlich ansprachen und wir Bekanntschaft machten; wie es dann weiter ging und Sie mir immer so wohlgesetzte Briefe schrieben, in besserem Deutsch als mancher Gelehrte es aufbringt und mich von Zeit zu Zeit in Pfeiffering besuchten; wie Sie zugegen waren am Sterbebett des armen kleinen Nepomuck Schneidewein, den wir leider dem Teufel überlassen mußten, und zuletzt noch wiederum zugegen waren, als ich aus ›Fausti Weheklag‹ vorspielen wollte und dabei etwas abwegig wurde, sodaß alle Gäste davon liefen, nur Sie und Frau Schweigestill nicht – – Das sind freilich weite, bedeutende, bewegende Erinnerungen, die an diesem Festtage vor unser beider Augen aufsteigen! Aber wenn ich nun aufhöre, Unsinn zu machen und die Sache ein bißchen ernster nehme, so ist zu sagen, daß wir beide nun schon seit so vielen Jahren und Jahrzehnten an einander teilgenommen haben, der eine am Leben des anderen. Sie mit rührender Treue an meinem Schicksal, meinem Schreiben und Treiben, und ich mit großer Achtung und Sympathie an Ihrem Ergehen und Wandel; denn wie Sie sich geführt haben nach der Vertreibung aus Deutschland, sich gehalten und gearbeitet und das Leben bestanden haben, das ist so brav und ehrenhaft, daß es wirklich jeder Achtung und Sympathie und Freundschaft wert ist. Ich will Sie heute recht herzlich beglückwünschen dazu, denn ich meine, auf solchen Ausdruck von Respekt und Anerkennung, auf solches ›Bravo‹ muß jeder Glückwunsch hinauslaufen, den Sie mit sechzig Jahren empfangen.«

»An Herzchen, 60 x 365 jung von ihrem älteren Freunde«, die letzte Widmung von ihrem Dichterfreund, inskribiert ins frisch gedruckte Exemplar der *Bekenntnisse des Hochstaplers Felix Krull. Der Memoiren erster Teil.*

Das letzte Geburtstagsgeschenk von ihr, der bereits erwähnte handgeschriebene Zitatenkalender in rotem Leder. Für jeden Tag hat Ida Herz ein sinnspruchartiges Zitat aus seinen Werken ausgelesen und in den Kalender eingetragen.

Der letzte Brief von Thomas Mann an Ida Herz datiert vom 12. Juni 1955; seine Zeit ist nur noch kurz bemessen. Nicht nur artig und höflich bedankt er sich ein letztes Mal: »Gute Herz, gutes Herz, nehmen Sie von einem Uebermüdeten, durch übertriebene Eloges Verwirrten, wenn auch nicht Verdummten, von Dankesschulden Gehetzten tausend Dank für (...) den fabelhaften Kalender.« Auch in diesem letzten Brief vergißt er nicht ihr »Archiv«, für das er ein »dickes Paket« mit Materialien verspricht. Ob es dazu gekommen ist, ist nicht mehr zu ermitteln. Sein letzter, sein 80. Geburtstag ist überstanden. Am 16. August 1955 wird er auf dem Friedhof in Kilchberg beigesetzt.

Der »Tochter Nürnbergs« ist noch ein langes Leben ohne ihren Dichter beschieden. Manchmal, selten genug, hält sie im kleinen Kreis Vorträge über sein Leben und Werk – in der ihr eigenen Zurückhaltung. Mit den Kränkungen, die ihr aufgrund der Veröffentlichung der Tagebücher zugefügt werden, die sie aber nicht zum Dementi der Widmung ihres Lebens für Thomas Mann und dessen Werk bewegen, lebt sie zuletzt in einem bescheidenen Londoner Altersheim. Knapp 30 Jahre nach dem Tod Thomas Manns verstirbt sie in London, fernab und unbeachtet von ihrer Geburtsstadt Nürnberg. »Ida Herz (...) died at the age of 89«, so die Notiz in *The Times,* London, den 25. Februar 1984.

In Erinnerung zu rufen ist, was Ida Herz, die Archivarin des Zauberers, am 15. April 1951 aus Anlaß der Übersendung und Lektüre der großen Erzählung *Der Erwählte* an ihren Freund schreibt, worin anklingt, was ihr Lebensschicksal gewesen ist:

»Wenn Sie erzählen – wie Sie erzählen – verzaubern und bezaubern Sie uns und versetzen uns in Trance, wie man es sonst nur in der Musik erlebt, ohne uns intellektuell einzuschläfern. Wieder und wieder sage ich vor mich hin: So etwas ist noch nicht dagewesen (...) Wie macht er das nur?«

Ida Herz, eine Frau, die über eine Humor andeutende Geistigkeit verfügt hat, das Verständnis bis ins Mark der Erzählkunst Thomas Manns zu treiben:

»Manchmal denke ich mir, wie müssen Sie sich doch beim Schreiben dieser sprachlichen Witze und Gewagtheiten ins *Fäustchen* (Herv. – F. K.) gelacht haben, und ich freue mich daran und lache von Herzen mit.«

Die »Truhe«. Ein Desiderat

> »Es ist und bleibt eine merkwürdige Tatsache, daß die
> beiden umfangreichsten Briefwechsel Thomas Manns,
> die beide für die Weltliteratur so bedeutsam sind, derje-
> nige mit Ida Herz (1924–1955) sowie der mit Agnes E.
> Meyer (1935–1955), dem weltweiten Leserkreis des
> Dichters unzugänglich bleiben, obwohl sich beide
> Empfänger in den letzten Lebensjahren immer wieder
> Gedanken über eine Publikation dieser Briefe Thomas
> Manns machten.«[1]

Dies der Befund des früheren Bibliothekars der Yale University Library, K. W. Jonas, von 1984. Erfreulich, daß der
Briefwechsel mit Agnes E. Meyer, Literaturkritikerin für die
Washington Post und die *New York Times* sowie Übersetze-
rin mehrerer kleinerer Werke von Thomas Mann, seit 1992
vorliegt. Aber die Edition des Briefwechsels mit Ida Herz
läßt noch immer auf sich warten.

Jonas, Kenner der Szenerie, hat sich 1984 dahingehend
geäußert:

> »Über einunddreißig Jahre erstreckte sich der Brief-
> wechsel, doch von den insgesamt 365 erhaltenen
> Briefen und Karten Thomas Manns wurden nur sieb-
> zehn in Erika Manns Auswahlausgabe aufgenommen.
> Viele Leser haben sich immer wieder die Frage gestellt,
> warum dieser werkgeschichtlich so interessante Brief-
> wechsel – die Originale werden im Thomas-Mann-
> Archiv Zürich aufbewahrt – niemals im Druck erschienen
> ist und aller Voraussicht nach in absehbarer Zeit auch
> nicht erscheinen wird. Mehr als einmal hat Frau Katia
> Mann dem Chronisten gegenüber geäußert, daß er viel
> zu persönlicher Natur sei und weder sie noch ihre
> Familie darauf Wert lege, daß er der Öffentlichkeit be-
> kannt werde.«[2]

Niemand, auch die Forschung nicht, wird ernsthaft den
Wunsch nach Diskretion in Zweifel ziehen oder gar rügen
wollen. Aber seitdem das Haus der Atriden die Tagebücher

ihres Königs zur Veröffentlichung freigegeben hat, sind die Hüllen der Diskretion gefallen, ist die Troerin entblößt, ohne daß ihrem Wunsch nach Diskretion Beachtung geschenkt worden wäre. Seitdem Thomas Manns Tagebücher auf dem Markt sind, gibt es keinen überzeugenden Grund mehr, den Briefwechsel zwischen dem Lübecker Epiker und der Nürnberger Buchhändlerin (»ein verhuschtes, ewig errötendes, jeden Augenblick vor Scham vergehendes Geschöpf von einigen dreißig Jahren«) nicht zu publizieren. Es ist schon symptomatisch, daß ein feministisches Frauenzentrum in Nürnberg es gewesen ist, zuerst der Würde der Troerin zu gedenken.

Dies aber ist bislang die mißliche Situation: Die Kommentatoren, Editoren, Deuter, Biographen und sonstigen Kärrner im Stollen »Thomas Mann« haben sich des Briefwechsels Mann-Herz bedient, ohne sich der Persönlichkeit der »Archivarin des Zauberers« zu vergewissern. Mir ist jedenfalls bisher noch keine Publikation unter die Augen gekommen, in die Briefe oder Briefpassagen *von* Ida Herz *an* Thomas Mann Eingang gefunden hätten. Allemal ein seltsamer Sachverhalt. Ein Manko, das einer seriösen, historisch-kritischen Arbeitsweise nicht gut ansteht. Denn, so die Regel, einen Briefwechsel nur einperspektivisch zu verwerten, sabotiert den Wahrheitsgehalt. Dem Wechsel von Briefen, schlimm genug, daß dieser schlichte Sachverhalt betont werden muß, eignet ein biperspektivischer Charakter. Es scheint sich in der Sphäre der Mann-Biographik nicht herumgesprochen zu haben, daß Brief*wechsel* eine *soziale* Beziehung konstituiert. Von Georg Simmel, Sozialphilosoph und Lehrer eines der bedeutendsten Journalisten des 20. Jahrhunderts, ich meine Siegfried Kracauer, ist zu lernen, daß Briefwechsel zur soziologischen Kategorie der Sozialität stiftenden Wechselwirkung gehört. Nur eine Seite in Rechnung zu stellen, wie schlechter Usus in der Mann-Biographik, beinhaltet Hantieren mit ungedecktem Wechsel. Es ist als deren déformation professionelle zu konstatieren, den Briefwechsel von Thomas Mann so zu verwerten, als ob dieser einzig für die Nachwelt, als ob er ausschließlich für die nachgeborene Literaturwissenschaft Briefe geschrieben hätte. Daß Thomas Mann historischen Sinn gehabt, Briefe und Tagebücher auch mit Blick auf die Nachwelt geschrieben hat, ist nicht zu bestreiten. Aber ganz wesentlich rechnet der Brief-Wechsel der Mit-Welt zu. Manchmal, wie im Falle von Ida Herz, ersteht in einer Korrespondenz darüber hinaus eine Nah-Welt. Dies ist die leidige Crux nicht nur der Mann-Biographik: sie reflektiert nicht oder völlig unzureichend ihr Metier. Just deshalb tendiert sie dazu, entweder zur Hof-Berichterstattung oder zur Schlüsselloch-Analyse zu verflachen. Das nennt man dann »Triumph der Germanistik«. Dem wohnt eine weitere Mißlichkeit inne, im Fall des Briefwechsels mit Ida Herz besonders augenfällig. Jene kann als Prinzip »couper la lettre« dingfest gemacht werden. In der Kritik steht nicht, daß Biographen und Editoren Briefe von Thomas Mann so zurechtschneiden, daß sie in den thematischen Kontext passen; ein Verfahren, dessen sich etwa Hans Wysling in seinem vielverwendeten Dreibänder *Dichter über ihre Dichtungen* bedient. Indem nur Passagen, thematisch geordnet, aus Thomas Manns Briefen präsentiert werden, verschwindet für den Leser die Referenzperson. Aber Briefe haben in der Regel einen Adressaten. So entsteht eine Schieflage, eine Verzerrung, die man in einem Methoden-Seminar keinem Soziologiestudenten durchgehen ließe. Denn der hat zu lernen, daß allein schon ein Interview eine biperspektivische Angelegenheit ist, bestehend aus Antwort und Frage. Um wieviel mehr ist dies beim Briefwechsel der Fall. So steht im Fall der Ida Herz die Leserschaft der Biographien vor der Situation, über die Adressatin wenn, dann nur das zu erfahren, was die Briefe von Thomas Mann hergeben. Eben dieser Eindimensionalität ist geschuldet, daß die Beziehung zwischen ihm und Ida Herz durchgehend verzeichnet wird. Die kleinen Arbeiten des Bibliothekars aus Yale, K. W. Jonas, machen da eine Ausnahme.

Nun könnte man einwenden, es sei weiters kein gravierender Mangel, wenn die adressaten-spezifischen Nürnberg-Bezüge in den Briefen von Thomas Mann an Ida Herz weggeschnitten sind, ausgeblendet werden. Aber hier schon schleicht sich ein Irrtum zum Schaden der Forschung und Interpretation ein. So manche Nuance, manche Anspielung in Thomas Manns Briefen an die »Tochter *Nürnbergs«*, gerade auch sein work in progress betreffend, erschließt sich erst, wenn der Nürnberger Hintergrund der Adressatin aufscheint. Vollends ärgerlich aber wird das Prinzip »couper la lettre«, wenn aus dem Blick gerät, daß es sich bei Ida Herz um eine *jüdische* »Tochter Nürnbergs« handelt. Ich weiß schon, in Sachen Antisemitismus ist die deutsche Germanistik nicht eben sehr sensibel (gewesen), um eine euphemistische Wendung zu gebrauchen.

Sei's drum. Die vorgelegte Skizze hat versucht, jene angesprochene Bi-Perspektivik des Briefwechsels zur Geltung zu bringen. Für Ida Herz ist dies meines Wissens das erste Mal, daß Briefe *von* ihr *an* Thomas Mann gezielt Beachtung finden. Zudem ist Wert darauf gelegt worden, bei der Erschließung der Briefe *von* Thomas Mann *an* Ida Herz jene beiden Hintergrund-Bezüge zum Sprechen zu bringen: einmal den Bezug »Nürnberg«, im »Jahrhundert der Extreme« eine Stadt mit weltgeschichtlichen Implikationen. Zum anderen aber, und mit dem Vorgenannten aufs engste verflochten, ist dem grundlegenden Sachverhalt, daß Ida Herz eine deutsche Jüdin ist, besondere Aufmerksamkeit gewidmet worden. Nicht nur um der Würde der »Troerin« willen, sondern weil es ein wesentliches, vielleicht das entscheidende Ferment im Briefwechsel, darüber hinaus in der Beziehung zwischen Thomas Mann und Ida Herz, bildet; ein soziologischer Tatbestand, dem die Mann-Biographik so herzlich wenig Rechnung trägt.

Verquer zum längst abgewetzten Homoerotik-Stereotyp hat in der vorliegenden Skizze Berücksichtigung gefunden, daß Ida Herz eine jüdische »*Tochter* Nürnbergs« ist. Und dies aus plausiblen Gründen.

Nach Maßgabe des Möglichen sind demnach die Aspekte der Nürnberger Herkunft, der jüdischen Abkunft und die Dimension der Weiblichkeit in die analytische Betrachtung einbezogen worden, auf diese Weise der Reziprozität des Briefwechsels, der Beziehung zwischen Ida Herz und Thomas Mann Genüge zu tun. Aber hier waren der Analyse Grenzen gesetzt. Im Zürcher Thomas-Mann-Archiv liegt eine stattliche Serie der Briefe und Karten von Thomas Mann zwischen 1925 und 1955 vor. Weitaus unvollständiger dagegen die Serie der Briefe von Ida Herz, deren ältester vom 22. Februar 1933 datiert. Im Zuge der Übereignung der Herz-Collection an das Zürcher Archiv sind auch, wie vollständig sei dahingestellt und muß editorischer Arbeit, eben dem Desiderat, überlassen bleiben, die Briefe von Thomas Mann an Ida Herz nach Zürich gelangt. Der Grund dafür, daß umgekehrt der Bestand der Briefe von Ida Herz an Thomas Mann weitaus spärlicher sich darstellt, ist wohl darin zu suchen, daß Thomas Mann, von Briefmassen manchmal erdrückt, von Zeit zu Zeit Briefbündel, wenn nicht dem Reißwolf, so doch der Flamme überantwortet hat. Inwieweit der Bestand der Briefe von Ida Herz an ihren Dichterfreund darüber hinaus noch nachgefiltert worden ist im Hause der Atriden, entzieht sich meiner Kenntnis. Auszuschließen ist es nicht, denkt man an jene eingangs dieses Schlußkapitels zitierte Notiz des Yale-Bibliothekars, wonach Katia Mann den Briefwechsel für »zu persönlich« eingestuft habe und die Familie »keinen Wert darauf lege«, ihn der Öffentlichkeit zugänglich zu machen.

Für eine Edition des bedeutenden Briefwechsels zwischen dem Lübecker Epiker und der Nürnberger Buchhändlerin aber liegt nicht nur hinreichend Bestand vor, es ist auch längst an der Zeit, ihn der Nachwelt mit gebotener Sorgfalt zugänglich zu machen. Es scheint jedenfalls so, als müßten die Brief-*Partnerinnen* von Thomas Mann am längsten warten: 1992 ist endlich jener mit Agnes E. Meyer und erst 1999 der mit der deutsch-jüdischen Literaturwissenschaftlerin Käte Hamburger herausgegeben worden. Wäre es nun nicht an der Zeit, den umfangreichen Briefwechsel, dessen innerer Faden von Ida Herz' Privatarchiv, der Herz-Collection, und Thomas Manns »Truhe«, woraus er jahrzehntelang »Drucksachen für die Herz bereit gemacht, damit sie etwas zu knabbern und zu nagen hat« (Tagebuch, 9. Juli 1953), gebildet wird, in angemessener Form zu publizieren? Die rhetorische Frage richtet sich nicht zuletzt an die Stadt Nürnberg und die Universität Erlangen-Nürnberg. Und es ist schon so: kaum ein Roman, eine Erzählung, ein Vortrag oder Essay, worüber Thomas Mann Ida Herz, seit sie zur Mitte der zwanziger Jahre in Korrespondenz getreten sind, nicht unterrichtet, woran nicht ein Briefgespräch sich entsponnen hätte, sei es in bezug auf ein Vorhaben, das work in progress oder das Echo nach Erscheinen. Bevor der Briefwechsel gar noch angenagt wird, sollten die bislang verstreut, gleichsam diasporaförmig und in Kürzungen publizierten und die vielen noch unveröffentlichten Briefe von Thomas Mann, vor allem aber der Bestand einlagernder Briefe von Ida Herz, ihre Heimstatt in einer großen Edition finden. Es gibt gravierende Gründe, ihr, der deutschen Jüdin, die überlebt hat, das erinnernde Wort zu geben:

>In 1954 I accepted the offer to work as secretary at the Restitution Office – it worked for the rights of the German Jewish refugees in this country regarding compensation for material and other losses they had suffered at the hands of the Nazis. At first this work was often frustrating but later we achieved welcome results.«[3]

Anmerkungen

Die Briefe zwischen Ida Herz und Thomas Mann sind stets im Text mit Datum ausgewiesen. Sie befinden sich im der Eidgenössisch-Technischen-Hochschule Zürich
angeschlossenen Thomas-Mann-Archiv und sind dort in chronologischer Ordnung
zugänglich. Desgleichen befinden sich die von Thomas Mann für Ida Herz ausge-
stellten Zeugnisse und Gutachten im Thomas-Mann-Archiv, inmitten der Briefe.
Ebenfalls im Text mit Datum ausgewiesen sind die Tagebucheintragungen Thomas
Manns, auf einen genaueren Nachweis wurde verzichtet. Zitiert wird stets Nach-
name, Kurztitel. Die Werke Thomas Manns werden soweit möglich und sinnvoll
nach den Gesammelten Werken in dreizehn Bänden, Frankfurt am Main 1990,
zitiert (GW).

Statt eines Vorworts: Nürnberg, Zufuhrstraße 15

1   Hamburger, Herz.
2   Wedgwood, Herz.
3   Mann, Tagebücher 1944-1946, 431.
4   Franger, Herz.
5   Stadtlexikon, Stichwort »Herz, Ida«, 443.
6   Zit. nach FIBIDOZ, 79.
7   Döblin, Mann, 576.

Die »Herz-Collection«

1   Benjamin, Fuchs, 505.
2   Herz, Roman, 632.
3   GW IX, 308f.
4   Herz, Erinnerungen, 285.
5   Zit. nach Galley, Heine, 27.
6   GW VI, 177.
7   Herz, Roman, 632f.
8   Ebd., 632.
9   Brecht, Flüchtlingsgespräche, 1383.
10   Herz, Roman, 633.
11   GW XI, 298.
12   Vgl. Harpprecht, Mann, 860.

»Familienwitz«

1   Freud, Leonardo, 202.
2   Zit. nach Jonas, Herz, 46.
3   Ebd.
4   Ebd., 47.
5   Prater, Mann, 222.
6   Nietzsche, Jenseits, 745.
7   Prater, Mann, 222.
8   Zit. nach Harpprecht, Mann, 726.
9   Nietzsche, Jenseits, 749.
10   Kurzke, Mann, 497.
11   Prater, Mann, 222.
12   Harpprecht, Mann, 859.

13 Adorno, Charakter, 55.
14 Ebd., 121.
15 Ebd., 122.
16 Polscher, Eindruck, 486f.
17 Nietzsche, Jenseits, 748.

Trambahn

1   GW X, 136ff.
2   Jonas, Herz, 43.
3   Mayer, Herz, 402ff.
4   GW VIII, 416.
5   GW VI, 596.
6   GW VI, 416f.
7   Herz, Roman, 630.
8   Ebd.
9   Herz, Freundschaft, 3.
10 Mayer, Herz, 403.

Eine Liebe zu Mann

1   Roth, Juden, 9.
2   Herz, Freundschaft, 1.
3   GW VI, 417.
4   Herz, Freundschaft, 1. Die nachfolgenden ebd.
5   Ebd., 2.
6   Zit. nach Jonas, Herz, 52.
7   GW VI, 417.
8   Herz, Freundschaft, 1.
9   Vgl. Freud, Vorlesungen, 94.
10 Nietzsche, Tragödie, 133.
11 Herz, Freundschaft, 1.
12 Zit. nach Vogt, Weiss, 8.
13 GW VI, 417.
14 GW VIII, 281f.
15 GW VIII, 284.
16 Herz, Erinnerungen, 283.
17 Herz, Freundschaft, 3.
18 Adorno, Moralia, 68.
19 Freud, Massenpsychologie, 51.
20 Ebd., 51.
21 Zit. nach Jonas, Herz, 52.
22 Ebd., 51f.
23 Ebd., 52.
24 Herz, Freundschaft, 2.
25 Herz, Meeting.
26 Zit. nach Jonas, Herz, 53.
27 Vgl. hierzu den Brief von Ida Herz an K.W. Jonas vom 26. September 1973.
    Auszugsweise zitiert bei Jonas, Herz, 46.
28 Ebd., 52.
29 Ebd.
30 Herz, Roman, 631.

31 Freud, Massenpsychologie, 52.
32 Ebd.
33 Ebd., 53.
34 GW VI, 416.
35 Postman, Unterhaltungsindustrie, 138.
36 Adorno, Moralia, 46.
37 Ebd.
38 Wysling, Leben, 285.
39 Thomas Mann und sein Zauberberg, 3.

Zwischen Nürnberg und München

1 Kracauer, Angestellte.
2 Herz, Freundschaft, 4f.
3 Ebd.
4 Herz, Freundschaft, 6.
5 Ebd., 6.
6 Rosenberg, Spuren, 127.
7 Ebd., 92.
8 Zu Nürnbergs »Geist« vgl. Kröll, Botschaft.
9 Jonas, Herz, 47.

Illusionen

1 Freud, Zukunft, 352ff.
2 Rosenberg, Spuren, 8.
3 Ebd.
4 Wassermann, Weg, 117.
5 Ebd.
6 Vgl. Nietzsche, Jenseits, 716.
7 Zit. nach GW XIII, 463ff.
8 Kurzke, Mann, 206.
9 Hamburger, Faustus.
10 Zit. nach Hübinger, Bonn, Dokument Nr. 33, 401.
11 Regler, Jüdinnen.
12 Zit. nach Kurzke, Mann, 228.
13 Herz, Antisemitismus. Die folgenden ebd.
14 Siehe hierzu Kap. VII »Juden«, in Kurzke, Mann.
15 GW XIII, 459 (*Die Lösung der Judenfrage*).
16 Vgl. Witte, Benjamin, 18ff.
17 Wassermann, Weg, 54.
18 Freud, Psychoanalyse, 110.
19 Rosenberg, Wassermann, 289.
20 Ebd., 288.
21 Thomas Mann und sein Zauberberg, 29.
22 GW IX, 339.
23 GW IX, 360.
24 Herz, Freundschaft, 3.
25 Mann, Geleit, 7f.
26 Mann, Manifeste, 24.
27 Ebd., 23f.
28 Ebd., 31.
29 Ebd., 29.

30 Ebd.
31 Ebd., 35.
32 GW VI, 540f.
33 Mann, Manifeste, 45.

Flaschenpost

1 Herz, Roman, 635.
2 Ebd., 634.
3 Ebd.
4 Ebd.
5 Herz, Freundschaft, 8.
6 Vgl. Harpprecht, Mann, 798.
7 Vgl. insbesondere auch Rosenzweig, Erlösung.
8 Hamburger, Joseph.
9 Vgl. Reimann, Jünger.
10 Herz, Antisemitismus.
11 Herz, Roman, 631.

Mut

1 Zu den Ereignissen im Gefolge des Wagner-Vortrags die knappe Übersicht in: Thomas Mann Chronik, 101ff.
2 Herz, Roman, 635f.
3 Zit. nach Mayer, Herz, 403.
4 Harpprecht, Mann, 743.
5 Zit. nach Mayer, Herz, 404.
6 Vgl. Harpprecht, Mann, 798.
7 Zit. nach Franger, Herz, 79f.
8 Mann/Hamburger, Briefwechsel, 33.
9 Vgl. Jünger, Strahlungen, 42.

Flucht aus Nürnberg

1 GW V, 1013.
2 Zit. nach Franger, Herz, 80.
3 Die Ereignisse und Reden während des »Reichsparteitags der Freiheit« sind gut dokumentiert bei Domarus, Hitler, 523ff.
4 Herz, Erinnerungen, 286.
5 Harpprecht, Mann, 859.

In der Schweiz

1 Herz, Erinnerungen, 286.
2 Kurzke, Mann, 498.
3 Zit. nach Thomas Mann Chronik, 119.
4 Herz, Roman, 632.
5 Herz, Erinnerungen, 286.

London: bis zuletzt

1 Herz, Erinnerungen, 286.
2 Vgl. Hübinger, Bonn, Dokument 198, 556ff. Die nachfolgende Passage stützt sich auf den bei Hübinger zusammengestellten Dokumenten-Anhang.

3   Vgl. Hepp, Ausbürgerung, 8.
4   Zit. nach Hübinger, Bonn, 240.
5   Ebd.
6   Ebd., 244.
7   Zit. nach Franger, Herz, 79f.
8   Hepp, Ausbürgerung, 46.
9   Zit. nach Jonas, Yale, 100.
10   Ebd., 122.
11   Ebd., 128.
12   Ebd., 129f.
13   Mann, Briefe, 536.
14   Die *Botschaft an das deutsche Volk* ist wenige Tage später in der *Frankfurter Neuen Presse* erschienen. Mann, Botschaft.
15   Herz, Erinnerungen, 289f.

Doktor Faustus

1   GW VI, 417.
2   Thomas Mann an Klaus Mann am 27. April 1943. Zit. nach Mann, Selbstkommentare, 8.
3   Mann/Hamburger, Briefe, 124f. (Anhang I: Käte Hamburgers Korrespondenz mit Ida Herz)
4   Ebd., 123. (Anhang I: Käte Hamburgers Korrespondenz mit Ida Herz)
5   Ebd., 98.
6   Ebd., 99f.
7   Ebd., 101ff.
8   Ebd., 128. (Anhang I: Käte Hamburgers Korrespondenz mit Ida Herz)
9   Herz, Roman, 630.
10   Franger, Herz, 82.
11   GW VI, 417.
12   Ebd.
13   Ebd.
14   Benjamin, Trauerspiel, 106f.
15   Ebd., 107.
16   GW X, 13.
17   Thomas Mann und sein Zauberberg, 15f.
18   GW VI, 417.
19   GW VI, 418.
20   Herz, Note, 69.

Kaisersaschern. Lübeck. Nürnberg

1   Kurzke, Mann, 501.
2   GW VI, 52.
3   GW VI, 51.
4   Mann, Selbstkommentare, 348.
5   GW II, 727f.
6   Hamburger, Faustus; vgl. GW VI, 52.
7   Herz, Roman, 631. Wohl hat sie im Januar 1977 »im hiesigen Radio Third program einen kleinen ›talk‹ über Nürnberg gegeben, als Einschiebsel in die große Pause der ›Meistersinger-Sendung‹«, wie Ida Herz am 27. Januar 1977 aus London an K. W. Jonas schreibt. Leider konnte ich ein Sendemanuskript

nicht ausfindig machen. Die jüdische Tochter Nürnbergs in einer Meistersinger-Pause über ihre Geburtsstadt sprechen zu hören, wäre gewiß aufschlußreich. Jonas, Herz, 50.

8   Roth, Merseburg, 277.
9   Herz, Freundschaft, 8.
10   GW VI, 471.
11   GW VI, 231.
12   GW VI, 409.
13   Mann, Selbstkommentare, 138.
14   Vgl. Mendelssohn, Zauberer, 138.
15   Adorno, Berg, 350.
16   Mann, Selbstkommentare, 301.

»Unselige Herz«. Versuch über die Nähe

1   GW VI, 416.
2   Thomas Mann an J.W. Angell, Zit. nach Jonas, Yale, 106.
3   Zit. nach Jonas, Yale, 106.
4   Ebd., 120.
5   GW VI, 459.
6   Nietzsche, Jenseits, 749.
7   GW VI, 198.
8   Herz, Vortrag, 1. Die vollständige Passage lautet: »Damit ein bedeutendes Geistesprodukt auf der Stelle eine breite und tiefe Wirkung zu üben vermöge, muß eine geheime Verwandtschaft, ja Übereinstimmung zwischen dem persönlichen Schicksal seines Urhebers und dem allgemeinen des mitlebenden Geschlechts bestehen. Die Menschen wissen nicht, warum sie einem Kunstwerke Ruhm bereiten. Weit entfernt von Kennerschaft, glauben sie hundert Vorzüge daran zu entdecken, um so viel Teilnahme zu rechtfertigen; aber der eigentliche Grund ihres Beifalls ist ein Unwägbares, ist Sympathie.« GW VIII, 452.
9   Herz, Vortrag, 1.
10   Mayer, Mann.
11   Herz, Vortrag, 2.
12   Ebd.
13   Ebd.
14   Herz, Erinnerungen, 282.
15   Mann, Selbstkommentare, 218.
16   Kurzke, Mann, 381.
17   Schmitt, Schattenrisse, 46ff, 273ff.
18   GW VI, 568.
19   GW VI, 426.
20   GW VIII, 710.
21   GW VI, 76.
22   GW VI, 463.
23   Zit. nach Jonas, Herz, 52.

Die »Truhe«: Ein Desiderat

1   Jonas, Herz, 53.
2   Ebd., 43.
3   Herz, Note, 70.

Literaturverzeichnis

Adorno, Th. W.: Berg. Der Meister des kleinen Übergangs. In: Ders.: Gesammelte Schriften 13. Die musikalischen Monographien: Wagner, Mahler, Berg, Frankfurt am Main 1971.

Adorno, Th. W.: Minima Moralia. Reflexionen aus dem beschädigten Leben, Frankfurt am Main 1969.

Adorno, Th. W.: Studien zum autoritären Charakter, Frankfurt am Main 1973.

Benjamin, W.: Eduard Fuchs, der Sammler und Historiker. In: Ders.: Gesammelte Schriften, Bd. II/2, Aufsätze, Essays, Vorträge, Frankfurt am Main 1980.

Benjamin, W.: Ursprung des deutschen Trauerspiels, Frankfurt am Main 1973.

Brecht, B.: Flüchtlingsgespräche. In: Ders.: Gesammelte Werke 14. Prosa 4, Frankfurt am Main 1973.

Döblin, A.: Zum Verschwinden von Thomas Mann. In: Ders.: Autobiographische Schriften und letzte Aufzeichnungen, Olten 1977.

Domarus, M.: Hitler. Reden und Proklamationen 1932-1945. Bd. I. Zweiter Halbband 1935-1938, Wiesbaden 1973.

Franger, G.: Ida Herz. Bibliothekarin und Forscherin (1894-1984). In: FIBIDOZ (Feministisches Informations-, Bildungs- und Dokumentationszentrum) e.V., Nürnberg (Hg.): Frauen in der Einen Welt. Sonderband 1. Flucht. Vertreibung. Exil. Asyl. Frauenschicksale im Raum: Erlangen, Fürth, Nürnberg, Schwabach, Nürnberg 1990.

Freud, S.: Der Witz und seine Beziehung zum Unbewußten, Frankfurt am Main 1992.

Freud, S.: Die Traumdeutung. In: Ders.: Gesammelte Werke II./III., Frankfurt am Main 1976.

Freud, S.: Die Widerstände gegen die Psychoanalyse. In: Ders.: Gesammelte Werke XIV., Frankfurt am Main 1971.

Freud, S.: Die Zukunft einer Illusion. In: Ders.: Gesammelte Werke XIV., Frankfurt am Main 1976.

Freud, S.: Eine Kindheitserinnerung des Leonardo da Vinci. In: Ders.: Gesammelte Werke VIII., Frankfurt am Main 1978.

Freud, S.: Massenpsychologie und Ich-Analyse, Frankfurt am Main 1967.

Freud, S.: Vorlesungen zur Einführung in die Psychoanalyse, Frankfurt am Main 1991.

Galley, E. (Hg.): Heinrich Heine. Aus der Werkstatt des Dichters. Faks. und Hs. zu Heines 100. Todestag am 17. Februar 1945, Düsseldorf 1956.

Galley, E.: Heinrich Heine. Stuttgart 1963.

Hamburger, K.: Anachronistische Symbolik. Fragen an Thomas Manns Faustus-Roman (1969). In: Dies., Kleine Schriften, Stuttgart 1976.

Hamburger, K.: Thomas Manns biblisches Werk. Der Joseph-Roman. Die Moses-Erzählung »Das Gesetz«, Frankfurt am Main 1984.

Hamburger, K.: Zum Tode von Ida Herz. Für Thomas Mann gelebt. In: Frankfurter Allgemeine Zeitung v. 23.2.1984.

Harpprecht, K.: Thomas Mann. Eine Biographie, 2 Bde., Reinbek 1996.

Hepp, M. (Hg.): Die Ausbürgerung deutscher Staatsangehöriger 1933-45 nach den im Reichsanzeiger veröffentlichten Listen. Bd 3. Register der Geburtsorte und der letzten Wohnorte, München/New York/London/Paris 1988.

Herz, I.: Autobiographical Note. Anhang zu: Dies.: Thomas Mann: A Hundredth Birthday Remembrance 1875-1975. In: The Publications of English Goethe Society, Bd. 46 (1976).

Herz, I.: Das Thomas-Mann-Archiv in Zürich. In: AJR-Information, Bd. 16, Nr. 5 (1961)

Herz, I.: Ein Roman wandert aus: Zum Erscheinen von ›Die Geschichten Jaakobs‹. In: The German Quarterly. Vol. XXXVIII (1965), H. 4.

Herz, I.: Erinnerungen an Thomas Mann. In: German Life & Letters, 9. Jg. 1956, H. 4.

Herz, I.: Freundschaft und Korrespondenz mit Thomas Mann. In: Publications of The English Goethe Society, Vol. 55 (1985).

Herz, I.: Meeting Thomas Mann. Recollections on his Centenary (June 6, 1975). In: AJR-Information, Bd. 30, Nr. 6 (1975).

Herz, I.: Thomas Mann und der deutsche Antisemitismus. In: AJR-Information, Vol. XV, Nr. 2, February 1960.

Herz, I.: Thomas Manns Bekenntnis zu Platen. 5. Jahrestagung der Platen-Gesellschaft in Ansbach am 4. Oktober. In: Nürnberg-Fürther Morgenpresse v. 10.10.1930.

Herz, I.: Vortrag am 29. März 1976 im Emigranten-Club »1943« – London. (Maschinenschriftlich. Thomas-Mann-Archiv, ETH Zürich).

Hübinger, P. E.: Thomas Mann, die Universität Bonn und die Zeitgeschichte. Drei Kapitel deutscher Vergangenheit aus dem Leben des Dichters 1905-1955, München/Wien 1974.

Jochem, G.: Mitten in Nürnberg. Jüdische Firmen, Freiberufler und Institutionen am Vorabend des Nationalsozialismus, Nürnberg 1998.

Jonas, K. W.: Ein Leben für Thomas Mann: Erinnerungen eines Sammlers und Bibliographen an Ida Herz (1894-1984). In: Hefte der Deutschen Thomas-Mann-Gesellschaft, Lübeck, Heft 4, September 1984.

Jonas, K. W.: Thomas Mann, Joseph W. Angell und die Yale University. Versuch einer Dokumentation. In: Philobiblon, Heft 2, Stuttgart 1990.

Jünger, E.: Strahlungen II. Das zweite Pariser Tagebuch, München 1965.

Kracauer, S.: Das Ornament der Masse. In: Ders.: Das Ornament der Masse. Essays, Frankfurt am Main 1977.

Kracauer, S.: Die Angestellten. Aus dem neuesten Deutschland, Frankfurt am Main 1971.

Kröll, F.: Botschaft und Alltag. Luthers Spirit in Nürnberg. In: Wortlaut 6. Zeitschrift für Literatur in Franken, Nürnberg 2000.

Kurzke, H.: Thomas Mann. Das Leben als Kunstwerk. Eine Biographie, München 1999.

Mann, Th.: Botschaft an das Deutsche Volk. In: Frankfurter Neue Presse v. 24.5.1947.

Mann, Th.: Briefe II. 1937–1947, hg. von E. Mann, Frankfurt am Main ²1992.

Mann, Th.: Ein Wort zuvor. Mein Roman »Joseph und seine Brüder«. In: Chronikbeilage der Neuen Freien Presse (Wien) v. 31.10.1928.

Mann, Th.: Gesammelte Werke in 13 Bänden, Frankfurt am Main 1990
    Bd. I: Buddenbrooks
    Bd. II: Königliche Hoheit. Lotte in Weimar
    Bd. III: Der Zauberberg
    Bd. IV: Joseph und seine Brüder: Die Geschichten Jaakobs. Der junge Joseph
    Bd. V: Joseph und seine Brüder: Joseph in Ägypten. Joseph der Ernährer
    Bd. VI: Doktor Faustus
    Bd. VII: Der Erwählte. Bekenntnisse des Hochstaplers Felix Krull
    Bd. VIII: Erzählungen. Fiorenza. Dichtungen
    Bd. IX: Reden und Aufsätze I

Bd. X: Reden und Aufsätze II
Bd. XI: Reden und Aufsätze III
Bd. XII: Reden und Aufsätze IV
Bd. XIII: Nachträge

Mann, Th.: Sieben Manifeste zur jüdischen Frage. 1936-1948, hg. von W. A. Berendsohn, Darmstadt 1966.

Mann, Th.: Selbstkommentare: ›Doktor Faustus‹ und ›Die Entstehung des Doktor Faustus‹, hg. von H. Wysling, Frankfurt am Main 1992.

Mann, Th.: Tagebücher:
1933–1934, hg. von Peter de Mendelssohn, Frankfurt am Main 1977.
1935–1936, hg. von Peter de Mendelssohn, Frankfurt am Main 1978.
1937–1939, hg. von Peter de Mendelssohn, Frankfurt am Main 1980.
1940–1943, hg. von Peter de Mendelssohn, Frankfurt am Main 1982.
1944–1.4.1946, hg. von Inge Jens, Frankfurt am Main 1986.
28.5.1946–31.12.1948, hg. von Inge Jens, Frankfurt am Main 1989.
1949–1950, hg. von Inge Jens, Frankfurt am Main 1991.
1951–1952, hg. von Inge Jens, Frankfurt am Main 1993, 2. verb. Aufl.
1953–1955, hg. von Inge Jens, Frankfurt am Main 1995.

Mann, Th.: Zum Geleit. In: M. Karlweiss: Jakob Wassermann. Bild, Kampf und Werk, Amsterdam 1935.

Mann, Th./Hamburger, K.: Briefwechsel 1932-1955, hg. von H. Brunträger, Frankfurt am Main 1999.

Mayer, H.-O.: Ida Herz – eine Weggenossin Thomas Manns. In: Börsenblatt für den Deutschen Buchhandel – Frankfurter Ausgabe – Nr. 96, v. 30.11.1979.

Mayer, H.: Thomas Mann. Werk und Entwicklung, Berlin 1950.

Mendelssohn, P. de: Der Zauberer. Das Leben des deutschen Schriftstellers Thomas Mann, Bd. III, Frankfurt am Main 1992, überarb. und erw. Neuausgabe 1997.

Nietzsche, F.: Die Geburt der Tragödie oder Griechentum und Pessimismus. In: Ders.: Werke I. (hg. von K. Schlechta), Frankfurt am Main/Berlin/Wien 1972.

Nietzsche, F.: Jenseits von Gut und Böse. Vorspiel einer Philosophie der Zukunft. In: Friedrich Nietzsche. Werke III. (hg. von K. Schlechta), Frankfurt am Main/Berlin/Wien 1972.

Polscher, E.: Falscher Eindruck. Brief an die Redaktion des Börsenblatts für den Deutschen Buchhandel – Frankfurter Ausgabe – Nr. 103/104 v. 28.12.1979.

Postman, N.: Wir amüsieren uns zu Tode. Urteilsbildung im Zeitalter der Unterhaltungsindustrie, Gütersloh 1985 (Bertelsmann-Lizenzausgabe).

Prater, D. A.: Thomas Mann. Deutscher und Weltbürger. Eine Biographie, München/Wien 1995.

Regler, G.: Die schönen Jüdinnen. In: Nürnberger Ansichten. Streifzüge durch eine schrecklich-schöne Stadt, hg. von St. Radlmair, Cadolzburg 1999.

Reimann, B. W. und Haßel, R.: Ein Ernst Jünger-Brevier. Jüngers politische Publizistik 1920 bis 1933. Analyse und Dokumentation, Marburg 1995.

Rosenberg, L.: Spuren und Fragmente. Jüdische Bücher, Jüdische Schicksale in Nürnberg, Nürnberg 2000.

Rosenberg, L.: Jakob Wassermann (1873-1934). Vergebliches Tun – sein Weg als Deutscher und Jude. In: Geschichte und Kultur der Juden in Bayern. Lebensläufe, hg. von M. Treml und W. Weigand unter Mitarbeit von E. Brockshoff, Veröffentlichungen zur Bayerischen Geschichte und Kultur Nr. 18/88.

Rosenzweig, F.: Der Stern der Erlösung, Frankfurt am Main 1921.

Roth, J.: Bekenntnis zum Gleisdreieck. In: Ders.: Werke 2. Das journalistische Werk 1924–1928, Köln/Amsterdam 1989.

Roth, J.: Der Merseburger Zauberspruch. In: Ders.: Werke 3. Das journalistische Werk 1929–1939, Köln/Amsterdam 1989.

Roth, J.: Juden auf Wanderschaft, Berlin 1927.

Runge, D.: Welch ein Weib! Mädchen und Frauengestalten bei Thomas Mann, Stuttgart 1988.

Schmitt, C.: Schattenrisse. In: Villinger, I.: Schmitts Kulturkritik der Moderne. Text, Kommentar und Analyse der ›Schattenrisse‹ des Johannes Negelinus, Berlin 1995.

Stadtlexikon Nürnberg, hg. von M. Diefenbacher und R. Endres, Nürnberg 1999.

Thomas Mann und sein Zauberberg. Zum sechsten Juni MCMXXV, Leipzig 1925.

Thomas Mann. Eine Chronik seines Lebens. Zusammengestellt von H. Bürgin und H.-O. Mayer, Frankfurt am Main 1965.

Vogt, J.: Peter Weiss – mit Selbstzeugnissen und Bilddokumenten, Hamburg 1987.

Wassermann, J.: Mein Weg als Jude und Deutscher, Berlin 1921.

Wedgwood, W.: Ida Herz. In: The Times v. 25.2.1984.

Witte, B.: Walter Benjamin – mit Selbstzeugnissen und Bilddokumenten, Reinbek 1985.

H. Wysling (Hg.): Dichter über ihre Dichtungen. Thomas Mann, 3 Bde., München 1975, 1979, 1981.

Wysling, H./Schmidlin, Y. (Hg.): Thomas Mann. Ein Leben in Bildern, Zürich 1994.

Zimmerli, A.-M.: Cataloguement de la ›Collection Ida Herz‹ aux Archives Thomas Mann. Travail Présenté à l'Ecole de Bibliothécaires de Genève pour l'obtention du diplôme, Genève 1965.

Mein Dank gilt dem Thomas-Mann-Archiv für die Gunst der Einsichtnahme in den dort lagernden Bestand des Briefwechsels zwischen Ida Herz und Thomas Mann. Ohne die freundliche Unterstützung hätte der erste Schritt zur Würdigung von Ida Herz und ihrer Korrespondenz mit Thomas Mann nicht getan werden können. Für den helfenden Rat vor Ort, im Züricher Archiv, danke ich Ivo Rüttimann und Roland Hurschler.

Ebenfalls danke ich dem Kulturreferenten der Stadt Nürnberg, Dr. Georg Leipold, und dem Direktor des Bildungszentrums der Stadt Nürnberg, Siegfried Kett, die das Vorhaben *Die Archivarin des Zauberers* mit mehr als nur Wohlwollen gefördert haben.

Kein Autor, zumal wenn er manus-scriptor ist, der nicht Hilfe in Anspruch genommen hätte. Für Korrektur und Recherche danke ich Erika Schorler, Dr. Elke Metzner, Jochen Schmoldt und Leibl Rosenberg, der mich sachkundig zu den verlassenen Pfaden der einstigen jüdischen Lebenswelt von Ida Herz geführt hat.

Friedhelm Kröll